AQA French

A LEVEL YEAR 1 AND AS

Rob Pike
Colin Povey
Paul Shannon

OXFORD

OXFORD
UNIVERSITY PRESS

Great Clarendon Street, Oxford, OX2 6DP, United Kingdom

Oxford University Press is a department of the University of Oxford. It furthers the University's objective of excellence in research, scholarship, and education by publishing worldwide. Oxford is a registered trade mark of Oxford University Press in the UK and in certain other countries.

© Oxford University Press 2016

British Library Cataloguing in Publication Data

Data available

978-0-19-836688-1

10 9 8 7 6 5 4 3 2

MIX
Paper from responsible sources
FSC® C007785

Paper used in the production of this book is a natural, recyclable product made from wood grown in sustainable forests.

The manufacturing process conforms to the environmental regulations of the country of origin.

Printed in Scotland by Bell & Bain Ltd., Glasgow

Approval message from AQA

The core content of this digital textbook has been approved by AQA for use with our qualification. This means that we have checked that it broadly covers the specification and that we are satisfied with the overall quality. We have also approved the printed version of this book. We do not however check or approve any links or any functionality. Full details of our approval process can be found on our website.

We approve print and digital textbooks because we know how important it is for teachers and students to have the right resources to support their teaching and learning. However, the publisher is ultimately responsible for the editorial control and quality of this digital book.

Please note that when teaching the AQA A Level Year 1 and AS French course, you must refer to AQA's specification as your definitive source of information. While this digital book has been written to match the specification, it cannot provide complete coverage of every aspect of the course.

A wide range of other useful resources can be found on the relevant subject pages of our website: www.aqa.org.uk.

ACKNOWLEDGEMENTS

The publisher would like to thank the following for permissions to use their photographs:

Cover image: Peter Widmann/Robert Harding

p7: Monkey Business Images/Shutterstock; p8(T): Oliveromg/Shutterstock; p8(B): Wavebreakmedia/Shutterstock; p10(L): SuperStock/Getty Images; p10(R): Goodluz/Shutterstock; p12: Lisa F. Young/Shutterstock; p13: Nicolas Tucat/Getty Images; p14: Rawpixel.com/Shutterstock; p16: Andi Berger/Shutterstock; p18: Monkey Business Images/Shutterstock; p21: Kamira/Shutterstock; p25: Ana Blazic Pavlovic/Shutterstock; p88(T): Goran Djukanovic/Shutterstock; p88(C): Brill/Ullstein Bild/Getty Images; p88(R): ZUMA Press, Inc./Alamy Stock Photo; p88(L): Lionel Flusin/Gamma-Rapho/Getty Images; p88(BL): Anthonyghnassia/SIPA/REX Shutterstock; p88(BR): Frank Hoensch/Redferns/Getty Images; p89: Mady70/Shutterstock; p90: David Wolff-Patrick/Redferns/Getty Images; p92: Marc Piasecki/Wire Image/Getty Images; p95(T): Wavebreak Media Ltd./Alamy Stock Photo; p95(B): Mark Bassett/OUP; p94: Javi_indy/Shutterstock; p96: Richie Buxo/Splash News/Corbis; p100: Yulia Grigoryeva/Shutterstock; p29(T): RimDream/Shutterstock; p28: Maria Teijeiro/Getty Images; p29(B): Carlos Gayoso/Roger Viollet/REX Shutterstock; p30: Umberto Shtanzman/Shutterstock; p31(TL): Corbis; p31(TC): Roberto Westbrook/Getty Images; p31(TR): Stuart Jenner/Shutterstock; p31(BL): Nick Dolding/Getty Images; p31(BC): Sean Nel/Shutterstock; p31(BR): Bill Varie/Somos Images; p32: Stoupa/Shutterstock; p34: KieferPix/Shutterstock; p36: Maksim Kabakou/Shutterstock; p38(L): Racorn/Shutterstock; p38(CL): Colorblind/Corbis; p38(CR): Minerva Studio/Shutterstock; p38(R): Musketeer/Getty Images; p39: Ermolaev Alexander/Shutterstock; p40: scyther5/Shutterstock; p45: Ra2studio/Shutterstock; p48: Alistair Berg/Getty Images; p49(L): Hero Images/Getty Images; p49(CL): Racorn/Shutterstock; p49(CR): Jupiter Images/Getty Images; p49(R): Creatista/Shutterstock; p50(L): Chris King/OUP; p50(CL): Vincent Besnault/Getty Images; p50(CR): Arek_malang/Shutterstock; p50(R): Fotoluminate LLC/Shutterstock; p52: Muzsy/Shutterstock; p54: KidStock/Getty Images; p55: Sandra Laboucarie; p57: Ricochet64/Shutterstock; p58: Philippe Huguen/Getty Images; p60(T): Agence du Service Civique; p60(B): Agence du Service Civique - Sondage IFOP Octobre 2015; p63: Frank Paul/Alamy Stock Photo; p64: Francois Guillot/AFP/Getty Images; p65: Oleg Mikhaylov/Shutterstock; p68: S. Borisov/Shutterstock; p69(L): Reidl/Shutterstock; p69(R): Superclic/Alamy Stock Photo; p70: Eo naya/Shutterstock; p73: Veniamin Kraskov/Shutterstock; p72: European Heritage Days; p74: BlackMac/Shutterstock; p75: AFP/Getty Images; p76: Charly Triballeau/AFP/Getty Images; p77: Dassault Systems; p79: Klaus Vedfelt/Getty Images; p80: OhAhCheck! TM; p82: Ana del Castillo/Shutterstock; p84: Jeff Pachoud/AFP/Getty Images; p105(T): Christian Bertrand/Shutterstock; p105(B): Rob Ball/Wire Image/Getty Images; p108: Delpixart/iStockphoto; p109: ZUMA Press, Inc./Alamy Stock Photo; p111: Tom Craig/Alamy Stock Photo; p112: Picture Perfect/REX Shutterstock; p113: Moviestore Collection/REX Shutterstock; p119(B): AF Archive/Alamy Stock Photo; p114(T): Universal History Archive/Getty Images; p114(L): SuperStock/Getty Images; p114(CR): Keystone-France/Gamma-Keystone/Getty Images; p114(CL): Mary Evans Picture Library; p114(R): Apic/Getty Images; p116(B): ZUMA Press, Inc./Alamy Stock Photo; p116(T): United Archives GmbH/Alamy Stock Photo; p119: Les Cinémas Gaumont et Pathé; 120: Andia/Alamy Stock Photo; p125: REX Shutterstock; p130: Moviestore Collection/REX Shutterstock; p131(T): United Archives GmbH/Alamy Stock Photo; p131(B): Moviestore Collection/REX Shutterstock; p131(C): AF Archive/Alamy Stock Photo; p132: Donatas1205/Shutterstock; p134: Bettmann/Corbis.

Artwork by: Q2A Media Services Ltd.

The publisher and authors are grateful to the following for permission to reprint extracts from copyright material:

p12: Anissa Boumediene © 20minutes 14/11/2014; p13, text for listening activity: © L'obs, tous droits réservés; p14: © Anne-Laure VAINEAU pour Psychologies magazine, septembre 1981. www.psychologies.com; p16: Edith Magazine; p18: © euronews; p24(A), text for listening activity: © Anne Laure Gannac pour Psychologies magazine, février 204. www.psychologies.com; p24(B): ats – Agence Télégraphique Suisse; p29: d'après G. Mermet, Francoscopie 2013 © Larousse 2012; p32: les élèves du SP3S 1 de la classe de Mme Bridoux au Lycée Carrel (Lyon 6ème), production par la Villa Gillet dans le cadre du festival « Mode d'emploi 2014 » sur la thématique « l'écologie de l'attention » ; p34: Claire Ané © Le Monde 27/11/14; p36: © L'obs, tous droits réservés; p37, text for listening activity: Damien Leloup, Martin Untersinger & Morgane Tual © Le Monde 09/04/15; p38: « Un jeu pour aider les adolescents en souffrance », de Nicolas César, paru sur la-croix.com le17 décembre 2014; p40: Yves Eudes © Le Monde 01/07/14; p43(A), text for listening activity: Top On Web; p43(B): Lisa-Marie Gervais www.ledevoir.com 08/04/2011; p44: Union Francophone des Associations de Parents de L'Enseignement Catholique www.ufapec.be; p52: d'après G. Mermet, Francoscopie 2013 © Larousse 2012; p63: « Le bénévolat progresse fortement en France », de Flore Thomasset, paru sur la-croix.com le 18 juin 2013; p72: www.journeesdupatrimoine.fr; p74: Patin, V. Vincent, J.-M. « Patrimoine Culturel et Tourisme en France ». Central Cultural Fund Publication, No. 133. Colombo, ICOMOS, 1993. p. 116-118; p76: © Le Parisien; p80: Mélissa Pollet-Villard © 20minutes 01/09/15; p94: © gala.fr; p104: © Québec Info Musique Inc. 2015; p123: Thomas Sotinel © Le Monde 25/05/15.

The publisher and authors would like to thank the following for their help and advice:

Frédérique Jouhandin (development editor)

Florence Bonneau (language consultant and permissions editor)

Audio recordings produced by Colette Thomson for Footstep Productions Ltd; Andrew Garratt (sound engineer).

Although we have made every effort to trace and contact all copyright holders before publication this has not been possible in all cases. If notified, the publisher will rectify any errors or omissions at the earliest opportunity.

Links to third party websites are provided by Oxford in good faith and for information only. Oxford disclaims any responsibility for the materials contained in any third party website referenced in this work.

Contents

Artistic culture in the French-speaking world

Introduction

AQA AS French

The AQA AS French specification is divided into two main subject areas, called Themes. Each Theme is divided into three sub-themes, making a total of six sub-themes to study during the course. The themes and sub-themes are as follows:

Theme 1: Aspects of French-speaking society: current trends

La famille en voie de changement
- La vie de couple – nouvelles tendances
- Monoparentalité, homoparentalité, familles recomposées
- Grands-parents, parents et enfants – soucis et problèmes

La « cyber-société »
- Comment la technologie facilite la vie quotidienne
- Quels dangers la cyber-société pose-t-elle?
- Qui sont les cybernautes?

Le rôle du bénévolat
- Qui sont et que font les bénévoles?
- Le bénévolat - quelle valeur pour ceux qui sont aidés?
- Le bénévolat - quelle valeur pour ceux qui aident?

Theme 2: Artistic culture in the French-speaking world

Une culture fière de son patrimoine
- Le patrimoine sur le plan national, régional et local
- Le patrimoine et le tourisme
- Comment le patrimoine reflète la culture

La musique francophone contemporaine
- La diversité de la musique francophone contemporaine
- Qui écoute et apprécie la musique francophone contemporaine?
- Comment sauvegarder la musique francophone contemporaine?

Le septième art
- Pourquoi le septième art
- Evolution du cinéma – les grandes lignes
- Le cinéma – une passion nationale

You will also be required to study a film or literary text at AS, from a list of prescribed films and texts.

Assessment

The exam is divided into three papers – the contents of these exams are summarised in the table below:

Paper	What's assessed	Length of exam	Marks available	% of AS
1: Listening, reading and writing	• Aspects of French-speaking society • Artistic culture in the French-speaking world	1 hour 45 minutes	90 marks	45%
2: Writing	• One text or one film from the lists in the specification • Translation into French	1 hour 30 minutes	50 marks	25%
3: Speaking	• One sub-theme from Aspects of French-speaking society • One sub-theme from Artistic culture in the French-speaking world	12-14 minutes plus 15 minutes' preparation time	60 marks	30%

How to use this book

The chapters are arranged in the same sequence as the themes and sub-themes in the AQA specification, so there is always a clear link between the book and the specification. At the beginning of each section, you will find a list of learning objectives, which include language learning objectives, grammar objectives and skills objectives.

At the end of each of the six sub-themes, there is a vocabulary list to help you learn key vocabulary related to the topic. There is also a revision section to put what you have learned into practice.

A film and literature dossier at the end of the book examines the study of films and literary texts and provides guidance on planning and writing an essay.

The features in this book include:

■ Le saviez-vous?

An anecdotal insight into facts / figures relating to each sub-theme

■ Grammaire

Summary grammar explanations and examples, linked to online worksheets with fuller explanations and exercises.

(A grammar section can be found at the back of the book.)

■ Compétences

The 'skills' boxes help build key language learning strategies. These are linked to online worksheets. Further tips are presented in the review pages at the end of each unit.

■ Vocabulaire

The most challenging new vocabulary from the exercises on each spread is translated in these boxes.

■ Expressions clés

Key words and phrases designed to give you prompts for productive tasks.

⨯⨯ Audio stimulus

This indicates audio material for listening activities.

---

kerboodle

Kerboodle offers a range of products to help engage teachers and students alike. Kerboodle for AQA AS French includes resources focused on developing key grammar, vocabulary, listening, reading, translation and writing skills. These engaging and varied resources include videos of native speakers, self-marking tests, listening activities with downloadable transcripts, practice questions with study tips and comprehensive teacher support.

Our AQA AS French Kerboodle resources are accompanied by online interactive versions of the Student Books. All your Kerboodle resources are embedded to open directly from the book page.

Find out more at www.kerboodle.com

1 La famille en voie de changement

By the end of this section you will be able to:

		Language	Grammar	Skills
1.1	**La vie de couple: nouvelles tendances**	Describe and discuss trends in marriage and other forms of partnership	Form and use the imperfect tense	Skim texts for gist
1.2	**Monoparentalité, homoparentalité, familles recomposées**	Consider and discuss the merits and problems of different family structures	Form and use the perfect tense	Translate into French
1.3	**Grands-parents, parents et enfants: soucis et problèmes**	Consider relationships between the generations and discuss problems that can arise	Recognise and understand the past historic tense	Use a bilingual dictionary

> Sans aucun doute, le couple et la famille ont beaucoup changé durant le dernier demi-siècle. Pour le meilleur ou pour le pire? C'est à chacun de décider.

Pour commencer

1 **Regardez la photo. Discutez vos impressions avec un(e) partenaire.**

- Quelle sorte de famille représente-t-elle?
- Est-ce un stéréotype?
- Peut-on parler d'une famille typique aujourd'hui?
- Comment la famille a-t-elle changé depuis les années 50?
- Est-ce une bonne chose?

2 **Devinez la bonne réponse.**

1 En France, à partir de quel âge peut-on se marier sans le consentement des parents?
 a 16
 b 18
 c 21

2 Dans … mariage(s) sur dix, le couple a déjà au moins un enfant.
 a un
 b deux
 c trois

3 En 2010, la proportion d'enfants nés en dehors du mariage était de …
 a 30%.
 b 42%.
 c 55%.

4 En France, le divorce par consentement mutuel a été légalisé en …
 a 1975.
 b 1995.
 c 2015.

5 Le nombre des divorces a été multiplié par … entre 1960 et 1995.
 a deux
 b quatre
 c dix

6 Le pacs est …
 a une alternative au mariage.
 b un mariage sans cérémonie religieuse.
 c une forme d'union sans contrat.

7 Combien d'enfants naissent chaque année en France?
 a moins de 600 000
 b plus de 800 000
 c plus de 1 200 000

8 Quelle proportion de la population a moins de 15 ans?
 a 10%
 b 15%
 c 20%

3 **Vrai ou faux?**

1 Un Français sur quatre est âgé de 60 ans ou plus.
2 Selon un sondage récent, seuls 30% des jeunes Français âgés de 18 à 25 se déclarent heureux.
3 En moyenne, les jeunes femmes se mettent en couple plus tôt que les jeunes hommes.
4 De moins en moins de garçons de plus de 21 ans vivent chez leurs parents.
5 En France, le nombre de personnes qui font une demande pour adopter un enfant a presque doublé en 15 ans.
6 Selon un sondage récent, de plus en plus de seniors souffrent de solitude.

Le saviez-vous?

- Avec la loi du 18 mai 2013 sur le mariage pour tous, la France est devenue le 9e pays européen et le 14e pays au monde à autoriser le mariage homosexuel. En 2014, les mariages de couples de même sexe ont représenté 4% du total des unions.

- Pourtant, l'institution du mariage est en déclin. Le taux de nuptialité (nombre de mariages pour 1000 habitants) qui était de 8,1 en 1972, n'a cessé de baisser. En 2014, il était de 3,5.

- Depuis l'an 2000, le pacs (pacte civil de solidarité) est monté en puissance en France. Pour cinq mariages célébrés en 2010, il y avait quatre pacs conclus entre hétérosexuels.

- En France, 334 divorces sont prononcés chaque jour. Dans trois cas sur quatre, le demandeur du divorce est la femme.

- Souvent, le divorce ou la séparation oblige à trouver un nouveau logement. La création d'un foyer supplémentaire est aussi un poids pour la planète. Une personne vivant seule consomme 38% plus de biens qu'une personne vivant en couple.

- Retour au foyer parental, c'est une option à ne pas négliger. Selon l'Insee (Institut nationale de la statistique et des études économiques), 415 000 adultes français vivent chez leurs parents soit parce qu'ils sont tombés malades, soit parce qu'ils ont perdu leur emploi ou parce qu'ils ont divorcé.

- Le nombre de célibataires en France tourne autour de 18 millions, chiffre en constante augmentation. Le comportement des célibataires a bel et bien changé: de plus en plus de célibataires se lancent dans l'aventure des sites de rencontres. Ces derniers ne cessent de se multiplier.

Vocabulaire

atteindre *to reach*
se banaliser *to become commonplace*
le chiffre *figure*
dévoiler *to reveal*
un emménagement à deux *moving in together*
une évolution *development*
se répandre *to spread*
systématique *automatic*
une union libre *living together*

1a Regardez cette liste de mots. Lesquels associez-vous à la vie de couple?

circulation	concubinage	fiancés
citadins	concurrence	formation
cohabitation	conjoints	mariage

1b Faites votre propre définition des mots que vous avez choisis.

2a Lisez l'article et remplissez les blancs avec *plus* ou *moins*.

LA VIE DE COUPLE: UNE COMPARAISON ENTRE AUJOURD'HUI ET IL Y A 65 ANS

En France, il était difficile de vivre en couple sans être marié dans les années 1950. La cohabitation avant le mariage et l'union libre se sont répandus depuis ce temps-là sans pour autant faire disparaître le mariage.

Une enquête publiée par l'Ined (Institut nationale d'études démographiques) et réalisée sur 7 825 femmes et hommes âgés de 26 à 65 ans, dévoile les évolutions de la vie de couple entre 1950 et aujourd'hui. Mariage, concubinage, partenaires sexuels... découvrez ce qui a changé!

Quelles évolutions pour la vie de couple depuis 1950?

Le déclin du mariage...

74% des femmes se mariaient avant l'âge de 30 ans dans les années 50, contre 16% des femmes aujourd'hui.

...et de la religion:

9 mariages sur 10 étaient religieux en 1950, contre 6 sur 10 aujourd'hui.

L'emménagement à deux n'est plus systématique:

En 1950, 67% des couples s'installaient dans un nouveau logement au début de la relation, contre moins de 50% aujourd'hui.

Une multiplication des partenaires sexuels...

Pour les 75% des femmes en 1950, leur premier partenaire sexuel était aussi la première personne avec qui elles emménageaient. C'est le cas pour 38% des femmes aujourd'hui.

...et des relations sérieuses:

Alors qu'en 1950, 79% des femmes et 75% des hommes ne vivaient qu'une seule histoire d'amour sérieuse, ils sont aujourd'hui plus de 50% à en avoir eu au moins deux.

Le divorce se banalise:

Dans les années 50, 11% des mariages en France se terminaient en divorce. Aujourd'hui, ce chiffre atteint presque 50%.

Expressions clés

La vie de couple a beaucoup évolué.
Le mariage n'est plus à la mode.
On a tendance à se marier plus tard.
Aujourd'hui, le mariage est ouvert aux couples de même sexe.
Il n'est pas facile de vivre heureux à deux.

1 Aujourd'hui, _____ de Françaises se marient avant l'âge de 30 ans.
2 En 1950, il y avait _____ de mariages religieux.
3 Aujourd'hui, _____ de couples s'installent dans un nouveau logement au début de la relation.
4 En 1950, _____ de femmes emménageaient avec leur premier partenaire sexuel.
5 Aujourd'hui, _____ de gens ne vivent qu'une seule histoire d'amour sérieuse.
6 En 1950, _____ de mariages se terminaient en divorce.

2b Traduisez en anglais les deux premiers paragraphes de l'article (*En France, il était difficile... à ...découvrez ce qui a changé!*).

3 〰 Écoutez la discussion avec une experte dans le domaine des relations personnelles. Reliez le début et la fin des phrases.

1 Il y a toujours des différences…
2 Être en couple…
3 La communication…
4 Il faut écouter son partenaire et le laisser…
5 Certaines personnes expriment leurs sentiments…
6 Il faut éviter de…
7 Tout le monde…
8 Les crises de couple…
9 Pour surmonter une crise, il faut chercher…
10 On a tort d'essayer…

a …a ses défauts.
b …avec des gestes.
c …de changer son partenaire.
d …des solutions.
e …entre deux personnes.
f …est primordiale.
g …exprimer ses sentiments.
h …garder rancune.
i …ne garantit pas le bonheur.
j …sont inévitables.

4 Remplissez les blancs avec la bonne forme du verbe à l'imparfait.

1 Pendant les années 50, la famille nucléaire _____ solidement ancrée dans la société. (*être*)
2 On _____ se marier pour avoir des enfants. (*devoir*)
3 Les rôles parentaux _____ clairement distribués. (*être*)
4 La femme _____ des enfants et du ménage. (*s'occuper*)
5 Le mari _____ la plus grande partie de son temps à son travail. (*consacrer*)
6 Mes grands-parents _____ à cette génération. (*appartenir*)

5 À l'oral. Regardez ces arguments pour et contre le mariage. Avec quels arguments êtes-vous d'accord? Pourquoi?

Pour
- C'est une tradition importante.
- Le mariage, c'est une belle preuve d'amour.
- On peut célébrer son mariage à l'église.
- C'est une occasion de faire la fête.
- Il n'y a rien de plus beau que de dire « oui » à la personne qui compte le plus dans sa vie.
- Il vaut mieux se marier pour avoir des enfants.

Contre
- C'est démodé.
- Ça coûte trop cher.
- Souvent, l'amour ne dure pas.
- Beaucoup de mariages se terminent en divorce.
- Ce n'est qu'un bout de papier.
- La cérémonie peut être stressante.

6 À l'écrit. Le déclin du mariage en France, est-il une bonne chose? Écrivez environ 200 mots pour justifier votre opinion.

7 Travail de recherche. Choisissez un autre pays francophone. La vie de couple, a-t-elle évolué dans ce pays de la même façon qu'en France?

▨ Vocabulaire

une astuce *trick*
éprouver *to experience things*
froisser *to offend*
le geste *action*
interrompre *to interrupt*
la perle *pearl*
la rancune *grudge*
les ressentis *feelings*
souhaiter *to wish*

🅵 Grammaire

Imperfect tense

The imperfect tense is used to:

- describe a habitual or repeated action in the past
  beaucoup de femmes se mariaient jeunes 'many women used to marry young'

- describe what things were generally like
  j'étais heureuse 'I was (generally feeling) happy'

- describe something that was (in the middle of) taking place
  je parlais avec mon mari quand… 'I was talking to my husband when…'

For information on forming the imperfect tense see page 149.

1 Lisez le texte. Les faits suivants sont-ils mentionnés? Répondez *oui* ou *non*.

Le mariage ou le pacs?

Le 15 novembre 1999 naissait le pacs. Après des débuts timides, il s'est finalement imposé comme un choix pour de nombreux Français, avec deux pacs conclus pour trois mariages.

Aurélie et Johan, 25 et 30 ans, ont prévu de se pacser en mars, « en attendant de se marier » dans un an ou deux. Pour ce couple de jeunes actifs, le pacs est une première étape dans l'engagement amoureux mais pas une finalité: « Un mariage coûte cher, donc en attendant, on se pacse, pour le symbole. » Et aussi, surtout peut-être, pour se protéger, car Aurélie et Johan veulent acheter une maison.

Si le pacs a d'abord surtout attiré les couples homosexuels, il est aujourd'hui essentiellement conclu par des hétérosexuels: la proportion d'homosexuels, qui représentait près de 42%

de ces unions en 2000, est tombée à près de 5% aujourd'hui.

Par rapport au mariage, le pacs a l'avantage d'être plus rapide à conclure et plus facile à défaire. Il est de plus en plus choisi, dans un contexte où le mariage est souvent remis en cause et où les divorces fréquents peuvent entraîner une peur ou un manque d'envie d'engagement.

D'autre part, le mariage offre encore certains avantages. Par exemple, si un conjoint meurt, le conjoint survivant et ses enfants sont beaucoup plus protégés. Et la possibilité d'adopter ensemble un enfant n'est autorisée qu'aux couples mariés.

📖 Compétences

Skimming texts for gist

When you first tackle a reading task, read the whole text in one go to get a feel for the main points. Avoid using a dictionary at this stage; try to deduce the meaning of unfamiliar key words from their context or by identifying cognates in English.

1 la date d'instauration du pacs
2 le nombre de gens qui se sont pacsés en 1999
3 la popularité du pacs, comparée à la popularité du mariage
4 une raison pour laquelle Aurélie et Johan ont choisi de se pacser
5 une raison pour laquelle Aurélie et Johan ne se marient pas tout de suite
6 une raison pour laquelle Aurélie et Johan veulent acheter un logement
7 la proportion de pacsés qui sont homosexuels
8 une raison pour le nombre croissant de divorces
9 un avantage du mariage pour un conjoint étranger
10 un avantage du mariage en ce qui concerne l'adoption d'un enfant

Mariage pour tous: deux ans après

En avril 2013, à la suite de longs débats au Parlement et de multiples manifestations, la France est devenue le 14ième pays à légaliser le mariage entre deux partenaires de même sexe.

Au total, 17 500 mariages entre personnes de même sexe ont été célébrés en France entre l'adoption de la loi Taubira en mai 2013, vite suivie de la première union de Vincent Autin et Bruno Boileau, et décembre 2014, selon les chiffres de l'Insee: 7 500 mariages en 2013, puis 10 000 en 2014, soit 4% de l'ensemble des mariages en 2014 (241 000).

Cet engouement s'explique sans doute par l'effet « première année »: quelques couples homosexuels qui vivaient en couple depuis longtemps ont décidé de se marier le plus tôt possible. Il faudra donc attendre un peu avant de connaître la proportion moyenne des mariages de personnes de même sexe sur une période prolongée.

2 Complétez les phrases selon le sens du texte.

1 Il y a eu de nombreuses manifestations contre…
2 Avant la France, le mariage homosexuel était autorisé dans…
3 Vincent Autin et Bruno Boileau se sont mariés…
4 Entre mai 2013 et décembre 2014,…
5 Il est difficile de prédire…

3a 〜/\/\/〜 Écoutez l'entretien avec Françoise Gaspard, sociologue féministe et femme politique française, sur l'homosexualité chez les politiques. Elle parle de Bertrand Delanoë qui a été maire de Paris de 1995 à 2001. Vous entendrez les expressions suivantes. Traduisez-les en anglais.

1 une façon de banaliser l'homosexualité
2 libre à chacun de
3 pourquoi ne pas l'avoir dit
4 sans rien nier de ce que j'étais
5 ce qui a encore plus surpris
6 on s'en moque
7 il faut que vous vous mariiez
8 je lui ai fait remarquer

3b Écrivez en français un paragraphe de 70 mots où vous résumez ce que vous avez compris selon les points suivants:

- l'homosexualité dans le monde politique français
- le mariage dans le monde politique français.

3c Choisissez les cinq phrases qui sont vraies.

1 Bertrand Delanoë a révélé son homosexualité à la télévision.
2 Françoise Gaspard critique Bertrand Delanoë pour avoir révélé son homosexualité.
3 Françoise Gaspard est candidate à une élection.
4 Elle veut banaliser l'homosexualité.
5 En 1977, elle s'est fait remarquer parce qu'elle se déplaçait à moto.
6 À ce moment-là, tout le monde pensait qu'elle allait être élue.
7 Selon Françoise Gaspard, certains élus homosexuels ont peur d'avoir l'étiquette « gay ».
8 Elle a été étonnée de découvrir combien de députés étaient homosexuels.
9 En 1980, Françoise Gaspard a décidé de se marier.
10 Françoise Gaspard a changé la loi.

4 Traduisez en français.

1 In 1950, people had to get married if they wanted to have children.
2 Divorce has become much more frequent since the 1950s.
3 Instead of getting married more and more couples enter a civil partnership.
4 A civil partnership offers most of the benefits of marriage, but there are still some differences.
5 Will marriage eventually die out? It's hard to know what will happen.

5 À l'oral. Jeu de rôle. Vous voulez officialiser votre couple: discutez avec votre copine / copain. L'un(e) de vous envisage le mariage, l'autre préfère le pacs. Servez-vous des expressions clés.

6 À l'écrit. La « Manif pour tous » est un récent mouvement politique qui a pour but la promotion de la « famille traditionnelle » et l'opposition au mariage homosexuel. Qu'en pensez-vous? Écrivez environ 150 mots pour justifier votre opinion.

7 Travail de recherche. Comment les attitudes des Français ont-elles changé depuis la création du pacs?

▮ Vocabulaire

la candidature *application (for job, position)*
le / la député(e) *member of parliament*
élire *to elect*
un(e) élu(e) *elected member (of parliament)*
faire état de *to report, state*
une étiquette *label*
la loi *law*
le mandat *(political) mandate*
nier *to deny*
nuire à *to harm*

▮ Expressions clés

C'est une bonne formule pour nous.
Cela ne représente pas grand-chose.
En fin de compte, je trouve qu'il n'y a pas beaucoup de différences.
C'est avant tout une belle preuve d'amour.
On ne veut pas faire de grosses dépenses.
C'est un véritable engagement devant nos familles et nos amis.
Notre priorité est d'avoir une protection sociale (santé, famille, logement…).
Les droits ne sont toujours pas les mêmes.
Qui ne se marie pas ne divorce pas.
Le mariage, c'est l'institution la plus favorable pour élever des enfants.
Le pacs est pour nous une étape qui nous mènera à un engagement plus fort.

A: Monoparentalité, homoparentalité, familles recomposées

1 Lisez ces conseils tirés d'un document canadien sur le rôle parental. Que pensez-vous de ces conseils? Sont-ils tous importants? Discutez avec un(e) partenaire.

Essayez toujours:

- de respecter et d'écouter votre enfant
- d'être un bon modèle de comportement
- de vous rappeler que les enfants sont tous différents
- d'être patient, encourageant et compréhensif avec votre enfant
- d'établir des règles claires et précises en matière de comportement
- de discipliner votre enfant d'une manière positive, sans être trop sévère.

2a Lisez le texte et les phrases 1–8. Remplissez les blancs avec un mot choisi dans la case.

Qui sont les familles monoparentales?

Une famille sur cinq est aujourd'hui monoparentale en France. Au total, ce ne sont pas moins de trois millions d'enfants de moins de 25 ans qui sont élevés soit par leur père, soit par leur mère. Si la monoparentalité n'est pas un phénomène nouveau, son incidence augmente considérablement et son visage évolue.

Récemment, l'Insee a déclaré que les familles monoparentales sont 2,5 fois plus nombreuses qu'il y a 40 ans. Dans 85% des cas, c'est la mère qui est à la tête de famille. Une fois sur deux, elle ne travaille pas à temps plein. Parce que les familles monoparentales présentent des risques accrus de pauvreté et de précarité sociale, elles devraient susciter la plus grande attention des politiques.

Les familles monoparentales sont aussi de plus en plus diverses. Et ce, essentiellement parce que les évènements ou les situations qui mènent à la monoparentalité aujourd'hui ne sont plus ceux d'hier. « Depuis les années soixante, explique la sociologue Marie-Thérèse Letablier, la part des veuves et des veufs dans les familles monoparentales n'a cessé de diminuer au profit des parents séparés et divorcés. » Et c'est ici l'aspect le plus important de l'évolution de la monoparentalité. Si elle concernait dans les années soixante-dix essentiellement des parents laissés seuls après le décès de leur conjoint, aujourd'hui, la séparation et le divorce sont à l'origine de la monoparentalité dans trois cas sur quatre. « De plus, ajoute-t-elle, les mères célibataires ne sont plus toujours « abandonnées », mais peuvent aussi avoir opté pour cette manière de vivre. » Dans les deux cas, cette forme de parentalité est ainsi de moins en moins souvent subie, mais peut être voulue. Sans compter les familles homoparentales qui sont parfois assimilées, d'un point de vue statistique, à des familles monoparentales.

Vocabulaire

accru *increased*
célibataire *unmarried, single*
le décès *death*
élever *to raise, bring up*
la précarité *instability*
subir *to put up with, suffer*
la veuve, le veuf *widow(er)*

baissé	choisissent	moitié	élevé
minorité	mort	plupart	quart

1 Les familles monoparentales représentent une _____ des familles en France.

2 Seule la _____ des mères de famille monoparentale travaillent à temps complet.

3 Le risque de pauvreté est plus _____ chez les familles monoparentales.

4 Dans les années soixante, la cause de la monoparentalité était souvent la _____ d'un parent.

5 Aujourd'hui, la _____ des familles monoparentales sont la conséquence de la séparation des parents.

6 Aujourd'hui, certaines mères célibataires _____ leur situation.

2b Traduisez en anglais les deux premiers paragraphes de l'article.

3 〰 Écoutez ce témoignage de Camila, dont le père est homosexuel. Répondez aux questions en français.

1 Quand les parents de Camila ont-ils divorcé?
2 Quand Camila a-t-elle appris que son père était homosexuel?
3 Qu'est-ce qui montre que la sœur de Camila avait déjà entendu parler de l'homosexualité?
4 De quoi Camila et sa sœur étaient-elles fières?
5 Pourquoi la sœur de Camila a-t-elle été déçue?
6 Comment la sœur de Camila a-t-elle montré sa déception?
7 Pourquoi est-ce que ce n'était pas facile à l'école?
8 Quel changement a eu lieu à l'école?
9 En vacances, dans quelle situation Camila ne savait-elle pas comment réagir?
10 Qu'est-ce qui montre que Camila ne regrette pas d'avoir un père homosexuel?

⨍ Grammaire

Perfect tense

The perfect tense is used to express a completed action or event in the past:
Mes parents se sont rencontrés à la cité universitaire.

The perfect tense is required when a time period is given:
Delphine a habité chez son père pendant trois ans.

The imperfect and perfect tenses can be used in the same sentence. The imperfect tense sets the scene and the perfect tense expresses the event:
J'avais dix ans quand mes parents se sont séparés.

The perfect tense is formed with an auxiliary verb and a past participle. The auxiliary verb is either *avoir* or *être*. Most verbs go with *avoir*, but all reflexive verbs and some other verbs e.g. *sortir, rester*, go with *être*.

The past participle takes the following endings:
-er verbs	-é	mang**é** (manger)
regular -ir verbs	-i	fin**i** (finir)
regular -re verbs	-u	attend**u** (attendre)

But many past participles are irregular – see page 148.

With *être* verbs, the past participle needs to agree with the subject, i.e. add -e for feminine singular, -s for masculine plural and -es for feminine plural.

See page 147.

▉ Expressions clés

soit … soit
à l'origine de
sans compter
d'un point de vue statistique
un phénomène nouveau
La part … n'a cessé de diminuer.
Ce n'est pas évident de tout gérer tout(e) seul(e).
Tôt ou tard, la famille retrouvera son équilibre.
L'enfant doit se débrouiller seul et devient plus autonome.
Il y a un lien plus fort entre les enfants et la mère ou le père.
Être mère responsable d'une famille monoparentale et retourner sur le marché du travail: un beau défi… réalisable!

▉ Vocabulaire

s'affaiblir *to grow weaker*
céder la place à *to give way to*
la déception *disappointment*
l'élan (m) *(sudden) enthusiasm*
fier *proud*
au fil du temps *over time*
gênant *embarrassing*
se sentir bien dans sa peau *to feel at ease*
tarder à *to take a long time to*
venir à l'esprit *to come to mind*

4 Remplissez les blancs avec la forme correcte du verbe au passé composé.

1 Mes parents _____ quand j'avais huit ans. (*se séparer*)
2 Après le divorce, ils _____ la résidence alternée pour les enfants. (*choisir*)
3 Comme ça, mon frère et moi, nous _____ profiter des deux parents. (*pouvoir*)
4 Nous _____ à notre nouvelle vie. (*s'habituer*)
5 La résidence alternée _____ pour nous un très bon système. (*être*)
6 Cela nous _____ d'avoir des moments privilégiés avec les deux parents. (*permettre*)
7 Plus tard, ma mère _____ vivre à l'étranger. (*partir*)
8 Mon frère et moi, nous _____ en France avec notre père. (*rester*)

5 À l'écrit. La famille nucléaire – la norme idéale ou une institution démodée? Qu'en pensez-vous? Écrivez environ 200 mots.

B: Monoparentalité, homoparentalité, familles recomposées

1 Reliez le début et la fin des phrases.

1 Une famille recomposée, c'est une famille où…
2 En France, un enfant sur dix…
3 Le plus souvent, les enfants…
4 Pour les beaux-parents,…
5 Un problème, c'est que le beau-parent…

a …les enfants ne sont pas tous du couple actuel.
b …la vie est souvent difficile.
c …ne choisit pas les enfants de son / sa partenaire.
d …vit dans une famille recomposée.
e …vivent avec leur mère et un beau-père.

2a Lisez le texte. Identifiez dans le texte des synonymes pour les expressions suivantes.

1 croissant
2 explose
3 apparaissent
4 vraies
5 d'abord
6 la même chose
7 expression
8 accepte

Vocabulaire

avouer to admit, confess
le bouleversement disruption
comme tel as such
y compris including
le bon déroulement smooth progress
faire face à to face up to
proche close
le témoignage account, testimony

Les familles recomposées

En 2011, 1 500 000 enfants de moins de 18 ans vivaient dans une famille recomposée selon une étude de l'Insee (Institut national de la statistique et des études économiques). Un chiffre toujours en hausse avec les années. Quand on se sépare pour commencer une nouvelle vie avec quelqu'un d'autre, la reconstruction est souvent longue et complexe pour chacun des membres de la famille. Témoignage d'une famille recomposée.

Il n'est jamais évident de faire face aux bouleversements. D'autant plus quand c'est une cellule familiale qui éclate et que de cette « désunion » naissent d'autres relations, d'autres familles. Parents et enfants doivent apprendre différemment, avec de nouvelles personnes, de nouvelles règles. « Ce n'est pas une seule et même famille. C'est autre chose. » explique Jérémy, âgé de 23 ans aujourd'hui. Ses parents se sont séparés alors qu'il n'était encore qu'un jeune garçon. Son père s'est alors remarié il y a une dizaine d'années avec Armel. Ensemble, ils ont eu deux filles. Deux véritables sœurs

pour Jérémy. « J'ai eu un temps d'adaptation au début mais tout ça a évolué en positif. Nous n'avons pas la même maman, mais je ne fais pas de distinction. Pour moi, c'est pareil. » Une relation entre frère et sœurs espérée par Armel, 38 ans : « Il joue parfaitement son rôle de grand frère aussi parce qu'on l'a toujours considéré comme tel. Nous n'avons d'ailleurs jamais utilisé le terme de 'demi-frère' ».

Du respect pour le passé de chaque membre de la famille, c'est le secret pour un bon déroulement des choses. Y compris pour la mère de Jérémy. Il y a très peu de contact entre les deux femmes et Armel avoue n'être ni rivale ni proche de la première compagne de son mari. « Pour lui, ce sont deux histoires différentes avec leur passé et leur avenir. À respecter. » Et Jérémy ne semble pas avoir souffert de cette histoire. Le jeune homme reconnaît en effet que tout se passe 'naturellement'.

2b Vrai (V), faux (F) ou information non-donnée (ND)?

1 Aujourd'hui, plus de 1 500 000 enfants de moins de 18 ans vivent dans une famille recomposée.
2 Dans certains cas, la séparation est inévitable.
3 Il faut beaucoup de temps pour reconstruire une vie familiale.
4 Les enfants doivent s'adapter à de nouvelles règles.
5 Jérémy avait 23 ans quand ses parents se sont séparés.
6 Les deux filles d'Armel sont plus âgées que Jérémy.
7 Jérémy avait deux sœurs aînées.
8 Armel espérait avoir un troisième enfant.
9 Armel et la mère de Jérémy se voient rarement.
10 Jérémy a du mal à accepter la famille recomposée.

3a ⌁ Écoutez Louis, Manon, Hugo, Chloé et Inès qui parlent de leur vie de couple. Qui…

1 …vit avec trois enfants?
2 …ne voit pas l'enfant de son compagnon tous les jours?
3 …trouve que sa compagne est trop gentille avec son enfant?
4 …doit jongler avec son temps?
5 …a changé de stratégie après un échec?
6 …est tenté(e) de prendre une décision qui pourrait être dangereuse?
7 …pense que le comportement d'un enfant risque de gâcher son couple?

3b Choisissez deux des personnes qui parlent. Écrivez un résumé de leur situation.

4 Traduisez en français.

1 The number of children living in step-families has increased hugely.
2 The relationship between the children of different parents can be hard.
3 Everyone has to learn new rules in order to avoid conflicts.
4 It's important to show respect for each person's past.
5 Some children don't suffer at all and appreciate their new family straight away.

5 À l'oral. Jeu de rôle. Le / La partenaire A joue le rôle d'une des personnes de l'activité 3. Le / La partenaire B écoute et offre des conseils au / à la partenaire A.

6 À l'écrit. « Une famille recomposée ne peut pas fonctionner comme une famille nucléaire traditionnelle. » Qu'en pensez-vous? Écrivez environ 200 mots pour justifier votre opinion.

7 Travail de recherche. En France (ou dans un autre pays francophone), quel soutien est offert aux beaux-parents des familles recomposées?

▍ Vocabulaire

un aménagement *organisation, adjustment*
le caprice *tantrum*
déséquilibrer *to destabilise*
le gamin *youngster*
gérer *to manage, handle*
un horaire *timetable, schedule*
s'y retrouver *to be content*

▶ Compétences

Translating into French

Look first for relevant vocabulary in the accompanying reading and listening tasks. Then identify the key grammar points being tested. Pay particular attention to verb tenses and adjectival agreements.

▍ Expressions clés

Il faut un temps d'adaptation.
Il faut s'adapter à de nouvelles règles.
Une famille recomposée, ce sont deux histoires différentes.
On s'entend de mieux en mieux.
Je n'impose pas mes idées.
Je n'ai aucun mal à accepter…

A: Grands-parents, parents et enfants: soucis et problèmes

1 Lisez le texte et remplissez les blancs avec un mot dans la case. Attention, il y a quatre mots de trop.

> actuelle   apprendre   chômage   difficile   élever   foyer   nouvelles
> précédentes   simple   travaillent   vivent

Un fossé grandissant entre les générations?

Si des histoires familiales les unissent, les jeunes Français ne _____ plus le même quotidien que leurs parents à leur âge. Les _____ technologies et le contexte économique sont des facteurs importants. La génération _____ est davantage confrontée au _____, à la précarité et à de bas salaires.

« Comparé aux générations _____, comme celle de mes parents, je pense que la vie était plus _____ en leur temps, estime Carine, lycéenne de dix-sept ans. Aujourd'hui, je me pose beaucoup de questions: est-ce que je vais être capable de fonder une famille, d'_____ des enfants et d'avoir une maison? »

🔲 Compétences

Using a bilingual dictionary

You can use a dictionary:

- to check your spelling
- to check the pronunciation of a French word
- to find the meaning of a French word or phrase
- to find grammatical information e.g. gender, type of verb.

Be cautious when using a dictionary to help you translate from English into French. It is easy to get the wrong meaning, especially with common words such as 'get'. Once you think you have found the correct French word, always check by looking it up in the French-English section.

Le rôle des grands-parents

Auxiliaires éducatifs précieux, soutien affectif irremplaçable, les grands-parents peuvent apporter beaucoup à l'éducation du petit-enfant. S'ils ne doivent pas se substituer aux parents – certains ont tendance à en faire trop – quels sont leurs rôles au sein de la famille?

Tout d'abord, les grands-parents ont l'avantage de posséder davantage de temps libre. Ils sont moins stressés, installés dans un rythme de vie plus calme et posé, ils peuvent donc jouer un rôle affectif et éducatif. En grandissant, l'enfant va volontiers les considérer comme ceux qui ne punissent pas, qui font des cadeaux... Les grands-parents pourront lui apprendre à faire un gâteau ou du tricot, prendre le temps d'une promenade, raconter des histoires du passé... Bref, lui accorder de l'attention. Toutefois, il ne s'agit pas pour les grands-parents de décider à la place des parents ou d'imposer ce qui leur semble bon. Une situation de conflit pourrait perturber le petit-enfant.

La présence des grands-parents permet d'ancrer l'enfant dans ses racines. Ils sont porteurs du passé, de l'histoire de la famille. Ce sont eux qui possèdent les photos de famille, parfois aussi la maison familiale, chargée de souvenirs. Ils fournissent une certaine stabilité et transmettent des valeurs et des coutumes familiales. Si on compare la famille à l'image d'un arbre, les grands-parents en sont les racines et les parents les branches maîtresses sur lesquelles l'enfant, dès tout petit et tout au long de sa vie, pourra toujours s'appuyer pour se développer. On leur attribue ainsi une présence symbolique.

2a **Lisez le texte. Lesquels des conseils suivants les grands-parents devraient-ils suivre, selon l'article?**

1 N'en faites pas trop!
2 Offrez un soutien affectif!
3 Donnez des punitions, mais pas trop souvent!
4 Servez des gâteaux!
5 Passez du temps avec vos petits-enfants!
6 Prenez des décisions importantes quand les parents sont occupés!
7 Parlez de l'histoire de la famille!
8 Prenez des photos de vos petits-enfants!
9 Essayez de comprendre les valeurs de vos petits-enfants!
10 Laissez vos petits-enfants s'appuyer sur vous!

2b **Traduisez en anglais le troisième paragraphe de l'article (*La présence…* à *…présence symbolique*.).**

3a 〜〜 **Écoutez le reportage sur les « enfants boomerang », ces adultes qui retournent chez leurs parents. Choisissez les cinq phrases qui sont vraies.**

1 Il y a plus d'« enfants boomerang » en France que dans d'autres pays européens.
2 Catherine s'est installée chez sa mère il y a deux mois.
3 Selon Catherine, il est bien de voir sa mère tous les jours.
4 Les « enfants boomerang », c'est surtout un phénomène rural de nos jours.
5 Selon Serge Guérin, la crise économique a contribué au nombre d'« enfants boomerang ».
6 Selon lui, il y a moins de différences entre les générations aujourd'hui.
7 De moins en moins d'adultes ont besoin d'un soutien psychologique.
8 Plus d'hommes que de femmes retournent vivre chez les parents.
9 Certains parents se plaignent car leur enfant adulte coûte de l'argent.
10 Certains enfants adultes sont en mauvaise santé.

3b 〜〜 **Écoutez encore et décidez: c'est qui – Catherine ou Agnès?**

1 _____ ne parle pas de sa situation au travail.
2 _____ exprime des sentiments négatifs et positifs sur sa mère.
3 _____ dit qu'elle n'a pas beaucoup d'espace.
4 _____ trouve sa situation inhabituelle.
5 _____ n'apprécie pas la façon dont sa mère la traite.

4 **À l'oral. On parle aujourd'hui d'un « papy-boom » en France et dans d'autres pays européens. À votre avis, quel rôle les grands-parents devraient-ils jouer dans la vie familiale? Discutez avec un(e) partenaire.**

5 **À l'écrit. La vie d'un(e) adolescent(e) était-elle vraiment plus simple il y a cinquante ans? Justifiez votre opinion en environ 200 mots.**

▌ Vocabulaire

affectif *emotional*
ancrer *to anchor, fix*
chargé *loaded, full*
davantage *more*
la racine *root*
au sein de *within*
volontiers *willingly*

▌ Vocabulaire

le citadin *city-dweller*
le cocon *(protective) cocoon*
la contrainte *constraint*
au courant *in the know*
coûteux *costly*
héberger *to accommodate, put up*
avoir honte *to be ashamed*
jouir de *to enjoy, benefit from*
le mètre carré *square metre*
le milieu *environment*
le nid *nest*
la / le quinquagénaire *person in her / his fifties*
reconnaissant *grateful*
le soutien *support*

▌ Expressions clés

un rôle affectif et éducatif
accorder de l'attention à quelqu'un
imposer ce qui leur semble bon
porteur du passé
chargé de souvenirs
retrouver le cocon familial
rejoindre le foyer familial
…n'est plus exceptionnel
rester auprès des parents
se tourner vers ses proches
sans contraintes familiales

B: Grands-parents, parents et enfants: soucis et problèmes

1 Qu'est-ce qui fait une enfance heureuse? Discutez avec un(e) partenaire. Considérez les aspects suivants.

parents autoritaires	famille nombreuse	assez d'espace	amour inconditionnel
beaucoup d'argent	routines régulières	soutien et encouragement	limites claires

2 Lisez cet extrait du roman *Germinal* d'Émile Zola. Complétez les phrases selon le sens du texte.

La famille Maheu se lève

« Quatre heures sonnèrent au coucou du rez-de-chaussée; brusquement, Catherine se leva. La chandelle éclairait la chambre que trois lits emplissaient. Zacharie, l'aîné, un garçon de vingt-et-un ans, était couché avec son frère Jeanlin, qui achevait sa onzième année; dans celui de droite, deux mioches, Lénore et Henri, la première de six ans, le second de quatre, dormaient aux bras l'un de l'autre; tandis que Catherine partageait le troisième lit avec sa sœur Alzire, neuf ans. La porte vitrée était ouverte, on apercevait le couloir du palier où le père et la mère occupaient un quatrième lit, contre lequel ils avaient dû installer le berceau de la dernière venue, Estelle, âgée de trois mois à peine. Mais un grognement arriva du palier, la voix de Maheu bégayait, empâtée: - Sacré nom! il est l'heure... C'est toi qui allumes, Catherine? - Oui, père... Ça vient de sonner, en bas. - Dépêche-toi donc, fainéante! Catherine, quinze ans, enfila sa culotte de mineur, passa la veste de toile et, dans ces vêtements, elle avait l'air d'un petit homme. La Maheude

[surnom de la mère] venait de se réveiller, elle parla avec lenteur. - Je suis sans le sou. À vous tous vous apportez neuf francs[1]. Comment veux-tu que j'y arrive?

En bas, une salle assez vaste, tenant tout le rez-de-chaussée. Outre le buffet de sapin, l'ameublement consistait en une table et des chaises du même bois. Collés sur les murs, les portraits de l'Empereur et de l'Impératrice[2] donnés par la Compagnie. Devant le buffet ouvert, Catherine réfléchissait. Il ne restait qu'un bout de pain, du fromage blanc en suffisance, mais il ne restait plus de café, elle dut se contenter de passer l'eau sur le marc de la veille. - Fichtre! déclara Zacharie, quand il eut mis le nez dans son bol, en voilà un qui ne nous cassera pas la tête! »

[1] Le père et les trois enfants les plus âgés travaillent à la mine, ils gagnent au total 9 francs par jour.

[2] L'action se déroule pendant le règne de l'empereur Napoléon III (1852–70).

Vocabulaire

apercevoir *to glimpse*
bégayer *to stutter*
le berceau *cradle*
casser la tête à quelqu'un *to give someone a headache*
la chandelle *candle*
le coucou *cuckoo (clock)*
le / la fainéant(e) *lazy person*
fichtre! *bother!*
le marc *coffee grounds*
le mioche *little boy*
outre *apart from*
le palier *landing*

1 Catherine s'est levée quand elle a entendu…
2 Catherine partageait une chambre avec…
3 Les parents de Catherine dormaient…
4 Le père a demandé à Catherine…
5 Catherine avait l'air d'un petit homme à cause de…
6 La mère se plaignait parce qu'elle…
7 Dans la pièce du rez-de-chaussée, il y avait…
8 La famille pouvait manger…

3 Traduisez en anglais.

1 Catherine se leva.
2 Elle alluma en bas.
3 Elle mit ses vêtements de mineur.
4 La Maheude se réveilla.
5 Elle descendit dans la cuisine.
6 Catherine et Zacharie mangèrent du pain.

4 〰 Écoutez Nader, Achref et Raja, trois jeunes Tunisiens qui parlent de conflits avec les parents. Qui…

1 …dit que ses parents ont brisé une promesse?
2 …doit rester à la maison?
3 …n'aime pas ranger ses affaires?
4 …n'a pas peur de faire des erreurs?
5 …ne partage pas l'ambition de ses parents?
6 …passe trop de temps devant l'écran, aux yeux de ses parents?
7 …regrette l'effet du conflit sur ses parents?
8 …réussit bien à l'école?
9 …trouve que ses parents se mêlent trop de sa vie privée?
10 …veut trouver un emploi le plus vite possible?

5 Traduisez en français.

1 My parents understand why I want to stop studying and find a job.
2 When I was younger my mum used to be worried about my future.
3 My dad doesn't want me to go out and he doesn't give me any money.
4 It's only the behaviour of my friends that sometimes causes conflicts.
5 When I have children I won't tell them off because of untidiness.

6 À l'oral. Choisissez Nader ou Achref ou Raja. Comment réagissez-vous à son témoignage? Est-il / elle raisonnable, à votre avis? Discutez avec un(e) partenaire.

7 À l'écrit. Quels conflits peuvent connaître différentes générations qui vivent ensemble? Comment peut-on les résoudre? Écrivez environ 150 mots.

⊡ Grammaire

Past historic tense

The past historic tense, sometimes known as the simple past tense, is the literary equivalent of the perfect tense. You will read it in novels, historical writing and sometimes in newspaper articles. You are unlikely to use it yourself. The past historic of regular verbs is formed as follows:

	regarder	finir	vendre
je	regard**ai**	fin**is**	vend**is**
tu	regard**as**	fin**is**	vend**is**
il / elle / on	regard**a**	fin**it**	vend**it**
nous	regard**âmes**	fin**îmes**	vend**îmes**
vous	regard**âtes**	fin**îtes**	vend**îtes**
ils / elles	regard**èrent**	fin**irent**	vend**irent**

The stem for irregular verbs varies.

See page 151.

▦ Vocabulaire

le dinar *dinar (Tunisian currency)*
le discours *speech*
la facture d'électricité *electricity bill*
la formation *training (course)*
gronder *to tell off*
inquiéter *to worry*
la mésentente *disagreement*
se priver de *to do without*
rater *to mess up, fail*
la remontrance *reproach*
s'y retrouver *to find one's things*
rêver *to dream*
soucieux *worried, anxious*

▦ Expressions clés

Je n'ai plus la force.
Ils ne veulent que mon bien.
J'en suis certain.
J'en suis désolé.
Ils finiront par comprendre.
Je me demande ce que je dois faire.

Je dois tirer des leçons de mes propres bêtises.
Tout ce que je fais leur déplaît.
Ils ont toujours le dernier mot.
Il y a des hauts et des bas.

1 Résumé

Démontrez ce que vous avez appris!

1 Reliez les expressions 1–10 aux explications a–j.

1	célibataire	6	homoparental
2	concubinage	7	monoparental
3	conjoint	8	pacs
4	divorce	9	papy-boom
5	enfant boomerang	10	recomposé

a partenaire de vie

b pas marié

c dissolution du mariage

d contrat entre deux personnes pour organiser leur vie commune

e deux personnes qui vivent ensemble sans être mariées ni pacsées

f les enfants sont élevés soit par la mère, soit par le père

g les enfants n'ont pas la même mère ou le même père

h les enfants sont élevés soit par deux femmes, soit par deux hommes

i un nombre croissant de grands-parents

j adulte qui retourne vivre au foyer parental

2 Reliez les chiffres 1–8 aux explications a–h.

1	4,4	3	50	5	1999	7	10 000
2	16	4	85	6	2013	8	1 500 000

a l'année de la légalisation du mariage homosexuel

b le pourcentage de mariages qui se terminent en divorce

c le nombre de mariages homosexuels en 2014

d le pourcentage de garçons de 40 ans qui vivent au foyer parental

e le nombre d'enfants de moins de 18 ans qui vivent dans une famille recomposée

f le pourcentage de femmes qui se marient avant l'âge de 30 ans

g l'année de l'instauration du pacs

h le pourcentage de familles monoparentales qui sont gérées par la mère

3 Reliez le début et la fin des phrases.

1 L'union libre…

2 Aujourd'hui, moins de couples…

3 Presque la moitié des mariages…

4 La religion…

5 Le pacs…

6 Beaucoup de mères célibataires…

7 Les familles recomposées…

8 Malgré le déclin du mariage, la famille nucléaire…

a …a permis une reconnaissance publique des couples homosexuels.

b …finissent par un divorce.

c …joue un rôle moins important dans la société actuelle.

d …ne travaillent pas à temps plein parce qu'elles doivent s'occuper des enfants.

e …reste le modèle le plus présent de nos jours.

f …s'est répandue depuis les années 1950.

g …s'installent dans un nouveau logement au début de la relation.

h …sont de plus en plus nombreuses.

4 Remplissez les blancs avec la bonne forme du verbe donné entre parenthèses.

1 En 1950, la plupart des mariages _____ célébrés à l'église. (être)

2 En 1950, on avait du mal à accepter un couple qui _____ ensemble sans être marié. (vivre)

3 195 000 pacs _____ signés en 2010. (être)

4 Aujourd'hui, beaucoup de couples _____ le pacs au lieu du mariage. (choisir)

5 Entre 1960 et 1980, la monoparentalité _____ une forte croissance. (connaître)

6 Beaucoup d'adultes _____ beaux-parents quand ils se lancent dans une nouvelle relation. (devenir)

5 « Le pacs, ce n'est que la réinvention du mariage. » Comment réagissez-vous à cette opinion? Écrivez environ 150 mots.

Testez-vous!

En Belgique, une famille sur quatre est monoparentale

En Belgique, un enfant sur cinq grandit dans une famille monoparentale. Ces chiffres officiels publiés par l'Institut pour un développement durable (IDD) sont très impressionnants et en nette évolution depuis maintenant de nombreuses années: en 1991 seules 14% des familles étaient des familles monoparentales.

L'essor de la monoparentalité s'explique essentiellement par le nombre de divorces, mais aussi par la banalisation des unions libres.

« Pour autant, ces données ne sont pas les plus préoccupantes », explique Philippe Defeyt, le président du Centre Public d'Action Sociale (CPAS) de la ville de Namur qui a travaillé sur l'enquête. « Le plus préoccupant reste le statut socio-économique de ces familles. Nous avons pu remarquer, à titre d'exemple, que la proportion des familles monoparentales qui dépendent du CPAS est dix fois plus élevée que pour les autres familles. »

Si ces statistiques se conforment aux évolutions européennes, ce sont, en Belgique, la Wallonie et Bruxelles qui sont les régions les plus touchées par ce phénomène. « C'est difficile de comprendre pourquoi. Sans doute devrions-nous nous demander si la situation économique difficile que traversent ces régions pourrait expliquer la fragilité de certains couples », se demande, sans tirer de conclusions, Philippe Defeyt.

Le chômage est trois fois plus important pour les chefs de familles monoparentales que pour les autres (16,4% contre 5,1%), et le nombre d'emplois à temps partiel est aussi bien plus important au sein des familles monoparentales.

Les plus grandes victimes de cette marginalisation socio-économique sont les femmes, qui représentent quatre-vingt-trois pour cent des chefs de famille monoparentale. Pourtant, on ne parvient pas à répondre à la question du pourquoi. Ces mères travaillaient-elles déjà à temps partiel avant la séparation, ou est-ce la séparation qui a provoqué une condition professionnelle plus difficile? C'est en se penchant sur les parcours de vie de ces personnes, et en comprenant mieux les mécanismes qui président ces situations, que l'on pourra vraiment apporter des solutions.

Conseil

Identifying correct or incorrect answers from a list of options

- Before you start reading or listening, read the sentences carefully to identify the key information and phrases.
- Think about the sort of things that may be incorrect – for example, numbers or dates.
- Look out for synonyms.
- Look out for negatives and opposites.

1 ▢ **Lisez le texte. Choisissez les cinq phrases qui sont vraies.**

1 Le nombre de familles monoparentales en Belgique a doublé depuis 1991.
2 La croissance de l'union libre et le taux de monoparentalité sont liés.
3 La situation socio-économique des familles monoparentales est inquiétante.
4 Le CPAS a été créé pour soutenir les familles monoparentales.
5 Les familles monoparentales sont plus nombreuses en Belgique que dans d'autres pays européens.
6 On peut facilement expliquer le nombre important de familles monoparentales en Wallonie.
7 La Wallonie et Bruxelles ont connu des problèmes économiques.
8 Beaucoup de mères seules travaillent à temps partiel.
9 Le lien entre la séparation parentale et la précarité de l'emploi n'est pas certain.
10 Il faut encourager les mères seules à travailler à temps plein.

[5 marks]

2 ✎ **Écrivez en français un paragraphe de 70 mots maximum où vous résumez ce que vous avez compris selon les points suivants. Écrivez des phrases complètes.**

- l'évolution du taux de monoparentalité en Belgique depuis 1991 [2]
- les raisons et les conséquences de la monoparentalité [3]
- les démarches à faire pour améliorer la situation des familles monoparentales [2]

Attention! Il y a 5 points supplémentaires pour la qualité de votre langue. Essayez donc d'utiliser vos propres mots autant que possible.

[12 marks]

3 〰 Écoutez le reportage sur le rôle des beaux-parents dans une famille recomposée. Répondez aux questions en français. Il n'est pas toujours nécessaire de faire des phrases complètes.

1 Selon le reportage, pourquoi la vie d'une famille recomposée est-elle peut-être plus problématique que la vie d'une famille traditionnelle? [1]
2 Comment devrait-on présenter la nouvelle personne aux enfants? Pourquoi? [2]
3 D'après cet article, quelle est la relation idéale entre enfant et beau-parent? [2]
4 Qui tient la responsabilité en matière de vie familiale? [1]
5 Dans la plupart des cas, comment les beaux-parents se font-ils appeler? [1]
6 Pourquoi cette pratique est-elle risquée? [1]
7 Qu'est-ce que le parent devrait faire si l'enfant n'admet pas l'autorité de son beau-parent? Quel exemple est donné? [2]
8 Qu'est-ce qu'on devrait faire si l'enfant adopte une attitude de refus systématique à l'égard du beau-parent? [2]

[12 marks]

4 💬 À l'oral. Discutez avec un(e) partenaire.

Évolution de la composition des ménages (France métropolitaine, en %)

	1968	1990	2008
Homme seul	6,4	10,1	13,8
Femme seule	13,8	16,9	19,5
Famille monoparentale	2,9	6,8	8,1
Couple sans enfant	21,1	23,4	25,9
Couple avec enfant(s)	36,0	36,4	27,5
Ménages complexes *	19,8	6,4	5,2
Nombre de ménages	15,8	21,5	27,2

* Ménages composés de plusieurs générations où de plusieurs personnes isolées

- Comment la proportion de familles monoparentales a-t-elle évolué entre 1968 et 2008?
- À votre avis, quelle est la raison principale de cette évolution?
- À votre avis, comment ces chiffres vont-ils évoluer á l'avenir?

Les contacts entre générations sont rares

En Suisse, un récent rapport révèle que les générations s'entendent plutôt bien mais ne cohabitent pas vraiment.

Avec le vieillissement de la population, la société s'étend pour la première fois dans l'histoire sur trois à quatre générations, a déclaré Pasqualina Perrig-Chiello, psychologue de l'Université de Berne. Ce qui n'est pas sans effet sur notre quotidien. Il y a un siècle, l'espérance de vie était de 47 ans en Suisse, a-t-elle rappelé.

Une des surprises est le fait que les jeunes se sentent plus discriminés que les aînés. Presque la moitié des personnes de moins de 30 ans disent être confrontées à des préjugés ou être traitées injustement, dans la vie professionnelle surtout. Elles ont le sentiment par exemple qu'en raison de leur âge on leur refuse des emplois.

Les dépenses sociales indiquent également une discrimination de la jeune génération: 45% de ces dépenses vont en faveur des aînés – un record au niveau européen, selon le rapport – contre 5% en faveur des jeunes (allocations pour enfants, notamment).

Une autre opinion préconçue sur les jeunes est contredite. Les 18–25 ans manifestent en moyenne davantage d'intérêt pour la politique que ceux du même âge il y a 20 ans voire il y a 40 ans, a précisé la géographe Céline Schmid Botkine, rédactrice du rapport. Les jeunes s'engagent toutefois de façon différente de leurs aînés, plutôt de manière ponctuelle et sur une courte durée.

Le rapport met en lumière qu'en dehors de la famille, les contacts entre générations sont d'une « rareté préoccupante ». Les trois quarts des 15–44 ans n'ont jamais travaillé avec des personnes de plus de 70 ans, ni dans la vie professionnelle, ni dans des activités bénévoles.

Cette distance entre les générations pourrait constituer une raison à l'origine des craintes exprimées par les aînés face à la jeunesse. Environ 45% des personnes âgées suisses craignent que les jeunes mettent en péril l'ordre public du pays.

5a Lisez le texte « Les contacts entre générations sont rares ». Identifiez dans le texte des synonymes pour les expressions suivantes.

1 vivent ensemble
2 couvre
3 la vie de tous les jours
4 les personnes plus âgées
5 montrent
6 précise
7 souligne
8 inquiétante
9 ont peur

[9 marks]

5b Reliez le début et la fin des phrases.

1 L'âge moyen de la population…
2 Aujourd'hui, trois ou quatre générations…
3 De nos jours, beaucoup de jeunes…
4 La Suisse…
5 On a tort de penser que les jeunes…
6 Il y a 20 ans, les jeunes…

a …vivent en même temps.
b …pensent qu'on les traite mal.
c …ne s'intéressent pas à la politique.
d …montraient moins d'intérêt pour la politique.
e …dépense plus d'argent pour les aînés que pour les jeunes.
f …augmente.

[6 marks]

5c Répondez aux questions en français. Il n'est pas toujours nécessaire de faire des phrases complètes.

1 En Suisse, pourquoi la société commence-t-elle à s'étendre sur trois à quatre générations? [1]
2 Il y a cent ans, pourquoi la situation était-elle différente? [1]
3 Dans la vie professionnelle, de quoi les jeunes se plaignent-ils? Pourquoi? [2]
4 En ce qui concerne les dépenses sociales, pourquoi les jeunes se sentent-ils discriminés? [1]
5 Comment l'intérêt des jeunes pour la politique a-t-il changé? [1]

[6 marks]

5d Traduisez en anglais les deux derniers paragraphes (*Le rapport met en lumière…* à *…l'ordre public du pays.*).

[10 marks]

6 Lisez le texte « Les générations et l'environnement ». Traduisez les phrases en français.

Les générations et l'environnement

C'est un paradoxe générationnel: les jeunes disent se soucier des risques écologiques mais accomplissent bien moins de gestes écologistes que les aînés qui pensent pourtant souvent que beaucoup de ces risques sont exagérés. Les générations plus âgées sont plutôt d'avis que la société accorde une trop grande importance aux questions environnementales par rapport aux problèmes économiques.

Dans la pratique, les seniors adoptent malgré tout des comportements « écophiles » indépendamment de leur conscience écologique. Les seniors ont des habitudes de consommation économe qui à l'origine n'ont rien à voir avec l'écologie. Ils sont davantage enclins à diminuer leur consommation d'énergie, à renoncer aux appareils énergivores, voire à restreindre leurs déplacements en voiture.

Chez les jeunes, c'est plutôt l'inverse. Lorsqu'il s'agit de passer de la parole aux actes, ils hésitent à s'imposer des restrictions dans leur consommation d'eau, d'énergie ou de transport automobile. Pour eux, un renoncement à consommer pourrait signifier une exclusion sociale.

1 Older people do more things for the environment than young people.
2 The older generation thinks that economic problems are the most important.
3 In their consumption, older people often behave in an environmentally friendly way.
4 Young people are less inclined to give up using energy-hungry devices.

[12 marks]

7 Á l'oral. Discutez avec un(e) partenaire.

- Comment la vie d'un jeune Français aujourd'hui est-elle différente de la vie d'un jeune Français il y a 60 ans?
- Pourquoi les générations ne se comprennent-elles pas toujours bien?
- Qu'est-ce qu'on peut faire pour améliorer les rapports entre les générations?

1 Vocabulaire

1.1 La vie de couple: nouvelles tendances

l' amour (m)	love
ancré	anchored, fixed firmly
le bilan	assessment
la bisexualité	bisexuality
le bonheur	happiness
la cérémonie	ceremony
la cohabitation	living together / alongside
cohabiter	to live together
le comportement	behaviour
se comporter	to behave
le concubinage	living with a partner
le conjoint	husband / spouse
le contrat	contract
le couple	couple
critiquer	to criticise
le divorce	divorce
divorcer	to get divorced
le droit	right
l' égalité (f)	equality
emménager	to move in
l' enfant (m) adopté	adopted child
l' enquête (f)	survey
l' époux(-se) (m/f)	husband / wife / spouse
essentiellement	essentially
l' étape (f)	stage
l' évolution (f)	development
fidèle	faithful
la fidélité	faithfulness
fonder	to start (a family)
la formation	training
la génération	generation
l' homosexualité (f)	homosexuality
important(e)	considerable
l' indépendance (f)	independence
l' individu (m)	individual (person)
l' inégalité (f)	inequality
inutile	useless / unnecessary
malheureux(-euse)	unhappy
la manifestation	protest
le mariage	marriage
se marier	to get married
le même sexe	same sex
le mode de vie	way of life
le pacs	civil partnership
se pacser	to enter into a civil partnership
le / la partenaire	partner
se protéger	to protect oneself

réagir	to react
la relation	relationship
religieux(-se)	religious
remplir	to fill
la rupture	break-up
la société	society
la tendance	trend
avoir tort	to be wrong, mistaken
traditionnel(le)	traditional
tromper	to cheat on
l' union (f) libre	living together as an unmarried couple
la vie commune	living together

1.2 Monoparentalité, homoparentalité, familles recomposées

autonome	autonomous
le beau-parent	step-parent
le bouleversement	upheaval
célibataire	single
la compagne	female partner
le compagnon	male partner
le comportement	behaviour
l' échec (m)	failure
s'entendre	to get on
avoir envie de	to wish for
la famille monoparentale	single parent family
la famille recomposée	blended family
gâcher	to spoil
grandir	to grow up
s'habituer à	to get used to
en hausse	on the rise
le lien	link
la monoparentalité	single parenthood
la pauvreté	poverty
le phénomène	phenomenon
profiter de	to make the most of
quotidien(ne)	daily
reconstruire	to rebuild
se remarier	to remarry
la répartition	distribution
se séparer	to separate
le soutien	support
supporter	to put up with, to bear
le taux de divorce	divorce rate
le témoignage	account, testimony
utiliser	to use
la vie familiale	family life

1.3 Grands-parents, parents et enfants: soucis et problèmes

l'	**ambition (f)**	*ambition*
	apprécier	*to like, appreciate*
l'	**autorité (f)**	*authority*
	briser	*to break*
le	**chômage**	*unemployment*
le	**conflit**	*conflict*
la	**contrainte**	*restriction, constraint*
	se dérouler	*to take place, to occur*
la	**dispute**	*argument*
	embêtant	*annoying*
	embêter	*to annoy*
l'	**époque (f)**	*time / era*
l'	**espace (m)**	*place / space*
	fournir	*to provide*
le	**foyer**	*household*
	négliger	*to neglect*
	partager	*to share*
la	**personne âgée**	*older person, elderly person*
	punir	*to punish*
la	**racine**	*root*
	raisonnable	*sensible, reasonable*
le	**rapport**	*relationship*
la	**responsabilité**	*responsibility*
	rêver	*to dream*
	soucieux(-euse)	*anxious*
la	**stabilité**	*stability*
	tandis que	*whilst, whereas*
le	**taux de natalité**	*birth rate*
	transmettre	*to pass on*
la	**vie privée**	*private life*

■ Expressions clés

Reacting to a stimulus

À première vue
Cette image représente…
J'ai l'impression que…
L'article/L'image montre/
 démontre…
Ma réaction initiale a été
 (de penser que)…

Cela donne l'impression que…
Cela évoque…
Cela me fait penser à…
Cela me fait prendre conscience
 de…
Cela me fait réfléchir.
Cela me fait rire.
Cela me rappelle (que)…
Cela me surprend.
Cela montre / démontre que…
Cela suggère que…

C'est/Il est/Je trouve (cela)…
Pour moi, cela semble…
 compréhensible
 curieux
 effrayant
 émouvant
 étonnant
 étrange
 frappant
 impressionnant
 peu crédible
 peu logique
 polémique
 révélateur
 ridicule
 surprenant
 touchant

2 La « cyber-société »

By the end of this section you will be able to:

		Language	Grammar	Skills
2.1	**Comment la technologie facilite la vie quotidienne**	Describe and discuss how technology has transformed everyday life	Understand and use infinitive constructions	Express opinions
2.2	**Quels dangers la cyber-société pose-t-elle?**	Consider and discuss the dangers of digital technology	Understand and use object pronouns	Use strategies to broaden range of vocabulary
2.3	**Qui sont les cybernautes?**	Consider the different users of digital technology and discuss possible future developments	Form the present tense of regular and irregular verbs	Answer questions in French

En l'espace de 25 ans, la révolution numérique a radicalement transformé nos vies. Information en continu, communication instantanée… Sans aucun doute, Internet a apporté de nombreux avantages, mais aussi un cortège de nouveaux dangers.

Pour commencer

1 **Devinez la bonne réponse.**

1 En 2012, les garçons de 8 à 10 ans passaient environ … heures par semaine devant un écran.
 a 5
 b 10
 c 20

2 En 2012, … des Français disposaient d'un ordinateur à la maison.
 a 68%
 b 78%
 c 98%

3 En 2012, … des Français ont téléchargé de la musique au cours de l'année.
 a 26%
 b 52%
 c 78%

4 En 2012, … des 18–24 ans ont écouté de la musique directement sur Internet.
 a 20%
 b 40%
 c 60%

5 En 2012, … des 12–17 ans étaient membres d'un réseau social.
 a 44%
 b 64%
 c 84%

6 En 2012, … des plus de 65 ans utilisaient Twitter.
 a 1%
 b 10%
 c 20%

7 En 2012, … des Français ont fait des achats sur Internet.
 a 15%
 b 45%
 c 75%

8 En 2012, il y avait … de téléphones portables en France.
 a 10 millions
 b 70 millions
 c 200 millions

2 **Reliez les mots aux définitions appropriées.**

1	technophobe	**a**	l'action de transférer des données par un réseau
2	technophile	**b**	personne qui aime la technologie moderne
3	internaute	**c**	personne qui n'aime pas la technologie moderne
4	téléchargement	**d**	personne qui utilise Internet
5	la Toile	**e**	programme informatique
6	logiciel	**f**	le « web »

3 **Regardez la photo. Quelle impression donne-t-elle? Est-ce un vrai reflet de la vie moderne? Discutez vos idées avec un(e) partenaire.**

■ Le saviez-vous?

■ Minitel – précurseur d'Internet? Lancé en 1982, le Minitel (**M**édium **i**nteractif par **n**umérisation d'**i**nformation **tél**éphonique) était une innovation française qui permettait d'accéder à des services en ligne dont les plus populaires étaient:
- l'annuaire téléphonique
- la vente par correspondance (billets de train par exemple)
- les sites de rencontre.

Son arrêt définitif a eu lieu le 30 juin 2012, ses différents services ayant migré sur Internet.

■ 14 identités par Internaute: En 2011, les Internautes déclaraient avoir en moyenne 13,6 comptes ou identités numériques différents. Ils se répartissaient en 4,6 comptes pour les achats en ligne, 3,0 pour les comptes de messagerie, 2,1 pour l'e-administration, 1,7 pour les profils de réseaux sociaux, 0,9 pour les comptes bancaires, 0,7 pour les messageries instantanées, 0,7 pour les forums.

■ Débrancher, le nouveau luxe: Alors que dans le passé c'était la capacité à être « branché » qui donnait du prestige, aujourd'hui c'est plutôt la capacité de se « débrancher » qui est recherchée. Poser son téléphone bien en évidence sur la table n'est plus un attribut de richesse, ni de pouvoir. Au contraire, certaines personnes instaurent une journée sans portable, ou sans ordinateur ou sans Internet, comme on a souhaité dans le passé une journée sans télévision.

1 À l'oral. Discutez avec un(e) partenaire.

1 Comment accédez-vous à Internet? Pourquoi?
- **a** ordinateur de bureau
- **d** smartphone
- **b** ordinateur portable
- **e** la Google watch
- **c** tablette

2 Combien de temps passez-vous en ligne?

3 Quels usages faites-vous d'Internet? Lequel est le plus important, à votre avis?

2 Lisez le texte et complétez les phrases selon le sens du texte.

Internet: outil indispensable

Internet est entré depuis plusieurs années dans le quotidien des Français mais on ne se doutait pas à quel point. Selon une enquête Ifop (Institut français d'opinion public), 95% des Français estiment qu'Internet leur simplifie la vie au quotidien, leur permet d'accéder facilement à tout type d'information (98%) et leur est devenu indispensable (86%).

Si la Toile reste « inquiétante » (42%) et incontrôlable (76%), c'est aussi un levier de croissance pour l'économie française (78%) qui permet de créer des emplois (75%). Même les plus de 65 ans le disent! Et pourtant 93% des Français associent Internet à la mondialisation.

Du côté des entreprises, celle qui incarne le mieux le développement de la Toile est Google (49%), suivie de très loin par Microsoft et Apple (respectivement 6% et 5%). Tout cela n'étonne finalement pas: en Europe, et en France en particulier, le navigateur de Google talonne Internet Explorer et gagne régulièrement des parts de marché. Le moteur de recherche du géant américain est aussi le site le plus visité dans l'Hexagone et Android, son OS mobile, domine le marché mondial. Son poids croissant n'inquiète qu'une petite part (11%) des Français.

Les places de Facebook (cinquième) et de Twitter sont en revanche plus étonnantes. Le réseau social comptait tout de même l'an dernier près de 26 millions de membres actifs dans l'Hexagone selon Nielsen*. Quant au site de micro-blogging, il est loin derrière, choisi seulement par 1% des sondés. La première marque française, Orange, arrive en sixième position.

Et lorsqu'on leur demande leur avis sur les différentes marques du Web, les Français jugent qu'Amazon est « une bonne chose pour l'économie française » (36%), que Google est « indispensable » (38%) et que le développement de Facebook ainsi que celui de Twitter est « inquiétant » (respectivement 57 et 51%). Les Français seraient-ils attachés à la protection de leurs données privées?

* Nielsen est une société d'études marketing et sondages.

Vocabulaire

se douter (de) *to suspect*
l'Hexagone (m) *France*
incarner *to embody*
le levier *lever*
la part de marché *market share*
le poids *weight*
le sondé *surveyed*
talonner *to follow on someone's heels*

Expressions clés

la vie au quotidien
du côté de…
cela n'étonne finalement pas
en revanche
tout de même
sans précédent
à la fois … et …

1 Selon l'enquête, 86% des Français…

2 76% des Français…

3 Même les plus de 65 ans disent…

4 Seuls 5% des Français trouvent…

5 En France, le site le plus visité…

6 11% des Français…

7 L'an dernier, près de 26 millions…

8 Orange est loin derrière…

3a 〜 Internet nous a-t-il simplifié la vie? Écoutez les opinions. Qui pense…

1 …qu'Internet aide les gens à trouver du travail?
2 …qu'il faut absolument savoir utiliser Internet?
3 …qu'on reçoit trop d'information?
4 …qu'Internet facilite le contact entre les gens?
5 …qu'Internet apporte des avantages financiers?
6 …qu'Internet sépare les gens?
7 …que le monde virtuel n'est pas une bonne chose?
8 …que les jeunes qui ont grandi avec Internet ont de la chance?
9 …qu'au niveau de l'éducation il reste des progrès à faire?

Océane

Mohamed

Audrey

Nicolas

Cassandra

Julien

Vocabulaire

un apprentissage *learning*
faible *low (in quantity)*
se faire avoir *to be taken in*
illettré *illiterate*
la liaison *connection*
maîtriser *to master*
plaindre *to feel sorry for*
voire *or even*

🖥 Grammaire

Infinitive constructions

When two verbs are linked together with meanings such as 'it helps to talk', 'we decide to go', 'they want to leave', the second verb is normally in the infinitive form. The first verb may be followed by *à*, *de* or nothing. A list showing which verbs fall into each category is included on page 154. Here are some examples:

Il les aide à participer à une aventure. (*aider* takes *à* + infinitive)

Internet leur permet d'accéder… (*permettre* takes *de* + infinitive)

Les médias veulent nous faire croire… (*vouloir* takes an infinitive with no preposition)

See page 154.

3b Choisissez deux des personnes interviewées. Écrivez un résumé de leurs opinions en utilisant vos propres mots.

4 Remplissez les blancs avec *à*, *de* ou rien.

1 Internet peut _____ simplifier la vie.
2 Les réseaux sociaux nous aident _____ communiquer.
3 Google a décidé _____ lancer sa nouvelle version d'Android.
4 Internet nous permet _____ voir et d'entendre des gens qui se trouvent loin.
5 On doit _____ protéger ses enfants des dangers d'Internet.
6 Les banques encouragent leurs clients _____ utiliser le web.
7 Certaines personnes refusent _____ aller sur les sites de commerce électronique.
8 Internet pousse les gens _____ s'exprimer sur tout.
9 Aujourd'hui, personne ne veut _____ se passer d'Internet.
10 Soyez très méfiants si on vous demande _____ fournir des renseignements personnels!

5 À l'écrit. Comment Internet a-t-il changé la vie du Français moyen? Écrivez environ 150 mots.

Pour vous aider:

- Plus d'information? Trop d'information?
- Communication facile et immédiate?
- Moins de livres, moins de papier?
- Téléchargement de musique et de films?
- Plus de temps devant un écran?

B: Comment la technologie facilite la vie quotidienne

1 À l'oral. Qu'est-ce qu'un(e) technophile? Qu'est-ce qu'un(e) technophobe? Discutez avec un(e) partenaire et essayez de trouver une définition.

Et vous, êtes-vous technophile ou technophobe? Comment le savez-vous?

2a Trouvez dans le texte des synonymes pour les expressions suivantes.

Le monde désormais à la portée de nos mains!

Nul ne doute que l'univers du numérique occupe désormais une place importante dans notre société et dans nos vies. La présence d'une multitude de technologies telles que les tablettes, les smartphones, les IPhones ou les IPods nous le prouve: nous sommes devenus accros à toutes ces technologies. Qui par exemple n'a pas déjà fait demi-tour en se rendant compte qu'il avait oublié son téléphone chez lui? Combien de lycéens se sont fait prendre en train d'utiliser leur téléphone en classe?

Au-delà de cette influence sur nos comportements, nous pouvons aussi nous questionner sur la manière dont ces technologies influencent notre attention, à savoir, notre capacité à nous concentrer sur un sujet ou un objet. Laurent Habib, expert en communication, évoque en ce sens une « mutation générationnelle »: une mutation des comportements mais aussi de notre façon de penser. Ainsi, d'après le neuroscientifique Jean-Philippe Lachaux, les jeunes qui ont grandi avec cette révolution du numérique ont des « cerveaux câblés ». L'information est en permanence accessible et le monde va vite. Tout est immédiat: nous sommes actifs, interactifs et acteurs de tous les instants. Nous pouvons recevoir une information en continu et notre attention, en permanence captée, reste constamment sollicitée. Mais alors, notre téléphone portable ne deviendrait-il pas notre second cerveau? D'ailleurs, si on y pense, combien de fois regardez-vous votre téléphone dans une même journée? Très certainement beaucoup plus souvent que vous ne le pensez! Le succès de l'IPhone 6 (avec plus de 10 millions de ventes dans le monde deux jours seulement après sa sortie) montre bien que nous sommes prêts à tout pour rester connectés et aussi que nous voulons posséder tous les nouveaux gadgets (notamment les jeunes) le plus vite possible. D'ailleurs, qui n'a pas dans son entourage un enfant qui ne possède pas déjà un téléphone portable? L'avis de Laurent Habib se confirme: « Notre mode de vie reste fondé sur l'hyperconsommation ».

Mais ne faudrait-il pas consommer le monde à portée de nos mains avec plus de modération? Cette évolution nous conduit-elle vraiment vers le progrès ou nous est-elle nuisible? Quoi qu'il en soit, il semble que cette addiction aux nouvelles technologies ne s'arrêtera plus. Pour le savoir, rendez-vous dans 10 ans!

Vocabulaire

le cerveau *brain*
un entourage *(wider) family*
évoquer *to mention*
se faire prendre *to get caught*
nuisible *harmful*
à savoir *namely*
sollicité *in demand*
la sortie *release (of product)*

1 no-one doubts that
2 we have become hooked
3 a change in our way of thinking
4 we are prepared to do anything
5 within our grasp
6 in any event

2b Complétez les phrases selon le sens du texte.

1 La présence d'une multitude de nouvelles technologies prouve…
2 Deux exemples qui montrent notre engouement pour le téléphone portable sont…
3 Selon Laurent Habib, les technologies ont changé…
4 Quand il parle des « cerveaux câblés », Jean-Philippe Lachaux veut dire que…
5 En l'espace de deux jours,…
6 Ce sont surtout les jeunes qui…
7 L'auteur de cet article se demande si…
8 Dans dix ans on saura…

3a 〰 Écoutez cinq personnes qui parlent du rôle de la technologie dans la vie. Trouvez les expressions qui veulent dire:

1 what surrounds us
2 what would have happened to
3 would we have discovered
4 endlessly
5 turn a blind eye to
6 to lose sight of
7 it is written nowhere
8 not the other way round

3b 〰 Écoutez encore. Reliez le début et la fin des phrases.

1 Selon Fabienne, la technologie sert à…
2 L'imprimante 3D…
3 Joseph pense que la technologie…
4 Tout le monde…
5 Selon Vincent, nous ne devrions pas…
6 Notre téléphone portable…
7 Sofia compare la nouvelle technologie…
8 Ce qui cause des problèmes, c'est…
9 Estelle parle…
10 Il faut éviter de devenir…

a …à l'invention de la roue.
b …apprécie le rôle de la technologie dans la médecine.
c …approfondir nos connaissances.
d …a sauvé la vie de quelqu'un.
e …blâmer les nouvelles technologies.
f …des avantages et des inconvénients de la technologie.
g …esclaves de la technologie.
h …la façon dont nous utilisons la technologie.
i …ne nous quitte jamais.
j …n'est pas un phénomène nouveau.

4 À l'oral. À deux. Une personne est technophile, l'autre est technophobe. Chacun(e) exprime son point de vue sur les bienfaits ou les méfaits de la technologie et essaie de persuader l'autre.

5 À l'écrit. Traduisez en français.

1 In our society we depend increasingly on digital technology.
2 Fifty years ago few people used computers and mobile phones didn't exist.
3 The Internet has undoubtedly changed our way of thinking.
4 Is it a good thing to be connected and receive information continuously?
5 Will people continue to buy the latest electronic gadgets?

6 Travail de recherche. Que fait-on en France (ou dans un autre pays francophone) pour encourager les gens à utiliser Internet?

Pour vous aider:

- des sites web officiels plus faciles à utiliser (par exemple pour le paiement de l'impôt sur le revenu)?
- des prix réduits pour les clients qui achètent des produits en ligne?
- des connections haut débit plus rapides et moins chères?
- un meilleur apprentissage de l'informatique à l'école?

▓ Vocabulaire

c'est là que le bât blesse *there's the rub*
couler *to flow*
éloigné *distant*
façonner *to shape*
gâcher *to wreck*
inonder *to flood*
le lien *link*
le mode d'emploi *instructions for use*
néfaste *harmful*
un outil *tool*
le partage *sharing*
remonter à *to go back (in time)*
survivre *to survive*

▓ Expressions clés

Nous sommes hyper connectés.
un tremplin pour notre savoir
Cela ne semble déplaire à personne.
collés à nos téléphones portables
C'est l'usage que nous en faisons
rejeter la faute sur les technologies.
On est joignable partout.
L'homme doit rester maître de ce qu'il tient dans ses mains.

🔲 Compétences

Expressing opinions

It might be useful to build a stock of phrases that you can use to express positive and negative opinions. Try to avoid repeating common verbs such as *penser* and *trouver*. Here are some possibilities:

Je préfère…
J'apprécie…
À mon avis…
D'après moi…
…(ne) me plaît (pas).
…ne me dit rien.
Ce qui m'énerve, c'est…
Je suis pour / contre…

le commerce
l'information
la fraude
la rapidité
la dépendance
la créativité
la communication
l'imagination
la vie privée
la fiabilité
la liberté
la gratuité
l'exploitation des mineurs
les sites de pornographie
la baisse de la vue
le mal de dos

1 À l'oral. Discutez avec un(e) partenaire ou en groupe.

1 Classez les aspects positifs et négatifs d'Internet, à gauche. Certains aspects peuvent-ils tomber dans les deux catégories?

2 Connaissez-vous des personnes qui se méfient d'Internet? Pourquoi s'en méfient-elles? Ont-elles raison?

3 Quelles précautions faut-il prendre en tant qu'internaute?

2a Lisez le texte. Trouvez dans le texte des synonymes pour les expressions suivantes.

Un collégien sur cinq a été victime de « cyber-violence »

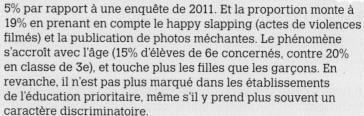

Un collégien sur cinq a été la cible d'insultes ou d'humiliations par SMS ou sur Internet, révèle une enquête du ministère de l'éducation nationale publiée jeudi 27 novembre.

Parmi les élèves de collège, 14% ont reçu au moins un SMS ou une notification sur les réseaux sociaux contenant un surnom méchant ou une brimade, soit une hausse de 5% par rapport à une enquête de 2011. Et la proportion monte à 19% en prenant en compte le happy slapping (actes de violences filmés) et la publication de photos méchantes. Le phénomène s'accroît avec l'âge (15% d'élèves de 6e concernés, contre 20% en classe de 3e), et touche plus les filles que les garçons. En revanche, il n'est pas plus marqué dans les établissements de l'éducation prioritaire, même s'il y prend plus souvent un caractère discriminatoire.

Ces micro-agressions pèsent d'autant plus qu'« elles vont au-delà des murs du collège », relèvent les auteurs de l'étude, qui a porté sur un échantillon représentatif de 21 600 élèves. Les films et vidéos sont fréquemment envoyés à un large cercle d'élèves de l'établissement. Les victimes déclarent souvent avoir subi d'autres incidents, tels que les vols d'objets personnels, des bousculades, des mises à l'écart. Et un collégien sur vingt a déclaré au moins trois faits de cyber-violence, ce qui s'apparente à du harcèlement.

Plus d'un tiers des élèves concernés par la cyber-violence n'en parlent à personne, surtout les garçons. Ceux qui en parlent s'adressent à leurs amis (33%), ou à leurs parents (29%) plutôt qu'aux enseignants (16%). Enfin 8% des élèves ont porté plainte avec leurs parents. Néanmoins, le phénomène n'empêche pas 93% des élèves de se sentir bien dans leur collège.

1 victime
2 agression
3 augmente
4 ont de l'importance
5 a eu pour objet
6 souffert
7 ressemble à
8 professeurs

2b Traduisez le dernier paragraphe du texte en anglais.

■ Vocabulaire

la bousculade *pushing and shoving*
au-delà de *beyond*
un échantillon *sample*
une éducation prioritaire *priority education (in a socially disadvantaged area)*
le harcèlement *harassment, bullying*
porter plainte *to lodge a complaint*
le surnom *nickname*

■ Expressions clés

Une enquête révèle…
14%, soit une hausse de 5%
Il faut prendre en compte…
Plus d'un tiers…
Ceux qui en parlent…
Le phénomène touche…
On prend des mesures pour…

2c Relisez le texte « Un collégien sur cinq… ». Pour chaque phrase, écrivez vrai (V), faux (F) ou information non-donnée (ND).

1 L'enquête révèle que vingt pour cent des collégiens ont été victimes de « cyber-violence ».
2 Les élèves d'origine étrangère sont les plus affectés.
3 En 2011, la situation était pire.
4 Le phénomène touche plus les jeunes que les aînés.
5 Dans l'éducation prioritaire, on prend des mesures pour empêcher la « cyber-violence ».
6 Les micro-agressions n'ont lieu qu'en dehors du collège.
7 21 600 jeunes ont participé à l'enquête.
8 La « cyber-violence » est souvent accompagnée d'autres formes d'agression.
9 Plus de 30% des victimes ne disent rien.
10 La plupart des collégiens se plaignent.

3 ⎍⎍⎍ Écoutez l'interview avec Catherine Blaya qui parle de la cyber-violence à l'école. Répondez aux questions en français.

1 Qu'est-ce que le Web offre aux auteurs de ces violences?
2 Pourquoi ont-ils besoin de « témoins »?
3 Qu'est-ce qui explique le comportement de beaucoup d'agresseurs?
4 Quelle statistique n'est pas vraie, selon Catherine Blaya?
5 Pourquoi y a-t-il plus de cyber-violence aujourd'hui?
6 Au lieu de criminaliser la cyber-violence, quelles démarches Catherine Blaya recommande-t-elle?
7 Pourquoi mentionne-t-elle les jeux de rôles?

4 Remplissez les blancs avec le bon pronom.

1 Qui va _____ aider? (*them*)
2 Il faut _____ expliquer le problème. (*to her*)
3 Tu peux le faire sans _____. (*me*)
4 Les écoles doivent _____ protéger. (*us*)
5 On devrait _____ punir. (*him*)
6 Il faut _____ parler. (*to them*)
7 Ce nest pas la faute d'Internet. Tout le monde _____ utilise. (*it*)
8 Personne ne peut _____ empêcher de se comporter de cette manière. (*her*)
9 Nous _____ avons besoin. (*of it*)
10 Tous les jeunes peuvent _____ participer. (*in it*)

5 À l'oral. Jeu de rôle. Une personne (B) est victime de cyber-violence, l'autre (A) écoute et donne des conseils.

A Alors, raconte-moi ce qui s'est passé.
B Ça a commencé l'année dernière quand…

6 À l'écrit. Qu'est-ce qu'il faut faire pour combattre et éliminer la cyber-violence? C'est la responsabilité de qui, surtout? Écrivez environ 150 mots.

7 Travail de recherche. Quelles initiatives existent en France (ou dans un autre pays francophone) pour combattre la cyber-violence? À votre avis, sont-elles efficaces?

📖 Vocabulaire

atteint *affected*
dénoncer *to report, tell on*
faire valoir *to assert*
former *to train, educate*
privilégier *to favour*
rendre *to make (with adjective)*
au sein de *within*
le témoin *witness*

🖥 Grammaire

Object pronouns

In French there are three sets of object pronouns:

Direct	Indirect	Disjunctive/emphatic
me	me	moi
te	te	toi
le	lui	lui
la	lui	elle
nous	nous	nous
vous	vous	vous
les	leur	eux
les	leur	elles

In addition, *y* is used to replace *à* + noun and *en* is used to replace *de* + noun.

Examples of usage:

*Il faut **les** rendre actifs.*
We have to make them active. (*les* is the direct object of *rendre*)

*Nous devons **leur** donner le choix.*
We have to give them the choice. (*leur* is the indirect object of *donner*)

*C'est pareil pour **eux**.*
It's the same for them. (the disjunctive/emphatic pronoun is used after some prepositions)

*Ceux qui **en** parlent…*
Those who speak about it… (*parler de…*)

See page 143–145.

B: Quels dangers la cyber-société pose-t-elle?

1 À l'oral. Quels comportements sont bons quand on utilise Internet? Lesquels sont mauvais? Pourquoi?

> utiliser des mots de passe simples
> créer des mots de passe complexes
> changer régulièrement les mots de passe
> télécharger un logiciel de sécurité
> prendre contact avec des personnes inconnues
> installer des outils de protection
> scanner les fichiers joints aux messages avant de les ouvrir
> cliquer sur les liens contenus dans les courriels inattendus

Faut-il craindre un cyber-terrorisme?

Après la vague de piratage de sites français, la crainte de cyber-attaques contre le pays augmente. Selon le député socialiste Eduardo Rihan Cypel, des terroristes pourraient « s'emparer des outils informatiques pour lancer une cyber-attaque massive ».

Ce scénario n'est pas un rêve, l'Estonie s'en souvient. En 2007, la petite République ex-soviétique devenue hyperconnectée a été visée par une importante cyber-attaque qui a bloqué les réseaux informatiques des services publics, mais aussi des banques et de tous les systèmes connectés. Le pays est resté paralysé plusieurs jours.

« Aujourd'hui, une telle attaque aurait des conséquences beaucoup plus graves, » résume Eduardo Rihan Cypel. Il cite des experts qui évoquent des scénarios catastrophes: un train déraillerait après un piratage, une centrale nucléaire exploserait sous la force d'un virus informatique, etc.

« Dans la guerre informatique, les dégâts ne sont pas que virtuels, » prévient encore le député socialiste.

Le gouvernement ne cache pas ses craintes. Éric Freyssinet, chef de la division de lutte contre la cybercriminalité, précise: « Malheureusement, les groupes terroristes ont de l'argent. Il n'y a qu'un pas pour qu'ils se munissent de cyber-armes, surtout qu'il n'y a pas besoin de beaucoup de moyens humains pour les utiliser, quelques dizaines de personnes suffisent pour lancer une attaque massive. »

La France est-elle bien préparée? Le ministère de la Défense a redoublé d'efforts. L'armée multiplie les recrutements (la Direction générale de l'armement (DGA) va voir ses effectifs « cyber » passer à 450 d'ici deux ans), et renforce les investissements (1 milliard d'euros sera consacré à la cyber-défense).

Pour Éric Freyssinet, « se prémunir au maximum permet d'éviter les plus gros dégâts ». Le gendarme modère toutefois: « Pour l'instant, le risque le plus présent n'est pas le cyber-terrorisme, mais reste bien les cyber-criminels avec une motivation financière. »

■ Expressions clés

La crainte augmente
Ce n'est pas un rêve
Elle a été visée…
Il ne cache pas ses craintes
Il n'y a qu'un pas pour que…
Il n'y a pas besoin de beaucoup de moyens humains pour…
Pour l'instant…

▨ Vocabulaire

consacrer *to devote*
craindre *to fear*
les dégâts (mpl) *damage*
les effectifs (mpl) *staff, workforce*
s'emparer de *to get hold of*
évoquer *to mention*
munir *to equip*
prévenir *to warn*
le réseau *network*
la vague *wave*
viser *to target*

2 Lisez le texte « Faut-il craindre un cyber-terrorisme? ». Complétez les phrases selon le sens du texte. Essayez d'utiliser vos propres mots.

1 La crainte de cyber-attaques contre la France augmente parce que…
2 Eduardo Rihan Cypel considère qu'une cyber-attaque massive …
3 En 2007, l'Estonie a subi…
4 Les réseaux informatiques des banques…
5 Des experts pensent qu'un virus informatique pourrait…
6 Selon Éric Freysinnet, les groupes terroristes pourraient lancer une attaque massive sans disposer…
7 Dans deux ans, l'armée aura…
8 L'armée a l'intention de consacrer…
9 Éric Freysinnet pense que la France pourra éviter les plus gros dégâts si…
10 Actuellement, les cyber-criminels ayant une motivation financière…

3a 〰 Écoutez le reportage sur un piratage d'ampleur à TV5 Monde. Choisissez les cinq phrases qui correspondent au contenu de la première partie du reportage.

1 L'attaque a eu lieu dans la nuit du mercredi 8 au jeudi 9 avril.
2 Avant l'attaque, il y a eu une panne technique.
3 À 21h, les deux serveurs qui diffusent le flux vidéo à l'antenne fonctionnaient encore.
4 Le soir du mercredi 8 avril, les serveurs de messagerie ont cessé de fonctionner.
5 L'attaque a perturbé non seulement les émissions mais aussi le site internet de la chaîne.
6 Le lendemain de l'attaque, les locaux des journalistes étaient inaccessibles.
7 Les journalistes ont organisé une assemblée pour rassurer les clients.
8 Le courrier électronique est resté le seul moyen de communication.
9 On a utilisé des téléphones portables pour organiser les émissions.
10 Le journal télévisé de 18 heures a été diffusé normalement.

3b 〰 Écoutez encore la deuxième partie du reportage. Écrivez-en un résumé. Vous devez mentionner:

- ce qui montre la gravité de l'attaque
- les démarches prises par l'Agence nationale de sécurité des systèmes d'information (Anssi)
- l'action prioritaire d'Anssi pour plusieurs semaines à venir
- l'implication de CyberCaliphate et de l'organisation État islamique.

4 À l'oral. Discutez avec un(e) partenaire les mesures que vous prenez quand vous vous connectez à Internet. Ces mesures sont-elles suffisantes à votre avis? Pourquoi (pas)?

5 À l'écrit. Dessinez un poster ou rédigez une circulaire en français pour promouvoir la cyber-sécurité.

6 Traduisez en français.

1 It's essential to protect personal data on the internet.
2 People lock their cars but don't always think about online security.
3 The key issue is to identify the risks; you can never eliminate them.
4 Hackers chose the television station *TV5 Monde* and attacked it.
5 For them, it was a success. Programmes were interrupted for three hours.

▥ Vocabulaire

s'ajouter *to be added*
l'ampleur (f) *(large) extent*
à l'antenne (f) *on air*
arabophone *Arabic speaking*
être censé *to be supposed to*
désemparé *distraught*
diffuser *to broadcast*
la direction *management*
éventuel *possible*
le flux vidéo *video stream*
le serveur de messagerie *mail server*
tenter de *to attempt to*

▣ Compétences

Strategies to broaden your vocabulary range

Try to avoid repeating common words where possible. Look for synonyms and try rephrasing whole sentences in order to increase your range of language. For example, the following groups of words have similar meanings, depending on the context:

- *utiliser / se servir de / profiter de / consommer*
- *arrêter / cesser / mettre fin à / empêcher*

Try using verbs instead of nouns, and vice versa, for example:

- *Il est facile de commander des produits en ligne. / La commande des produits en ligne se fait facilement.*

Internet au travail

agent immobilier
agriculteur / trice
architecte
assistant(e) maternel(le)
comptable
développeur / euse
  informatique
employé(e) de ménage

infirmier / ère
maçon
musicien(ne)
photographe
professeur
traducteur / trice
vendeur / euse

1 **À l'oral. Choisissez quatre métiers dans la case à gauche et discutez avec un(e) partenaire. Pour chaque métier choisi, l'usage d'Internet est-il:**

- indispensable?
- utile?
- peu important?

Pourquoi? Donnez des exemples.

Un jeu pour aider les adolescents en souffrance

« Depuis l'arrivée de Facebook en France, les ados en souffrance ne supportent plus les entretiens traditionnels en face-à-face avec un psychiatre », observe le docteur Xavier Pommereau. Pour adapter ses méthodes à cette génération « hyperconnectée », il a eu l'idée de créer un jeu « sérieux », 'Clash Back', qui simule un adolescent en situation de crise.

Ainsi le premier épisode, accessible sur PC et Mac depuis début décembre pour la somme de 38€, met en scène Chloé, une jeune fille de 16 ans de style gothique, qui négocie avec son père pour obtenir l'autorisation de se tatouer une salamandre sur la hanche gauche. Pour parvenir à ses fins, elle a le choix entre plusieurs réponses: mentir, être hypocrite... les réactions paternelles varient selon l'option choisie.

À l'issue de la partie, qui peut durer quarante minutes, un portrait du joueur – de l'adolescent donc – est dressé. Sa sincérité, son adaptabilité, son expression émotionnelle, sa maîtrise de soi sont évalués et se concluent par un bilan commenté par l'avatar de Xavier Pommereau.

« Mais 'Clash Back' n'est pas moralisateur. C'est un support pour dédramatiser les échanges avec les professionnels », précise Xavier Pommereau. Les résultats des essais passés sur 500 jeunes sont éloquents. En jouant, les adolescents en crise se « lâchent » et évoquent rapidement leurs conflits avec leurs parents. Surtout, ils prennent du recul sur leurs excès.

« La dureté des dialogues dans le jeu m'a fait prendre conscience de la nécessité d'être moins agressive avec mes parents, » confie Julie, 17 ans. « À tout moment, le joueur peut revenir en arrière et choisir une réponse moins violente s'il estime avoir été trop loin », explique Xavier Pommereau. Pour Julie, 'Clash Back' a constitué un déclic. « Désormais, j'ai envie d'y jouer avec mes parents pour leur faire passer certains messages que je n'arrive pas à leur dire directement. »

Vocabulaire

le bilan *assessment, appraisal*
dresser *to draw up*
éloquent *meaningful, expressive*
évoquer *to mention, bring up*
la hanche *hip*
mettre en scène *to dramatise*

moralisateur *moralising*
prendre du recul *to put things into perspective*
la salamandre *salamander (amphibian)*
supporter *to tolerate, bear*

Expressions clés

Il a eu l'idée de…
Ainsi…
À l'issue de…
Cela m'a fait prendre conscience…
À tout moment…
Désormais…
Je n'arrive pas à…

2a Lisez l'article « Un jeu… ». Trouvez dans le texte les expressions qui veulent dire:

1 interviews
2 to achieve (a goal)
3 to lie
4 the end
5 self-control
6 to play down
7 tests
8 relax, let go

2b Traduisez en anglais le dernier paragraphe (*La dureté … directement.*).

3a Écoutez sept Français qui parlent des réseaux sociaux. Qui dit:

1 Je partage le point de vue de mes parents.
2 Je ne suis pas d'accord avec les règles des réseaux sociaux.
3 Grâce à un réseau social, je dépense moins d'argent.
4 Il y a deux réseaux sociaux qui sont utiles pour mes lectures.
5 Il faut éduquer les utilisateurs des réseaux sociaux.
6 Je vous invite!
7 Je ne me sers plus des réseaux sociaux. C'est mieux comme ça.
8 Je regrette de ne pas être sur les réseaux sociaux.
9 Je limite le nombre de personnes qui ont accès à mon compte.
10 Quand je suis dans mon propre pays, je n'ai aucun intérêt à utiliser les réseaux sociaux.

Louise

Gabriel

Sarah

Timéo

Maëlys

Adam

Juliette

3b Choisissez deux des personnes que vous venez d'écouter. Écrivez un résumé de leurs opinions en utilisant vos propres mots.

4 Remplissez les blancs avec la bonne forme du verbe au présent.

1 Les réseaux sociaux m' _____ beaucoup. (*intéresser*)
2 Je m'en _____ tous les jours. (*servir*)
3 Je _____ mes amis virtuels avec soin. (*choisir*)
4 Mais je _____ qu'il faut interdire l'accès aux réseaux sociaux aux plus jeunes. (*croire*)
5 Whatsapp me _____ d'échanger des messages gratuitement. (*permettre*)
6 C'est utile quand ma famille _____ à l'étranger. (*partir*)

5 À l'écrit. Quelle est l'importance d'Internet dans l'enseignement? Devrait-on encourager les élèves à utiliser Internet pour leurs études? Écrivez environ 200 mots.

Pour vous aider:
• outil de recherche indispensable
• sensibilisation des élèves aux bons usages d'Internet
• plagiat et tricherie
• formation des enseignants
• équipement informatique
• abandon de l'écriture?

Grammaire

Present tense

The present tense has more irregularities than any other tense in French. Here is a reminder of the endings for the three categories of regular verbs.

	donner	finir	vendre
je	donn**e**	fin**is**	vend**s**
tu	donn**es**	fin**is**	vend**s**
il / elle / on	donn**e**	fin**it**	vend
nous	donn**ons**	fin**issons**	vend**ons**
vous	donn**ez**	fin**issez**	vend**ez**
ils / elles	donn**ent**	fin**issent**	vend**ent**

The most common irregular verbs are listed on page 147.

In the negative form, *ne … pas / jamais / rien* goes around the verb, including the reflexive pronoun where there is one, for example:

Ils n'utilisent jamais Internet.
Nous ne nous intéressons pas aux réseaux sociaux.

See pages 154 and 155-156.

Vocabulaire

affaiblir *to weaken*
appartenir à *to belong to*
un approvisionnement *supply*
un état *state*
faire concurrence à *to compete with*
menacer *to threaten*
le nœud *(communication) node*
le poids *weight*
la société *company*
le tiers *a third*
une usine *factory*

1 À l'oral. Lisez ces prédictions sur l'avenir pour la technologie numérique en France. Disutez avec un(e) partenaire. Avec quelles prédictions êtes-vous d'accord?

> On n'aura plus besoin de papier.

> Tout le monde pourra travailler à domicile.

> On ne lira plus de livres.

> Les ordinateurs remplaceront les enseignants.

> On pourra se connecter à Internet partout dans le monde.

> Les gens ne se rencontreront plus.

> À l'hôpital, on se fera opérer par un robot.

> Les voitures se conduiront toutes seules.

« La France est en train de rater la troisième révolution industrielle »

Entretien de Laurent Bloch, chercheur à l'Institut français d'analyse stratégique (IFAS)

Quel est le poids des grandes sociétés américaines de l'Internet et du numérique, en France et en Europe?

On parle souvent d'Internet comme si c'était un espace totalement immatériel. C'est faux. L'entreprise Google est un géant industriel. Elle possède des millions de serveurs dans le monde entier, regroupés dans des « data centers », qui sont des usines informatiques. Pour assurer son approvisionnement énergétique, Google rachète des centrales hydro-électriques. Même chose pour les réseaux: Google et Facebook possèdent leurs propres câbles transatlantiques et leurs nœuds de communication. Leurs activités commerciales dépendent avant tout de leurs infrastructures matérielles.

Aujourd'hui, le contrôle des points d'échange d'Internet est aussi important que l'était, au 19e et au 20e siècles, le contrôle du canal de Suez. L'économie mondiale, la culture mondiale, la politique mondiale sont organisées autour d'Internet. Plus aucun pays ne peut se couper d'Internet, il subirait une catastrophe économique. Or, les infrastructures du réseau appartiennent à des sociétés privées et non pas à des états.

Quelle est la place de la France?

Dans le cyberespace, la France, qui était bien placée au départ, a perdu sa souveraineté depuis longtemps. Elle n'a pas de vraie présence industrielle dans ce secteur. C'est d'autant plus regrettable que nous possédons les compétences nécessaires.

Si nous ne réagissons pas, la France ne pourra faire concurrence aux géants américains d'Internet. On peut faire le parallèle avec l'ancienne Chine. Selon une étude historique récente, au début du 20e siècle, la Chine représentait le tiers du PIB* mondial. Après avoir été affaiblie par les puissances occidentales, elle est devenue un des pays les plus pauvres du monde. C'est ce qui nous menace.

*Produit intérieur brut – un indicateur de mesure de la production économique

2 Lisez l'entretien de Laurent Bloch. Lisez les phrases 1–10. Remplissez les blancs avec un mot choisi dans la case à droite. Attention! Il y a cinq mots de trop.

appartiennent	faible
comparer	inutiles
comprendre	s'inquiéter
dépend	souligne
faux	suppriment
fournir	viennent
nécessaires	vrai
possèdent	

1 Il n'est pas _____ qu'Internet soit un espace totalement immatériel.

2 Google a besoin de centrales hydro-électriques pour _____ de l'énergie à ses « data centers ».

3 Des câbles transatlantiques _____ à Google et à Facebook.

4 Ces infrastructures sont _____ pour assurer leurs activités commerciales.

5 On peut _____ l'importance des points d'échange d'Internet aujourd'hui à l'importance du canal de Suez il y a cent ans.

6 L'économie de tous les pays du monde _____ d'Internet.

7 Ce sont des sociétés privées qui _____ les infrastructures du réseau.

8 La position de la France est _____ dans le secteur de l'informatique.

9 En France, il faut _____ de la puissance des géants américains d'Internet.

10 L'exemple de l'ancienne Chine nous _____ l'importance de la compétitivité.

3a 〰 Écoutez l'interview avec le codeur Max Prudhomme. Expliquez en français le sens de ces expressions.

1	passions	6	quel bonheur
2	gamin	7	se lancer
3	tout bête	8	maîtrise
4	il a fallu	9	partager son savoir
5	on a omis	10	de manière autonome

3b 〰 Réécoutez et répondez aux questions en français.

1 Où Max fait-il ses études aujourd'hui?

2 Qu'est-ce qui a amené Max à programmer pour la première fois?

3 Quel exemple Max donne-t-il d'un problème qu'il fallait résoudre?

4 Quelle qualité personnelle est nécessaire si on veut réussir à coder?

5 Quelle compétence n'est pas nécessaire? Comment Max le sait-il?

6 Comment Max a-t-il aidé ses amis?

7 Que fait Max le mercredi après-midi?

8 Pourquoi Max utilise-t-il Codecademy avec les plus grands?

9 Que fera Max à l'avenir, peut-être?

10 Quelle est son attitude à l'égard du chômage?

4 Traduisez en français.

1 In the future people will consume less and less paper.

2 Hospitals will perhaps use robots instead of surgeons.

3 The teaching of IT ought to be compulsory in French schools.

4 Young people must be capable of working with digital technology.

5 Nobody knows what will be possible in twenty years' time.

▥ Vocabulaire

avouer *to admit*
le caractère *character (e.g. letter or number)*
concéder *to concede, admit*
consacrer *to devote*
un entretien *interview*
enseigner *to teach*
une horloge *clock*
lâcher *to give up*
monter *to put together*
le niveau *level*

■ Expressions clés

On n'aura plus besoin de…
Même chose pour…
Or…
C'est d'autant plus regrettable que…
Si nous ne réagissons pas…
C'est ce qui nous menace.
Je leur recommanderais de…
La France devrait prendre l'exemple de…
Il faut faire pareil…

◤ Compétences

Answering questions in French

When answering questions in French, you could first locate the required information in the text or recording. Then re-express that information to suit the wording of the question. You should try to avoid lifting whole phrases from the text or recording and take care not to include superfluous words which would distort your answer.

Démontrez ce que vous avez appris!

1 **Reliez les expressions 1–10 aux explications a–j.**

1	virtuel	**6**	tablette
2	se brancher	**7**	données personnelles
3	site de rencontre	**8**	avatar
4	email	**9**	commerce électronique
5	forum	**10**	point d'échange

a cela fait partie de l'infrastructure d'Internet

b cela vous aide à trouver un partenaire

c courrier électronique

d informations concernant un individu

e mini ordinateur portable

f pas réel

g représentation graphique d'un individu

h se connecter

i site de discussion

j vendre et acheter en ligne

2 **Reliez les chiffres 1–8 aux explications a–h.**

1	14	**5**	500
2	22	**6**	64 000
3	45	**7**	10 millions
4	95	**8**	70 millions

a le pourcentage de Français qui regardaient la télévision sur Internet en 2013

b le pourcentage de Français qui participaient à des réseaux sociaux en 2013

c le pourcentage de Français qui pensent qu'Internet leur simplifie la vie

d le pourcentage de collégiens français qui ont été la cible d'insultes ou d'humiliations par SMS ou sur Internet

e le nombre de téléphones portables en France en 2012

f le nombre de cyber-infractions recensées en France en 2013

g le nombre de jeunes qui ont participé à des essais du jeu 'Clash Back'

h le nombre de ventes de l'Iphone 6 dans le monde deux jours après sa sortie

3 **Remplissez les blancs avec le pronom approprié.**

1 Internet _____ rend-il malades? (*us*)

2 Le problème, c'est que nous _____ utilisons tous les jours. (*it*)

3 Nous ne pouvons plus nous _____ passer. (*without it*)

4 Et les plus de 65 ans? Pour _____ aussi, Internet devient indispensable. (*them*)

5 Mais certaines personnes n'_____ voient pas l'intérêt. (*of it*)

6 La technologie est utile mais il faut savoir _____ gérer. (*it*)

7 Beaucoup de victimes de cyber-violence ne veulent pas _____ parler. (*about it*)

8 Il faut écouter les victimes et _____ prendre au sérieux. (*them*)

9 Quand on _____ demande leur avis sur les différentes marques du Web, la plupart des Français disent qu'ils apprécient Amazon. (*them*)

10 Si on _____ pense, le téléphone portable est devenu plus important que la ligne fixe. (*about it*)

4 **« Internet, c'est aussi important que l'eau et l'électricité dans la vie du Français moyen. » Comment réagissez-vous à cette opinion? Écrivez environ 150 mots.**

Pour vous aider :

- On s'en sert tous les jours, dans la vie privée et professionnelle.
- Une source d'information incontournable?
- Un moyen de communication indispensable?
- Des commerces de plus en plus connectés?
- Et si un jour Internet n'existait plus?

Testez-vous!

1 〰 Écoutez ce reportage sur les réseaux sociaux en Belgique. À quoi correspondent ces chiffres? Écrivez vos réponses en français.

1	900 millions	**4**	4,8 millions
2	9 000	**5**	7
3	70	**6**	40

[6 marks]

2 💭 Lisez le texte sur les cyberproblèmes au Québec. Écrivez vos réponses aux questions en français. Il n'est pas toujours nécessaire de faire des phrases complètes.

Cyber-aide pour résoudre les cyberproblèmes des jeunes

Les jeunes utilisent souvent Internet de façon excessive ou encore d'une façon inadaptée et, bien souvent, leurs parents ne se rendent même pas compte du problème. Voilà le constat que dresse le Centre Cyber-aide qui a dévoilé trois programmes pour aider les jeunes à faire face à la cyberintimidation, la criminalité juvénile et l'hypersexualisation.

@drénaline, COTT-S et MARGUERITTE XXX, voilà le nom des trois nouveaux programmes proposés par le Centre Cyber-aide. Le premier a pour but de diminuer les suspensions et les expulsions en milieu scolaire et d'empêcher la criminalité juvénile via les écoles. Le second traite de cyberintimidation et de cyberdépendance et fait la promotion d'habitudes de vie saines et le dernier veut sensibiliser les jeunes aux conséquences négatives de l'hypersexualisation.

« Nous ne sommes pas là pour diaboliser Internet, nous ne combattons pas la vague des nouvelles technologies. Toutefois, les risques qui y sont liés sont bien réels et doivent être connus. Nous voulons outiller les jeunes », explique Cathy Tétreault, la directrice générale du centre.

1 De quoi les parents ne se rendent-ils souvent pas compte? [2]

2 Quels problèmes le Centre Cyber-aide veut-il aider les jeunes à combattre? [3]

3 Quel est le but du programme @drénaline? [2]

4 Quel est le but du programme MARGUERITTE XXX ? [1]

5 Au lieu de diaboliser Internet, qu'est-ce que le Centre Cyber-aide essaie de faire? [2]

[10 marks]

La cyberintimidation prend de l'ampleur

Le phénomène de la cyberintimidation prend de l'ampleur et les victimes sont principalement des élèves, surtout des filles. C'est ce que révèle un sondage téléphonique effectué par la Centrale des syndicats du Québec (CSQ). Environ 40% des répondants ont affirmé connaître au moins une personne ayant été la cible de cyberintimidation, soit une augmentation de 13% par rapport à 2008.

Sans surprise, les réseaux sociaux semblent être les moyens privilégiés pour diffuser les attaques personnelles, qui prennent le plus souvent la forme de propos diffamatoires (37%), de commentaires déplaisants sur l'apparence (35%), d'insultes à caractère sexuel (15%) et à caractère homophobe (6%). La cyberintimidation serait plus répandue dans les écoles privées.

« À ce stade-ci, je dis 'soyons préoccupés' », a dit le président de la CSQ, Réjean Parent. Il montre du doigt le faible taux de pénétration du plan d'action gouvernemental contre la violence à l'école, qui avait été lancé en 2008 et doté de 17 millions. Selon le sondage, seulement une personne sur quatre a affirmé que le plan avait été implanté dans son milieu de travail tandis que 36% n'en savaient rien.

« Il y a des éléments de solutions qui émergent de notre réflexion et, à mon humble avis, ça ne demande pas des sommes faramineuses. Québec a la responsabilité d'assurer un certain soutien », a dit M. Parent. Il rappelle que trois répondants sur quatre affirment que les écoles sont démunies lorsqu'il s'agit de lutter contre un tel phénomène, par ailleurs difficile à circonscrire.

Pour Shaheen Shariff, chercheuse à la faculté d'éducation de l'Université McGill à Montréal, une part du problème réside dans le fait que les jeunes ne savent pas bien ce qui constitue une infraction à la loi. « Est-ce que mettre sur YouTube une vidéo que notre petite amie nous a envoyée peut être une infraction? À quel moment une blague devient-elle une agression? À quel moment un mensonge devient-il criminel? », souligne-t-elle. Elle lancera en mai prochain un site bilingue, financé par le ministère de l'Éducation et le gouvernement fédéral, pour guider les enseignants, les parents et les élèves sur ces questions.

3a 📖 Lisez les deux premiers paragraphes du texte « La cyberintimidation… ». Choisissez les quatre phrases qui sont vraies selon le texte.

1 La cyberintimidation devient un plus grand problème.

2 Le problème de la cyberintimidation ne touche que les filles.

3 La Centrale des syndicats du Québec a effectué un sondage sur la cyberintimidation.

4 Le sondage a révélé qu'environ 40% des répondants ont été la cible de cyberintimidation.

5 En 2008, 13% des jeunes étaient affectés par la cyberintimidation.

6 Dans la plupart des cas, les agresseurs se servent des réseaux sociaux.

7 Plus d'un tiers des attaques prennent la forme de commentaires déplaisants sur l'apparence.

8 L'homophobie est un phénomène croissant.

9 On protège mieux les élèves dans les écoles privées que dans les écoles d'État.

[4 marks]

3b ✏️ Écrivez en français un paragraphe de 70 mots maximum où vous résumez les paragraphes 3 (*À ce stade-ci … n'en savaient rien*) et 4 (*Il y a des éléments … difficile à circonscrire*), selon les points suivants. Écrivez des phrases complètes.

- le plan qui a été lancé en 2008 [2]
- le taux de succès de ce plan [3]
- ce dont on a besoin et ce qui n'est pas nécessaire, selon Réjean Parent [2]

Attention! Il y a 5 points supplémentaires pour la qualité de votre langue. Essayez donc d'utiliser vos propres mots autant que possible.

[12 marks]

3c 📖 Traduisez le dernier paragraphe du texte (*Pour Shaheen Shariff … sur ces questions*) en anglais.

[10 marks]

4 📖 Lisez le texte « Les enfants… ». Traduisez les phrases en français.

Les enfants et les réseaux sociaux

Nous avons appris à nos enfants qu'il ne faut pas donner nos coordonnées à une personne inconnue. Cela s'applique aussi à Internet. Certaines règles sont donc de rigueur: ne jamais communiquer ses coordonnées, ne pas accepter de rendez-vous, ne pas procéder seuls à des achats en ligne, supprimer systématiquement, sans les lire, les messages électroniques provenant de personnes inconnues.

« Je me suis inscrite sur Facebook, juste pour en percevoir l'intérêt et les dangers. Ensuite, avec ma fille, nous avons actionné certains paramètres de confidentialité et je me suis sentie plus rassurée », nous explique une maman lors d'une conférence organisée par une Association de Parents. Il est vrai que pour comprendre certains risques et s'en protéger, rien ne vaut l'emploi de l'outil.

De nombreuses conférences sur le sujet ont été organisées par les associations de parents durant ces derniers mois. Ce qui montre un réel intérêt des parents. Certains d'entre eux se sentent déjà dépassés, d'autres craignent les dangers, d'autres encore désirent tout simplement s'informer.

1 Children know that they shouldn't give their details to a stranger.

2 Yesterday I deleted a message without reading it.

3 A lot of young people have signed up to Facebook – and their parents too!

4 If we understand the dangers of social networks we can protect ourselves from them.

5 Do you feel out of date as far as electronic communication is concerned?

6 I attended a conference because I simply wanted to be informed.

[18 marks]

5 💬 **À l'oral. Lisez les données et discutez avec un(e) partenaire.**

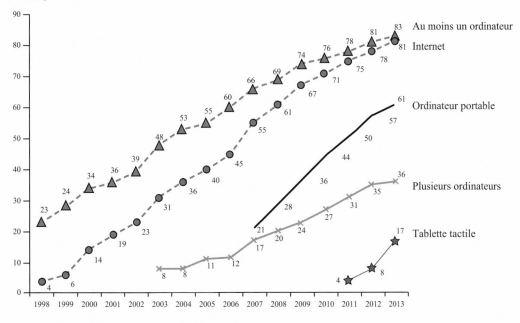

Taux d'équipement en ordinateur, tablette tactile et Internet à domicile en France (en %)

- Comment l'utilisation de la technologie numérique en France a-t-elle évolué depuis l'an 1998?
- À votre avis, pourquoi la tablette tactile devient-elle plus populaire?
- À votre avis, pourquoi est-ce que certains Français n'avaient toujours pas d'accès Internet en 2013?

6 💬 **À l'oral. Discutez avec un(e) partenaire.**

- Pourquoi les réseaux sociaux sont-ils devenus populaires en France?
- Les réseaux sociaux peuvent-ils être dangereux?
- À votre avis, faut-il réglementer les réseaux sociaux? Pourquoi (pas)?

> 🔲 **Conseil**
>
> **Responding to a stimulus card**
>
> - Read the information given on the card carefully.
>
> - Read all the questions before making any notes on them. Write notes on each question in bullet point form, including the following:
>   - key vocabulary to help answer the question
>   - opinions and examples
>   - useful verbs and connectives.
>
> - Think how the conversation might develop after you have answered the printed questions. Remember that you may also be asked additional questions between two of the printed questions.

2.1 Comment la technologie facilite la vie quotidienne

	accéder à	to access
l'	achat (m)	purchase
	actualiser	to update
l'	apprentissage (m)	learning process
le	baladeur	portable music player
le	contact	contact
le	cerveau	brain
le	commerce	commerce, business
	communiquer	to communicate
les	connaissances (fpl)	knowledge
la	connexion	connection
	créer	to create
	dépendre de	to depend on
la	disponibilité	availability
la	distraction	entertainment
	se distraire	to entertain oneself
les	données (fpl)	data
	échanger	to exchange
	en ligne	on line
	énerver	to annoy
	s'engager	to commit to something
	s'exprimer	to express oneself
	faciliter	to facilitate
la	fibre	fibre
	indispensable	essential
	joignable	reachable / available
la	mise à jour	update, updating
	au niveau de	at the level of
	nuisible	harmful
	numérique	digital
l'	ordinateur (m) portable	laptop
l'	outil (m)	tool
	participer à	to take part in
	se passer de	to go without
	puissant(e)	powerful
le	rapport	relationship
	recevoir	to receive
	se rendre compte de	to be aware of
les	renseignements (mpl)	information
le	réseau	network
le	serveur	server
	simplifier	to simplify
	s'informer	to inform oneself
le	site	site
la	tablette	tablet
le / la	technophile	technophile
le / la	technophobe	technophobe
le	téléchargement	download(ing)
le	téléphone portable	mobile phone
la	Toile	web
l'	usage (m)	usage
la	virtualité	virtual world
	virtuel(le)	virtual
le	wi-fi	wi-fi

2.2 Quels dangers la cyber-société pose-t-elle?

l'	alerte (f)	scare
l'	appareil (m)	device
	branché	connected
	combattre	to combat, to fight
la	cyberintimidation	cyberbullying
la	cybercriminalité	cyber crime
	se connecter	to log on
le	courrier électronique	email
	croire	to believe
	diffuser	to spread / broadcast
	éliminer	to eliminate
	envoyer	to send
	faire face à	to face up to
la	fiabilité	trustworthiness
	fiable	trustworthy
le	fichier	file
la	fraude	fraud
le	harcèlement	bullying
l'	identifiant (m) unique	unique identifier
	inconnu(e)	unknown
l'	internaute (m / f)	internet user
	intervenir	to intervene
l'	intrusion (f)	intrusion
la	liberté	freedom
le	logiciel	computer programme
	majeur(e)	adult (over 18)
	manipulateur(-trice)	manipulative
la	manipulation	manipulation
	mineur	under age (under 18)
la	messagerie	messaging service
le	mot de passe	password
	oser	to dare
la	politique	policy
	promouvoir	to promote
	réel(le)	real
la	rencontre	meeting
	se répandre	to spread

le	**reportage**	*report*
le	**risque**	*risk*
la	**sécurité**	*security / safety*
	se servir de	*to use*
	surveiller	*to monitor*
	télécharger	*to download*
	toucher	*to affect*
la	**victime**	*victim*
	vulnérable	*vulnerable, at risk*

2.3 Qui sont les cybernautes?

	accro	*fanatic, addicted*
	actuellement	*nowadays*
le / la	**citoyen(ne)**	*citizen*
la	**citoyenneté**	*citizenship*
	consacrer	*to dedicate*
la	**démocratie**	*democracy*
	dépassé	*out of date*
un	**entretien**	*interview*
	fréquenter	*to visit / attend*
	grâce à	*thanks to*
	gratuitement	*for free, freely*
l'	**identité (f)**	*identity*
l'	**informatique (f)**	*computing*
	interdire	*to forbid*
	joindre	*to reach / speak with*
	se multiplier	*to increase in number*
	obligatoire	*compulsory*
le	**peuple**	*people*
	progresser	*to make progress*
la	**propagande**	*propaganda*
	proposer	*to offer / suggest*
le	**réseau social**	*social network*
	simuler	*to simulate*

■ Expressions clés

Introducing and structuring an argument

Avant tout, …
Commençons par…
En premier lieu, …
Pour commencer, …
Premièrement, …
Tout d'abord, …

Deuxièmement, …

Il est important/nécessaire
   /essentiel de noter que…
Il faut avouer que…
Il faut constater/dire que…
Il faut qu'on se rende compte
   que…
Il faut reconnaître que…
Il va de soi que…
Il va sans dire que…
N'oublions pas que…
On ne peut pas nier que…

Après tout, …
Au bout du compte, …
Dans l'ensemble, …
De toute façon, …
En conclusion, …
En résumé, …
En fin de compte, …
Pour conclure, …
Tout compte fait, …
Tout considéré, …
Toutes choses considérées, …

3 Le rôle du bénévolat

By the end of this section you will be able to:

	Language		Grammar	Skills
3.1	**Qui sont et que font les bénévoles?**	Examine the voluntary sector in France and the range of work volunteers provide	Use connectives – temporal and causal	Interpret and explain figures and statistics
3.2	**Le bénévolat: quelle valeur pour ceux qui sont aidés?**	Discuss the benefits of voluntary work for those that are helped and how beneficiaries request help	Use conditional and *si* sentences (Imperfect and conditional)	Summarise from reading and listening
3.3	**Le bénévolat: quelle valeur pour ceux qui aident?**	Look at the benefits of voluntary work for those that do it and for society as a whole	Form and use the future tense	Translate into English

Le bénévolat est une activité non rétribuée et librement choisie qui s'exerce en général au sein d'une institution sans but lucratif (ISBL): association, ONG, syndicat ou structure publique. Celui ou celle qui s'adonne au bénévolat est appelé « bénévole ». L'étymologie du mot vient du latin « benevolus » qui signifie « bonne volonté ».

Se sentir utile et faire quelque chose pour autrui est le moteur des bénévoles, lesquels s'impliquent dans des domaines d'activité sans rémunération aussi divers que le sport, la culture ou les loisirs, l'humanitaire, la santé, l'action sociale, la défense des droits, la défense de l'environnement et de la biodiversité ou encore l'éducation.

La France compte environ 16 millions de bénévoles. Ils constituent le cœur et le fondement de la vie associative, sans lesquels les 1 300 000 associations en activité n'existeraient pas.

▨ Vocabulaire

s'adonner à quelque chose
    to dedicate oneself to something
une association   *a charity*
autrui   *others*
rémunérer, rétribuer   *to pay*

Pour commencer

1 **À l'oral. Discutez l'action bénévole avec un(e) partenaire.**

- Que faites-vous pendant votre temps libre?
- Consacrez-vous du temps aux autres?
- Avez-vous déjà fait une mission de bénévolat?

Par exemple, avez-vous fait des travaux manuels pour aider la communauté, ou de l'animation sportive pour des enfants? Peut-être avez-vous fait des collectes d'argent, d'aliments ou de vêtements?

2 **Devinez la bonne réponse.**

1 Entre 2010 et 2013 le nombre des bénévoles …
   a a diminué.
   b a augmenté.
   c est resté le même.

2 Sur les 20 millions de Français qui agissaient comme bénévoles en 2013, 12,5 millions …
   a travaillaient seul.
   b étaient récompensés.
   c faisaient partie d'une association.

3 À partir de quel âge peut-on devenir bénévole dans une association?
   a 15
   b 17
   c 13

4 Le bénévolat ponctuel, c'est quoi?
   a early morning work
   b temporary work
   c paid work

5 « Travailler gratuitement », ça veut dire quoi?
   a to work graciously
   b to travel freely
   c to work for free

Le saviez-vous?

■ Le nombre de personnes déclarant effectuer des actions bénévoles a augmenté de 14% entre 2010 et 2013.

■ En tout, plus de 20 millions de Français (40% des 15 ans et plus) déclarent « donner du temps gratuitement pour les autres ou pour contribuer à une cause » dont 12,5 millions au sein d'associations.

■ Les 15–35 ans sont la catégorie où l'engagement progresse le plus fort: +32% par rapport à 2010, soit 3,3 millions de personnes. Les moins jeunes sont aussi plus engagés. Chez les plus de 50 ans, 37% des actifs sont engagés. Sans surprise les retraités restent très engagés. Près d'un sur deux déclare consacrer du temps à une association.

■ Mais on remarque une régression de l'engagement sur la durée en faveur d'actions plus ponctuelles. C'est aux associations de s'adapter aux nouveaux bénévoles, plus jeunes et moins constants mais qui expriment une forte motivation à aider.

3 ⁓⁓ **Écoutez les quatre personnes qui travaillent comme des bénévoles. Prenez des notes et écrivez un résumé pour chacun(e).**

Maxime

Françoise

Léa

Thomas

3.1 | A: Qui sont et que font les bénévoles?

1a Vrai (V), faux (F) ou information non-donnée (ND)?

Le bénévolat, une tendance française?

Le bénévolat est un pilier essentiel de la cohésion sociale en France. Aider les autres, c'est une action de plus en plus importante de nos jours, et l'engagement volontaire fait partie du caractère français.

Combien de bénévoles actifs compte-t-on dans l'Hexagone? Il faut reconnaître qu'il existe trois formes possibles d'engagement:

- l'engagement associatif - sur 1,3 millions d'associations en France en 2012, seules 165 000 ont un ou plusieurs salariés. C'est à dire qu'une majorité d'associations est animée uniquement par des bénévoles
- le bénévolat dans d'autres organisations (municipales, politiques, syndicales...)
- le bénévolat "direct", qu'on appelle aussi de "proximité" ou "informel" - c'est le secteur le plus difficile à quantifier.

En plus on doit considérer le contexte personnel des bénévoles. Par exemple il y a les jeunes et les retraités, mais aussi les actifs qui consacrent leur temps libre. On doit aussi inclure les inactifs volontaires, ainsi que les demandeurs d'emploi pour qui le bénévolat est une occasion de se présenter devant des employeurs éventuels.

Vocabulaire

le caractère *personality*
un(e) demandeur(-euse) d'emploi *jobseeker*
une occasion *an opportunity*
pilier *pillar/cornerstone*
les retraités *retired people*
syndicale *trade-union linked*

Vocabulaire

un atout *asset*
le colis *package*
la compétence *skill*
le concours *competitive exam*
enrichissant *enriching*
la formation *training*
s'investir *throw yourself into*
le niveau *level*
le sapeur-pompier *firefighter*
sourd *deaf*

1 Le bénévolat est déjà bien intégré dans la société française.
2 Il y a plus de bénévoles en France qu'en Grande-Bretagne.
3 La plupart d'associations emploient un salarié pour diriger leurs affaires.
4 Il est difficile de savoir le nombre exact de bénévoles informels.
5 Il y a plus de personnes jeunes que de personnes âgées ou retraitées qui travaillent bénévolement.
6 Certaines personnes travaillent comme bénévoles dans le but de trouver un emploi permanent.

1b Traduisez en anglais le dernier paragraphe du texte.

2a ⁓⋏⋏⋏⋎ Écoutez ces quatre bénévoles. Qui parle? Sarra, Anaïs, Aurélien ou Lorraine?

1 Sarra, 22 ans
Bénévolat de Noël
Les petits frères des Pauvres

2 Anaïs, 18 ans, en terminale
Jeune Ambassadeur UNICEF

3 Aurélien, 23 ans
Pompier volontaire
Sapeur pompier volontaire, Argenteuil

4 Lorraine, 22 ans
Sorties avec des personnes handicapées
Fondation Claude Pompidou

1 La distribution de l'information est l'action la plus importante dans ce rôle.
2 Une mission à l'étranger a été une source d'inspiration pour ce jeune.
3 L'engagement bénévole sera utile pour sa formation professionnelle.
4 Cette personne s'engage dans le bénévolat ponctuel.
5 La formation n'est pas l'important, il faut surtout posséder des qualités personnelles.
6 Éduquer la jeunesse au sujet des questions globales est l'essentiel.

2b À l'écrit. Choisissez deux des personnes qui parlent. Faites le résumé de leurs actes de bénévolat et de leurs motivations en essayant d'utiliser vos propres mots. Écrivez environ 150 mots.

3 À l'oral. Lequel de ces rôles 1–4 aimeriez-vous remplir? Discutez avec un(e) partenaire et expliquez votre choix. Considérez:

- vos passe-temps préférés
- votre personnalité
- vos projets pour l'avenir.

4 Complétez les phrases en choisissant dans la case.

1 Je vais travailler comme professeur _____ pilote d'avion.
2 Le magasin était fermé _____ je suis rentrée à la maison.
3 Je viendrai te rejoindre _____ tu veux.
4 Il a regardé le DVD _____ il a choisi.
5 _____ il est gentil, il peut venir avec nous.
6 Elle a dû partir _____ elle est arrivée!

que	donc	puisque
aussitôt que	si	ou

5 À l'écrit. Que pensez-vous du bénévolat? Doit-on donner son temps gratuitement? Qui bénéficie du bénévolat? Écrivez environ 150 mots.

Expressions clés

de nos jours…
Il faut reconnaître que…
Il existe…
c'est à dire que…
avoir envie de…
tout en faisant…

⬛ Grammaire

Connectives

French connectives (or conjunctions) are used as connectors between grammatically related words or phrases. They can be split into several different categories. These categories are not, however, always mutually exclusive.

The first groupings are determined by whether that relationship is equal or unequal. **Coordinating conjunctions** connect two or more words or phrases that are grammatically equivalent, and they each serve the same function in the sentence.

For example: *car, donc, et, ensuite, mais, ou*

Je vais jouer au tennis ou au badminton.	I'm going to play tennis or badminton.
Elle est jolie et calme.	She is pretty and relaxed.

Subordinating conjunctions link two clauses that are not equivalent: one is a *main clause*, while the other is a *dependent clause*.

For example: *comme, quand, que, quoique, puisque, lorsque, si*

Il a dit qu'il était fatigué.	He said that he was tired.
Je ferai du café si tu en veux.	I'll make some coffee if you would like some.

There are also conjunctions that can be termed as **temporal connectives**. These are used as temporal links when giving an account or telling a story.

For example: *quand, lorsque, aussitôt que, dès que, après (que), puis, ensuite, alors (que), tandis que, enfin*

Je partirai quand j'aurai fini.	I'll leave when I've finished.
J'ai mangé puis je suis sortie.	I ate then I went out.

Lastly, **causal connectives** indicate the cause or motive of a problem or situation, or they are used to draw conclusions.

For example: *parce que, car, donc, comme, alors, puisque*

Il a réussi parce qu'il a travaillé!	He succeeded because he worked!
Tu peux rester puisque tu es sage.	You can stay since you are well behaved.

See page 157.

1 Regardez le tableau et complétez les phrases.

Taux d'adhésion à une association en % des **16** ans et plus

	Hommes	Femmes	Ensemble
Action sanitaire et sociale ou humanitaire et caritative	3,9	4,8	4,3
Association sportive	16,3	10,5	13,3
Association culturelle ou musicale	6,3	7,3	6,8
Association de loisirs, comité des fêtes	5,8	5,5	5,6
Défense de droits et d'intérêts communs	2,2	3,0	2,6
Clubs de 3e âge (60 ou plus)	7,1	10,2	8,8
Syndicat, groupement professionnel	8,1	6,3	7,2
Association religieuse ou culturelle	1,0	1,5	1,3
Protection de l'environnement	1,3	0,9	1,1
Tous types	37,2	31,7	34,3

> **Vocabulaire**
>
> **une adhésion** *membership*
> **caritative** *charitable*
> **le droit** *right / law*
> **la fête** *festival*
> **le syndicat** *union*
> **de troisième (3ᵉ) âge**
>   *pensioner*

1 Le principal secteur d'activité est _____ .

2 Un secteur plus populaire chez les hommes que chez les femmes est _____ .

3 Parmi les personnes plus âgées les hommes sont _____ actifs que les femmes.

4 Le secteur comptant le moins de participants actifs est _____ .

5 L'adhésion aux associations _____ est plus populaire parmi les femmes.

2 À l'oral. Discutez avec un(e) partenaire.

- Êtes-vous surpris(e) par les chiffres (tableau et texte)? Pourquoi?
- Pourquoi le nombre total d'adhésions est-il plus élevé que le nombre total d'adhérents à une association?
- Selon vous, pourquoi tant d'associations ne survivent pas longtemps, ou fusionnent avec une autre?

3 Lisez le texte « 45% des Français… » et traduisez en anglais le premier paragraphe.

> **Vocabulaire**
>
> **adhérer** *to subscribe to*
> **inscrit** *enrolled*
> **la naissance** *birth*
> **occasionnel(le)** *casual*

45% de Français adhèrent à une association, soit 29 millions de personnes. Beaucoup sont inscrits dans plusieurs associations, ce qui explique que le nombre total d'adhésions s'élève à 36 millions (1,5 millions de Français sont adhérents d'au moins quatre associations). On estime à 900 000 le nombre d'associations actives en 2013.

Une nouvelle association sur dix disparaît peu après sa naissance, beaucoup ne survivent pas à la deuxième année et une sur cinq fusionne avec une autre. 23% des Français exercent une responsabilité dans au moins une association dont ils sont membres, 45% participent de façon régulière ou occasionnelle à la vie associative.

4 〰 Regardez le tableau puis écoutez deux lycéens qui discutent d'un sondage sur les différents types d'engagement bénévole. Corrigez les phrases qui sont fausses.

	2010	2013	Évolution
Bénévoles associatifs	11 300 000	12 700 000	+12%
Bénévolat direct	7 400 000	9 700 000	+31%
Bénévolat dans d'autres organisations	4 500 000	4 200 000	-6%
Nombre total de bénévoles	18 300 000	20 900 000	+14%

	2010	2013	Évolution
Taux d'engagement dans le bénévolat associatif	23%	24,5%	+1,5 point
Taux d'engagement bénévole en France	36%	40,3%	+ 4,3 point

1 Le nombre de personnes engagées dans le bénévolat direct a diminué pendant cette période.
2 Aider un membre de sa propre famille est considéré comme un genre de bénévolat direct.
3 Selon les lycéens, la crise économique n'a eu aucun effet sur le taux de ceux qui sont engagés dans le bénévolat direct.
4 L'engagement avec les associations bénévoles a fortement augmenté pendant la période.
5 On pourrait essayer d'inscrire les bénévoles qui aident les gens directement, dans les associations, selon ces jeunes.
6 Le taux d'engagement dans le bénévolat en France prouve l'égoïsme de la société moderne.

5 À l'écrit. Est-ce que les Français font preuve d'un sentiment de responsabilité sociale? Voyez-vous la même chose dans votre pays? Donnez des exemples. Écrivez environ 150 mots.

▌ Expressions clés

Il est surprenant de voir que…
Les chiffres indiquent que…
Ce qui explique…
On estime que…
dont
Ça / Cela veut dire que…

Il me semble que…
Grâce à…
Je me demande si…
ne … guère
Toutes choses confondues

📈 Compétences

Interpreting and explaining figures and statistics

It is important that you spend some time establishing the context of the information that you are trying to understand. Look for clues by analysing:

- introductory text and rubrics
- column / row labelling
- accompanying visuals.

Remember that the French use a comma (*une virgule*) where we use a dot to separate decimal places e.g. 10.5 = 10,5 in French.

If dates are given in columns or rows, look carefully at what each figure is meant to represent. For example, is there a split of percentages? If so, do these percentages add up? If not, reasons could include:

- The table shows a change over time (as in the table in exercise 4).
- There is no clear-cut separation between numbers. For example, in the table on page 52 those questioned could belong to more than one of the categories of associations.

Figures and data are not intended to confuse you. It is likely that if you read all of the information carefully the data will be straightforward to understand.

▌ Vocabulaire

bénéficier *to benefit*
une croissance *an increase*
diminué *decreased*
égoïste *self-centered*
la misère *poverty*
la montée *climb/increase*
viser *to target*

A: Le bénévolat: quelle valeur pour ceux qui sont aidés?

1 〰 **Écoutez les deux témoignages. Vrai (V), faux (F) ou information non-donnée (ND)?**

1 Jacques était chômeur depuis la fin de son mariage.
2 Le Secours Catholique peut offrir une aide monétaire.
3 Jacques a pu trouver un emploi dans son quartier.
4 Avant sa rencontre avec les membres de la Croix-Rouge Emmanuel vivait dans la rue.
5 Le sentiment d'amitié était le plus important pour Emmanuel.
6 La Croix-Rouge est active partout dans le monde.

2 **Remplissez les blancs en changeant les verbes en parenthèses.**

1 Si j'(*avoir*) plus d'argent, j'(*aider*) les associations régionales.
2 Si j'(*aller*) en Afrique j'(*apprendre*) beaucoup de choses.
3 Si les associations n'(*être*) pas là, beaucoup de gens (*souffrir*).
4 Si tu (*préférer*) rester ici, on (*pouvoir*) trouver une mission l'année prochaine.
5 Si j'(*animer*) un club de foot je (*utiliser*) mes compétences.
6 Si mes copains le (*faire*), moi je le (*faire*) aussi!
7 Si on (*pouvoir*) travailler à l'étranger, je (*s'inscrire*) tout de suite.
8 Les enfants en (*bénéficier*) si nous (*s'engager*).
9 Si Franck (*refuser*) d'aider, je n'y (*comprendre*) rien.
10 Sa vie (*changer*) s'il (*prendre*) le temps d'aller chez une association.

3 **À l'oral. Imaginez que vous allez faire du bénévolat cet été. Discutez avec un(e) partenaire. Mentionnez:**

- les activités qui vous conviendraient, par exemple: *Si je travaillais au club de foot je passerais tout l'été en plein air.*
  Si j'aidais un enfant en difficulté scolaire, je gagnerais de l'expérience pour devenir prof.

- les effets positifs pour ceux que vous aideriez, par exemple, si vous décidiez de travailler avec des jeunes, comment votre intervention changerait leur vie.

▮ Vocabulaire

anéanti *destroyed / wiped out*
le petit boulot *odd job*
la chaleur *warmth*
le chômage *unemployment*
un(e) exclu(e) *reject*
faire le plein d'essence *fill up with petrol*
le moins que rien *worthless person*
le repère *point of reference*

▣ Grammaire

The conditional

Remember that verbs in the conditional ('would do') have the same stem as the future tense (i.e. usually the infinitive, but sometimes an irregular stem) and then the same endings as for the imperfect tense.

j'aider**ais**	je fer**ais**
tu aider**ais**	tu fer**ais**
il / elle / on aider**ait**	il / elle / on fer**ait**
nous aider**ions**	nous fer**ions**
vous aider**iez**	vous fer**iez**
ils / elles aider**aient**	ils / elles fer**aient**

The conditional is often used following *si* and the imperfect tense.

Si j'avais plus de temps, j'aiderais les SDF dans ma ville.
If I had more time, I would help the homeless in my town.

S'il allait à l'association de la Croix-Rouge, on lui donnerait un repas.
If he went to the Red Cross, he would be given a meal.

See page 150.

4a **Lisez les témoignages et répondez aux questions en essayant d'utiliser vos propres mots.**

1 Comment la Croix-Rouge s'engage-t-elle contre le problème de l'analphabétisme?
2 Selon Fabienne pourquoi est-ce que les personnes illettrées se sont isolées?
3 Expliquez l'attitude de Corinne envers les élèves qui trouvent leurs études difficiles.
4 Pourquoi Awa n'a-t-elle jamais appris à bien lire ou écrire?
5 Pourquoi Awa est elle venue en France?
6 Pour quelles raisons a-t-elle décidé de demander de l'aide?
7 Pensez à des situations journalières / quotidiennes que ces personnes analphabètes trouveraient impossibles.
8 Voudriez-vous enseigner votre langue à des étrangers? Quelles sont les compétences que vous pourriez transmettre?

4b **Traduisez le témoignage d'Awa en anglais.**

5 **À l'écrit. Être bénévole, est-ce que ça en vaut le coup? Comment intervenir de manière efficace? Écrivez environ 150 mots. Considérez:**

- combien de temps faut-il pour percevoir des effets positifs?
- qui en bénéficie?
- y a t-il d'autres façons d'aider?

> J'aide ces personnes qui éprouvent des difficultés à lire, écrire, comprendre et parler le français. Ce sont souvent des personnes qui se sont isolées parce qu'elles se sentent différentes. Leurs chances d'évoluer et de trouver un emploi sont plus faibles que la moyenne, donc ce sont des personnes vulnérables.
>
> *Fabienne, bénévole de la Croix-Rouge*

> Notre association accompagne des personnes marginalisées par l'analphabétisme dans l'apprentissage de la langue française. Nous luttons contre l'illettrisme en fournissant à ces personnes le soutien dont elles ont besoin.
>
> *Paul, bénévole de la Croix-Rouge*

> L'analphabétisme et le décrochage scolaire sont deux fléaux à combattre, leurs points communs étant l'exclusion. Mais il n'est jamais trop tard pour aider un enfant en difficulté scolaire et jamais trop tôt pour mieux le soutenir.
>
> *Corinne, bénévole*

> Je suis née au Sénégal et j'y ai habité pendant mon enfance, à la campagne. Quand j'étais petite, j'adorais l'école mais je n'ai pas eu la chance d'aller à l'école secondaire. Mes parents avaient besoin de moi; ils travaillaient dans une ferme et je les ai aidés jusqu'à l'âge de dix-neuf ans quand je me suis mariée. Peu après, mes parents sont morts. Mon mari et moi, on a décidé de venir en France pour chercher une nouvelle vie mais une fois ici mon mari a réalisé qu'il n'arriverait pas à gagner assez pour notre famille. Je voulais contribuer au revenu familial mais je ne savais pas bien lire et écrire, par exemple pour rédiger une lettre de candidature. Depuis six mois, je prends des cours de français dans une association, les professeurs sont très bons et je leur en suis très reconnaissante.
>
> *Awa, 38 ans*

▨ Vocabulaire

l'analphabétisme (m) *illiteracy*
le décrochage scolaire *dropping out of school*
éprouver *to experience*
évoluer *to improve*
faible *weak*
le fléau(x) *scourge*

fournir *to provide*
l'illettrisme (m) *illiteracy*
lutter *to battle / struggle*
marginalisé *excluded*
la moyenne *the average*
rédiger *to draw up / to draft*

▨ Expressions clés

Je ne savais plus quoi faire.
ne … aucun(e)
ni … ni …
je n'arrive pas à + *infinitive*.
il n'est pas évident de…

B: Le bénévolat: quelle valeur pour ceux qui sont aidés?

1a Répondez aux questions en français. Attention! Essayez d'utiliser vos propres mots.

UNE NUIT SOLIDAIRE AU SOUTIEN DES MAL-LOGÉS

La date est le 12 février 2015 et 3 000 personnes se rassemblent pour un grand événement musical en plein air. Un bon nombre de personnes présentes y resteront à la fin des concerts pour passer la nuit sous les étoiles, essayer de dormir. Il fait très froid mais au moins il ne pleut pas.

C'était une nuit solidaire avec un message clair. Ouvrir les yeux du public au problème des mal-logés.

Pour les passants ainsi que pour les militants, une ambiance attirante et frappante, inspirante pour la collectivité, accompagnait ce qui se déroulait sur la fameuse place parisienne. Une scène avec des concerts et des prises de paroles de SDF qui témoignaient de la vie à la rue. « C'est à la fois cruel et féroce » disent-ils. Là, autour du plateau, on trouvait des stands, une distribution de sandwichs et de boissons chaudes pour les sans domicile, mais aussi des lits de camps et des matelas, installés pour ceux qui voulaient faire l'expérience d'une nuit à l'extérieur. Une nuit peu confortable dans le froid, prévue pour finir à 6 heures le lendemain, un vendredi matin ...

Dans le but de montrer les difficultés quotidiennes pour les habitants des 400 bidonvilles encore dans l'Hexagone, une cabane en bois typique de ces quartiers a été reconstituée. Cet abri modulaire, pas plus d'un espace dans lequel on compte une quarantaine de lits pliants, est la dernière solution d'hébergement pour trop de familles en France.

Ce rassemblement a réuni 33 associations du « Collectif des association unies », dont la Fondation Abbé Pierre, Médecins du Monde, Armée du Salut, Secours Catholique et Emmaüs. Leur appel était pour la « mobilisation générale » pour « rendre effectif le droit au logement et à l'hébergement ». 3,5 millions de personnes sont mal logées en France (soit en chambre d'hôtel ou en camping, soit dans des logements insalubres, dans des conditions de logement très difficiles, ou sans domicile), et ces associations qui leur viennent en aide ont cette nuit lancé un appel au public. « Combattre l'exclusion », « agir ».

« Nous exigeons une politique de solidarité beaucoup plus ambitieuse, qui permette enfin de rendre effectif le droit au logement et à l'hébergement », a déclaré au micro la chanteuse Jeanne Cherhal.

Mais c'est une militante de la délégation parisienne du Secours Catholique qui a expliqué en toute clarté le but ultime, et peut être étonnant. « Je n'ai pas forcément l'impression que nous arrivons à mobiliser beaucoup de personnes par ce genre d'événement en dehors des militants déjà sensibilisés à la cause. La grande réussite, c'est surtout de mélanger les personnes victimes de la crise du logement et les bénévoles. »

Vocabulaire

un abri *shelter*
agir *to act*
les bidonvilles (mpl) *shanty towns*
le but *aim*
l'hébergement (m) *accommodation*
le lendemain *the following day*
mal-logé *poorly housed*
le matelas *a mattress*
mobiliser *to encourage action*
le plateau *stage*
la prise de paroles *speech*
le quartier *neighbourhood*
quotidien(ne) *daily*
se rassembler *to gather*
la réussite *success*
SDF, sans domicile (fixe) *homeless*
sensibilisé *aware*
soit ... soit *either ... or*
témoigner *testify*

1 Quel est le sujet de ce texte?
2 Qui a organisé cette « nuit solidaire »?
3 Qu'est-ce que les passants ont trouvé à la place de la République lors de cette soirée?
4 Qui a fait des discours sur scène? À quel sujet?
5 Comment les mal-logés pouvaient-ils bénéficier du rassemblement de manière immédiate?
6 Quels groupes faisaient partie de ce rassemblement?
7 Selon la militante citée dans le dernier paragraphe, quelle a été la grande réussite de l'événement?

1b Traduisez en anglais le paragraphe du texte qui commence par « *Dans le but de montrer...* ».

2 À l'oral. Persuadez votre partenaire de faire partie d'un tel rassemblement dans votre ville. Expliquez comment, selon vous, on pourrait agir comme bénévole pour aider les personnes mal logées. Par exemple:

- On devrait organiser un concert…
- On pourrait contribuer à la construction d'abris…
- Le rôle d'un bénévole devrait être…

3a Écoutez l'interview avec Caroline qui est bénévole aux Restos du Cœur. Remplissez les blancs avec un mot de la liste. Attention, il y a trois mots de trop.

> soigner   démunis   soutenue   jardins
> apprentissage   fournir   prêts   rues
> justificatif   bénévoles   repas

1 Caroline livre des repas dans les _____ pendant l'hiver.
2 Le but de l'association est de donner de l'aide, surtout un _____ , à ceux qui en ont besoin.
3 L'abri ainsi que de l'aide pratique, comme l'_____ de la culture, est offert.
4 On organise des _____ de livres et du soutien pour trouver un emploi.
5 Les « relais-bébés » sont destinés aux femmes qui n'ont pas les moyens de _____ leurs jeunes enfants.
6 Pour recevoir un panier repas au cours de l'hiver il faut s'inscrire et apporter un _____ de petit salaire.
7 L'association est _____ et payée par les dons. L'état ne contribue pas.
8 Les personnes qui ont grand besoin d'aide ne doivent pas aller au centre pour _____ un justificatif de leur salaire puisqu'un repas chaud est toujours disponible.

3b Faites un résumé de l'interview en français (70 mots). Vous pouvez mentionner les points suivants:

- la fondation des Restos du Cœur
- les actions des Restos du Cœur
- les bénéficiaires des Restos du Cœur.

4 À l'écrit. À votre avis, est-ce que la mobilisation et les manifestations marchent bien? Est-ce que l'action directe ou indirecte (par exemple donner de l'argent) est plus efficace pour aider les gens en détresse? Pourquoi? Écrivez environ 200 mots.

🖥 Compétences

Summarising a text or an interview

- When summarising a text or an interview, it can be useful to first spend some time reading and re-reading it, or listening to it several times. Which points are vital? Are there any bits of information that are secondary and do not need mentioning?

- Practise shortening sentences. French is quite a wordy language. Sometimes by removing adjectives, adverbs, quantifiers etc. you can get directly to a point just as effectively.

⬛ Expressions clés

exiger
rendre (effectif)
autrui
vouloir dire

A: Le bénévolat: quelle valeur pour ceux qui aident?

1a Lisez l'article sur les nageurs-sauveteurs et reliez le début et la fin des phrases.

On les voit partout quand on va à la plage l'été. Dans leur tenue orange, ils longent les plages, palmes et bouée de sauvetage en main. Ils sont recrutés par les mairies des villes situées en bord de la mer parce que c'est une responsabilité municipale de faire surveiller les plages pour les visiteurs et les vacanciers. Ces jeunes âgés de 18–25 ans sont membres de la SNSM, la Société Nationale de Sauvetage en Mer.

Ces nageurs-sauveteurs assurent la surveillance des plages de la France pendant tout l'été. Ils sont prêts à intervenir à tout moment. Mais pas seulement auprès des baigneurs en difficulté dans les zones délimitées. Ils doivent aussi surveiller les utilisateurs de kite-surf, petit voilier ou planche à voile plus au large. Quelquefois ils seront trop loin et un bateau devra intervenir. Ça n'arrive pas trop souvent mais il y a plein d'autres responsabilités. Apporter les premiers soins aux vacanciers qui se blessent, ou trouver les parents d'enfants qui se sont perdus.

Chloé a tout juste 18 ans, l'âge minimum pour être en poste sur une plage. Elle a déjà suivi une formation de 400 heures y compris du footing et de la natation, ainsi que des exercices de secours et de sauvetage. Pour être nageur-sauveteur, il faut avoir son permis bateau ainsi que cinq diplômes différents pour la surveillance des zones publiques.

Chloé envisage de continuer comme bénévole. « Je deviendrai aide-formatrice et comme ça j'aiderai les nouvelles recrues. Je donnerai de mon temps parce que c'est un rôle indispensable dans ma ville. Je vais aussi encourager les jeunes à s'engager comme moi. Être en plein air pendant tout l'été, ce n'est pas mal! »

Mais ce n'est pas toujours si idyllique. Quelle que soit la météo les nageurs-sauveteurs doivent y être. « Oui, même si les nageurs ne sont pas nombreux et que le vent est forte je dois être prête à intervenir au moindre danger! »

Cette année, comme tous les ans, 500 nouveaux nageurs-sauveteurs seront formés pour porter secours à des individus en danger en milieu aquatique, en mer ou dans une piscine. Cet été plus de 1 400 nageurs-sauveteurs assureront la surveillance des plages et ils auront suivi la formation de la SNSM.

Vocabulaire

la bouée de sauvetage *life jacket*
faire surveiller *to monitor*
le nageur-sauveteur *lifeguard*
la palme *flipper*
le secours *rescue*

1 La sécurité des vacanciers en mer…	**a** …400 heures de formation et d'entraînement.
2 Les baigneurs, et les autres utilisateurs de l'océan doivent …	**b** …besoin de nouvelles recrues chaque année.
3 Si l'urgence est trop loin au large …	**c** …s'il pleut.
4 Pour devenir nageur-sauveteur il faut …	**d** …être surveillés de la plage.
5 Devenir formateur est toujours …	**e** …est la responsabilité de la municipalité.
6 Les villes auront …	**f** …réalisable si on veut continuer.
7 Il faut être au poste même …	**g** …les piscines.
8 Les membres de la SNSM surveillent les plages ainsi que …	**h** …un bateau viendra pour aider.

1b Traduisez en anglais le troisième paragraphe (« Chloë a tout juste… ») .

1c À l'oral. Discutez avec un(e) partenaire.

- Avez-vous déjà travaillé comme nageur-sauveteur? Connaissez-vous quelqu'un qui l'a fait?
- Aimeriez-vous faire du bénévolat en plein air? Pourquoi? Quels en sont les avantages et les inconvénients?
- Selon vous, quelles sont les raisons pour lesquelles tant de jeunes Français suivent la formation de nageur-sauveteur? Quelles sont les compétences qu'on y apprend?

🇫 Grammaire

Future tense

Use the simple future tense to say something **will** happen.

To form the simple future tense of regular verbs you need:

- The infinitive (minus the final '*e*' in *-re* verbs): *donner, finir, prendr-*

- plus the following endings:

je donner**ai**	je finir**ai**	je prendr**ai**
tu donner**as**	tu finir**as**	Tu prendr**as**
il / elle / on donner**a**	il / elle / on finir**a**	il / elle / on prendr**a**
nous donner**ons**	nous finir**ons**	Nous prendr**ons**
vous donner**ez**	vous finir**ez**	vous prendr**ez**
ils / elles donner**ont**	ils / elles finir**ont**	ils / elles prendr**ont**

Il finira ses études avant de commencer comme nageur-sauveteur.
He will finish his studies before starting as a lifeguard.

Some verbs have an irregular stem but still use regular endings, including:

être: **ser-**   avoir: **aur-**   faire: **fer-**   devoir: **devr-**   pouvoir: **pourr-**
savoir: **saur-**   vouloir: **voudr-**   venir: **viendr-**   aller: **ir-**

See page 149.

2 Complétez les phrases avec la bonne forme du futur simple.

1 Les nageurs-sauveteurs _____ la sécurité des baigneurs. (*assurer*)
2 Après la formation je _____ comment sauver une vie. (*savoir*)
3 Cet été _____ intéressant parce que je _____ du bénévolat. (*être*), (*faire*)
4 Vous _____ à l'université? (*aller*)
5 Nous _____ avoir cinq diplômes avant de commencer la surveillance d'une plage! (*devoir*)

3 〰 Écoutez l'annonce pour le Passeport Bénévole. Répondez aux questions en français. Attention! Essayez d'utiliser vos propres mots.

1 Qu'est-ce que le Passeport Bénévole?
2 Selon le reportage, quelle est la raison principale pour attester de ses activités bénévoles de cette manière?
3 Avec qui doit-on collaborer, et comment?
4 Quelles sont les quatre situations qui sont citées comme exemples de personnes qui profiteraient d'un Passeport Bénévole?
5 Dans quelles circonstances un Passeport Bénévole serait-il particulièrement utile, selon l'article?

4 À l'oral. Discutez avec un(e) partenaire des bienfaits du bénévolat pour quelqu'un au niveau de:

- son expérience / son cv
- son développement personnel
- sa satisfaction personnelle.

5 À l'écrit. Ceux qui font du bénévolat multiplient-ils leurs compétences? Pourquoi devrait-on les valoriser avec un Passeport Bénévole? Écrivez environ 150 mots.

📓 Vocabulaire

attesté *certified*
le bilan *assessment*
la candidature *job application*
le congé familial *leave for family reasons*
les connaissances (fpl) *knowledge*
fructifier *to be productive*
le parcours *experience*
partager *to share*
le responsable *person in charge*
le / la salarié(e) *employee*
l'utilité (f) *usefulness*
valorisable *to be made use of*

Expressions clés

réaliser
auprès de
s'impliquer
la plupart de
avoir envie de
plus … que
assurer
être prêt à
au large
avoir besoin de
indispensable
quel que soit
au moindre danger
ils auront suivi
faire le bilan de quelque chose
il s'agit de
qu'il / elle soit!

SERVICE CONTINU CIVIQUE
5 ANS!

LES DOMAINES DU SERVICE CIVIQUE QUE LES 16-25 ANS PRÉFÈRENT

36%

ENVIRON-NEMENT

1 À l'oral. Regardez les deux images. Avec un(e) partenaire, discutez de ce que vous comprenez par le terme « Service Civique ».

Le service **civique**

"C'est une création importante dans le monde actuel. Peut-être le service civique devrait-il être obligatoire. Pourquoi pas? Quand j'étais plus jeune on devait faire son service militaire et l'effet pour la société était un bon niveau de discipline et une compréhension du concept de la citoyenneté."
Grégory, 72 ans

"J'ai fait le service civique l'année dernière. Ma mission m'a été attribuée malgré un grand concours parce qu'il y a beaucoup plus de demandes que de missions. Je me suis engagée avec une association qui travaille avec les personnes handicapées ... des sorties au cinéma, les rendez-vous pour écouter, etc. Ma mission était de six mois et j'ai appris tant de choses."
Julie, 22 ans

"On est bénévole mais on est payé? Comment ça marche? Si quelqu'un veut faire du bénévolat on n'a pas besoin d'une agence gouvernementale pour l'organiser. Ça coûte cher et qui paye? C'est nous, et nos impôts!"
Hélène, 51 ans

"Ma mission est d'aider une association qui prend soin des SDF. Quand je suis arrivé les salariés avaient du mal à me trouver des tâches mais j'ai pris le taureau par les cornes et maintenant on me dit que je suis indispensable!"
Karim, 18 ans

"J'aide un jeune homme qui a besoin d'aide scolaire et qui avait du mal à rester dans le droit chemin. Il est d'un milieu très défavorisé et je fais ce que je peux. Je crois que le service civique m'a aidé à devenir un bon citoyen. J'essaie de rendre la vie meilleure là où je suis, et c'est une bonne expérience pour moi puisque je voudrais bien travailler dans l'enseignement."
Kévin, 22 ans

"Pour réussir, cette initiative doit devenir obligatoire. Trop de jeunes choisissent de ne pas participer, et si ce comportement continue cela ne marchera jamais. Au niveau de la citoyenneté il n'y a aucun doute que l'idée doit évoluer d'un 'service public universel' à un engagement universel et obligatoire."
Marine, 30 ans

Vocabulaire

attribuer *to assign*
la citoyenneté *citizenship*
défavorisé *underprivileged*
l'enseignement (m) *teaching*
les impôts (mpl) *taxes*
marcher *to work (be a success)*
le milieu *background*
obligatoire *compulsory*

2a Trouvez les expressions françaises dans le texte.

1	to grab the bull by the horns	**4**	stay on the right track
2	competitive examination	**5**	to make life better
3	I learned so many things	**6**	How does that work?

2b Relisez les opinions sur le service civique. C'est qui: Grégory, Julie, Hélène, Karim, Kévin ou Marine? Qui dit…

1 …que le service civique est une bonne méthode d'acquérir de l'expérience.
2 …que ce système pourrait avoir un effet positif sur le caractère et la discipline.
3 …que le programme coûte trop cher.
4 …que le service civique devrait évoluer pour que tout le monde puisse en profiter.
5 …qu'on doit avoir de l'initiative.
6 …qu'il faut créer plus d'opportunités pour des missions.

2c Traduisez en anglais les témoignages de Kévin et de Marine.

3a 〰 Écoutez les trois personnes qui ont fait des missions au Service Civique. Mettez les titres dans le bon ordre.

1 Venez rencontrer et aider des femmes locales.
2 Poste disponible pour un bon organisateur.
3 On cherche quelqu'un de très actif qui aime les grands défis.

3b 〰 Écoutez encore. Notez les phrases qui sont vraies et corrigez les phrases qui sont fausses.

1 Amandine a changé d'avis sur son choix de carrière après avoir fini son service civique.
2 Amandine croit qu'on apprend des compétences et comment maintenir de bons rapports.
3 Aurélien a changé subtilement, un peu à cause de sa mission.
4 La mission d'Aurélien comportait uniquement des projets sportifs.
5 Aurélien va continuer l'année prochaine ses engagements volontaires.
6 Deux des trois jeunes interviewés sont partis en Afrique.
7 Lisa s'est mise à découvrir la vie des femmes au Sénégal.
8 Elle va ouvrir une galerie consacrée aux photos qu'elle a prises.

4 À l'écrit. Imaginez que vous avez fait l'une des missions décrites. Écrivez une entrée dans votre journal décrivant votre routine et ce que vous avez appris. Écrivez environ 150 mots.

5 Travail de recherche. Le bénévolat et la conscience sociale sont-ils plus ou moins développés dans votre pays qu'en France? Pourquoi, à votre avis?

◤ Compétences

Translation into English

- Aim to read **the whole** passage at least twice. There may be clues elsewhere as to the meaning of words, and the context of the section that you are translating.

- Get a feel for the meaning of the paragraph, then each sentence. Could you guess at any missing words when in context?

- Decide whether the words that you don't know really matter in the flow of the text. Could you guess them, or make the sentence work without exactly the right meaning?

- Remember that English word order is sometimes quite different to that of French. Consider whole sentences as self-contained 'units'. As long as overall meaning is the same, word order may need to change.

- Make sure that your English reads well and aim to adjust your English translations to make them flow. You could give your practice exercises to a fellow-student to read.

◤ Vocabulaire

un / une animateur / -trice *organiser*
un arbitre *referee*
l'autonomie (f) *independence*
la bouteille de récupération *recycled bottles*
une épouse *wife*
la parole *word (spoken)*
la porte d'entrée *entry point*
le prolongement *extension*
le relationnel *rapport*
réorienter *redirect*
le réseau *network*

◼ Expressions clés

avoir du mal à …
ne … jamais
faire ses armes
Il faut dire que …
D'autant plus que …

3 Résumé

Démontrez ce que vous avez appris!

1 **Reliez le début et la fin des phrases.**

1 Le bénévolat est bien…
2 Quand on s'engage on…
3 En France on peut devenir bénévole dans une association…
4 Près d'un retraité français sur deux…
5 Les jeunes ont tendance à faire de plus en plus…
6 Pour faire de l'animation sportive il ne…

a …dès l'âge de 15 ans.
b …consacre du temps à une association.
c …donne de son temps gratuitement pour le bienfait des autres.
d …faut pas nécessairement être très actif, mais plutôt être prêt à donner son temps.
e …établi en France.
f …de missions ponctuelles.

2 **Choisissez la bonne réponse pour chaque question.**

1 Une association doit compter plusieurs membres salariés.
 a vrai
 b faux
2 Le principal secteur d'activité associative est …
 a la protection de l'environnement.
 b une association religieuse ou culturelle.
 c une association sportive.
3 Pendant les cinq dernières années l'engagement dans les associations …
 a a augmenté.
 b a diminué.
 c est resté plus ou moins le même.
4 Le bénévolat 'direct' est difficile à quantifier parce qu'…
 a il est toujours ponctuel.
 b il est informel.
 c il faut adhérer à une association.
5 Une formation est essentielle si on veut devenir bénévole pour une association caritative.
 a vrai
 b faux

3 **Quelles sont les attitudes envers le bénévolat? Pour une attitude positive, notez P. Pour une attitude négative, notez N. Pour une attitude positive et négative, notez P+N.**

1 J'ai fait une mission à l'étranger, en Afrique. J'ai vu des choses horribles, mais en même temps j'ai vécu parmi des individus courageux qui m'inspiraient.
2 Ma vie était anéantie, moi aussi. J'avais besoin de quelqu'un pour m'écouter, et puis me montrer les changements que je devais faire pour récupérer.
3 Le bénévolat ponctuel ou informel, ce sont des étudiants qui n'ont rien d'autre à faire. Ils perdent leur temps!
4 Je vivais comme un SDF. Sans la Croix-Rouge je n'aurais rien trouvé à manger.
5 J'ai eu tant d'expériences à raconter. Par exemple, dans une école primaire une fille est venue me voir avec des pièces, c'était toutes ses économies et elle voulait les offrir à notre association caritative!
6 Ce ne sont que les retraités qui font du bénévolat. Ça ne m'intéresse pas, je regrette!
7 À mon avis on devrait être payé si on travaille. Pourquoi devrait-on donner de son temps sans être récompensé?
8 Je ne voulais pas me faire aider par des associations caritatives, je n'accepte rien sans payer. Pourtant, je n'ai pas perdu ma dignité! En plus, on m'a offert des conseils pour reconstruire ma vie, et je leur en suis reconnaissant.

4 **Écrivez de courtes réponses à ces questions selon ce que vous avez appris sur le bénévolat en France.**

1 Comment est-ce que « les Français font preuve de fraternité et d'entraide puisqu'ils s'investissent dans des causes d'intérêt général »?
2 Quelles sections de la population française s'investissent le plus à l'action bénévole?
3 Comment est-ce que les personnes malheureuses ou défavorisées peuvent-elles profiter de l'action de bénévoles ou volontaires?
4 Quels sont les bienfaits pour ceux qui s'engagent? Quels sont les désavantages?

Testez-vous!

Le bénévolat progresse fortement en France

Selon une étude Ifop pour France Bénévolat 12,5 millions de Français sont bénévoles dans des associations, un chiffre qui progresse de 12% par rapport à 2010.

En tout, ce sont 20 millions de Français qui « donnent du temps gratuitement aux autres ou pour contribuer à une cause ».

Or, selon cette enquête, le nombre de personnes qui déclarent effectuer des actions bénévoles a augmenté de 14% entre 2010 et 2013. « Oui, dans les périodes difficiles, les Français font preuve de fraternité et d'entraide puisqu'ils s'investissent dans des causes d'intérêt général », a déclaré la ministre à la presse. En tout, plus de 20 millions de Français (40% des 15 ans et plus) déclarent « donner du temps gratuitement pour les autres ou pour contribuer à une cause », dont 12,5 millions au sein d'associations.

Lorsqu'on considère ces derniers, les 15–35 ans sont la catégorie où l'engagement progresse plus fort qu'ailleurs. C'est aussi un point de satisfaction pour la ministre: « On dit la jeunesse passive, désabusée et égoïste. Nous la voyons ici comme elle est réellement: généreuse, investie, et faisant confiance à la vie associative pour faire évoluer la société dans le sens qu'ils souhaitent. »

Sans surprise, ce sont ensuite les retraités qui restent aussi très engagés. Près d'un sur deux déclare consacrer du temps à une association. Enfin, l'étude confirme une autre tendance observée depuis plusieurs années par les acteurs du monde associatif. Le bénévolat progresse de façon globale certes, mais l'engagement sur la durée, lui, régresse, au profit d'actions plus ponctuelles.

---

1 ✎ **Lisez le texte ci-dessus. Écrivez en français un paragraphe de 70 mots maximum où vous résumez ce que vous avez compris selon les points suivants. Écrivez des phrases complètes.**

- Les tendances des Français envers le bénévolat [3]
- Le lien entre l'âge et l'engagement [3]
- La façon de s'engager la plus populaire [1]

Attention! Il y a 5 points supplémentaires pour la qualité de votre langue. Essayez donc d'utiliser vos propres mots autant que possible.

[12 marks]

📖 Conseil

Summarising texts

- Read the text through at least once before noting down the key facts from each part of the text.

- Once you have identified the key facts, think about a clear way of linking them together.

- Make sure that you form your own sentences and do not lift full sentences or phrases from the text.

- Try to vary your sentence constructions as much as possible and use a range of connectives.

Helping Day

Ils sont allés à la rencontre des SDF pour leur apporter à boire, à manger, mais surtout un peu de chaleur humaine. Près de 80 bénévoles de l'association Helping Day, fondée par un étudiant de Fontenay, se sont réunis ce dimanche à Fontenay-sous-Soleil. Le principe de cette initiative: donner de son temps chaque mois pour une action de solidarité.

« Vous n'êtes plus spectateurs, vous êtes devenus de véritables acteurs pour rendre ce monde meilleur! ». Galvanisée par les paroles d'Othman Baccouche, créateur du Helping Day d'une scène installée pour un court discours, la foule est partie aider les plus démunis à son niveau en donnant ce que l'on veut: à manger, à boire, des vêtements …

Une fois la photo de groupe prise, les bénévoles se sont dispersés dans différentes gares de Paris. « De nombreux participants avaient préparé des sachets de repas ou encore du thé et du café », se réjouit Othman. On se prend à croire en ce projet simple et accessible à tous.

2 🖵 Trouvez les synonymes dans le texte « Helping Day ». La liste est dans le bon ordre.

1	sans-abri	**5**	assemblée
2	volontaire	**6**	défavorisé
3	fraternité	**7**	nourriture
4	incontestable	**8**	ouvert

[8 marks]

3 🖵 Traduisez le dernier paragraphe (« *Une fois…* ») en anglais.

[10 marks]

4 🖵 Répondez aux questions en français. Il n'est pas toujours nécessaire de faire des phrases complètes.

1 Qui a fondé l'initiative « Helping Day »? [1]
2 Quel est le but de l'initiative? [2]
3 Quel genre d'aide est-ce qu'on distribue? [4]
4 Qu'ont fait les bénévoles avant de se rendre dans les gares de Paris? [1]
5 Pourquoi l'auteur de l'article croit-il que cette initiative pourrait connaître du succès? [2]

[10 marks]

▪ ▪ ▪

Êtes-vous prêt à changer le monde?

Rendez-vous sur la page Facebook #HelpingDay

Bonjour, je suis étudiant et je m'appelle Othman Baccouche.

En vous donnant ce bout de papier, beaucoup (1) _____ que c'est impossible de faire quoi que ce soit. Alors aujourd'hui, je veux qu'ensemble nous prouvions l' (2) _____ .

C'est un projet au niveau international.

J'ai comme projet de bousculer certaines choses, notamment notre regard et notre indifférence aux plus (3)_____ .

Je souhaite vous faire partager mon idée, mon projet pour lequel je travaille (4) _____ quelque temps.

Je souhaite vous (5) _____ qu'ensemble nous pouvons changer certaines choses.

Je souhaite que vous participiez et (6) _____ cette information avec votre entourage, vos amis, vos collègues.

Le projet est simple:

• Une date (7) _____ fixée chaque mois sur le groupe Facebook #HelpingDay
• Le jour J, nous (8) _____ un instant de bonheur à une personne dans le (9) _____ .

Le #HelpingDay, ensemble nous offrirons un peu de bonheur.

Je vous demande juste de consulter notre page Facebook #HelpingDay.

Devenez (10) _____ Facebook du groupe #HelpingDay et invitez vos amis.

Cordialement
Othman Baccouche

5 📖 Remplissez les blancs dans le texte 'Êtes vous prêt…' avec un mot de la liste. Attention, il y a trois mots de trop.

sera	démontrer
besoin	croire
penseront	inverse
membre	projet
offrirons	depuis
partagiez	bonheur
démunis	

[10 marks]

6 〰 Écoutez l'interview avec Sofia qui parle du Passeport Bénévole. Choisissez la bonne réponse et écrivez la bonne lettre.

1 Au moment de l'interview Sofia…
a est étudiante.
b travaille pour une administration.
c fait une mission bénévole.

2 Selon Sofia l'avantage le plus important du Passeport Bénévole est…
a qu'on gagne de l'assurance.
b qu'on peut identifier ses compétences comportementales.
c qu'on peut trouver un meilleur emploi.

3 Pendant sa mission bénévole Sofia a eu l'occasion d'utiliser ses compétences parce qu'…
a elle a fait des collectes dans la rue.
b elle est arrivée avec un Passeport Bénévole.
c elle étudiait la gestion à la fac.

4 Sofia a découvert le Passeport Bénévole grâce à…
a ses expériences à la fac.
b son responsable administratif à la banque alimentaire.
c son copain qui avait déjà trouvé un emploi.

5 En plus d'une preuve écrite de sa mission elle voulait…
a valoriser son cv.
b savoir si son travail avait été apprécié.
c demander un salaire plus élevé lors de son premier poste.

6 Aussitôt après avoir terminé sa licence Sofia a…
a voyagé un peu.
b travaillé pour une administration.
c travaillé pour une association.

[6 marks]

7 💬 À l'oral. Discutez avec un(e) partenaire.

Donner six mois ou un an de sa vie pour améliorer celle des autres, c'est l'idée du service civique proposé à tous les jeunes entre 16 et 25 ans.

À partir d'hier, lundi 1er juin, le gouvernement a fait un pari avec les jeunes: tous ceux qui voudront faire un service civique recevront une mission avant la fin de l'année 2015.

- Que savez-vous des organisations bénévoles en France?
- Selon vous, comment ces organisations bénéficient-elles à la société?
- Faire du service civique, ou du travail bénévole, c'est quelque chose qui vous intéresse? Pourquoi / pourquoi pas?

8 ✏ À l'écrit. « On doit toujours être récompensé pour le travail que l'on fait. » Comment réagissez-vous à cette opinion? Écrivez environ 200 mots. Vous pouvez mentionner les points suivants:

- l'importance du bénévolat pour la société
- la formation d'un individu
- les avantages du bénévolat pour ceux qui sont aidés
- les avantages pour ceux qui aident.

3 Vocabulaire

3.1 Qui sont et que font les bénévoles?

l'	**altruisme (m)**	*altruism, selflessness*
	améliorer	*to improve*
l'	**association (f) caritative**	*charity*
l'	**atout (m)**	*asset*
l'	**avis (m)**	*opinion*
le	**bénévolat**	*voluntary work*
le / la	**bénévole**	*volunteer*
le	**caractère**	*personality*
	caritatif(-ve)	*charitable*
le	**concitoyen**	*fellow citizen*
	consacrer	*to commit, e.g. time*
la	**croissance**	*increase*
le / la	**demandeur(-euse) d'emploi**	*job-seeker*
	diriger	*to manage / to run*
l'	**égoïsme (m)**	*selfishness*
	égoïste	*selfish*
l'	**engagement (m)**	*commitment / appointment*
	enrichissant	*enriching*
	inactif(-ve)	*non-working*
	s'inscrire	*to enrol, to sign up*
	s'investir	*to throw oneself into*
le	**membre**	*member*
la	**misère**	*poverty / misery*
la	**mission**	*task / project / assignment*
la	**montée**	*climb / increase*
l'	**occasion (f)**	*opportunity*
	occasionnel(le)	*casual*
l'	**ONG (f) (organisation non gouvernementale)**	*NGO (non governmental organisation)*
la	**rémunération**	*pay, salary*
la	**retraite**	*retirement*
le / la	**retraité(e)**	*retired person*
le	**syndicat**	*trade-union*
le / la	**volontaire**	*volunteer*
la	**volonté**	*desire / willpower*
	viser	*to target*

3.2 Le bénévolat: quelle valeur pour ceux qui sont aidés?

	à la fois	*at the same time*
l'	**abri (m)**	*shelter*
	accueillant	*welcoming*
	adhérer à / être adherent à	*to subscribe to*
l'	**ambiance (f)**	*atmosphere*
l'	**analphabétisme (m)**	*illiteracy*
	anéantir	*to destroy / wipe out*
	animer	*to lead / facilitate*
le	**bénéficiaire**	*beneficiary*
le	**besoin**	*need*
le	**bidonville**	*shanty town*
la	**chaleur**	*warmth*
la	**collecte**	*collection*
	compris(e)	*included*
le	**décrochage scolaire**	*dropping out of school*
le	**défi**	*challenge*
	démontrer	*to demonstrate, show*
	démuni(e)	*destitute*
	disponible	*available*
le	**don (de particulier)**	*gift, (private) donation*
l'	**espoir (m)**	*hope*
l'	**exclu(e)**	*excluded person*
	éprouver	*to experience*
	évoluer	*to progress, evolve*
le	**fléau**	*scourge*
le	**FLE (français langue étrangère)**	*French as a foreign language*
les	**fonds (mpl)**	*funds*
	fournir	*to provide*
le	**genre**	*type, style, genre*
l'	**hébergement (m)**	*accommodation*
l'	**illettrisme (m)**	*illiteracy*
	insalubre	*unclean*
l'	**intervention (f)**	*act of helping*
le	**justificatif**	*supporting document*
	livrer	*to deliver*
	lutter	*to struggle / battle*
le / la	**mal-logé(e)**	*person without adequate housing*
	marginalisé(e)	*isolated, marginalised*
le	**moins que rien**	*worthless person*
la	**parole**	*(spoken) word*
le	**petit boulot**	*odd job*
	quotidien(ne)	*daily*
	propre	*clean*
	rémunérer	*to pay*

la réparation	repairs
le rendez-vous	meeting / appointment
sain	healthy
sale	dirty / untidy
le SDF (Sans domicile fixe)	homeless person
le secours	assistance / aid
sensibiliser	to make aware
sentir	to feel
soigner	to look after, to care for
soutenir	to support
la tâche ménagère	household task
le troisième (3e) âge	old age

3.3 Le bénévolat: quelle valeur pour ceux qui aident?

agir	to act
l' assurance (f)	self-confidence
attribuer	to assign
l' autonomie (f)	independence
le cadre	framework /remit
la compétence	skill
le conseil	board / piece of advice
défavorisé	underprivileged
le défi	challenge
le diplôme	qualification
effectuer	to carry out
l' enseignement (m)	teaching
l' entraide (f)	mutual aid
la gestion	management
l' implication (f)	involvement in
s'orienter	to find one's way
le parcours	pathway / experience
le poste	position, role
la qualité de vie	quality of life
reconnaissant(e)	grateful
la relation	rapport
réorienter	to redirect
le / la salarié(e)	paid employee
le service civique	civic service
tant de	so much, so many
le / la titulaire	title holder
la voie	route

■ Expressions clés

Exploring both sides

Certains disent que… mais d'autres pensent que…
D'un côté… d'un autre côté…
D'une part… d'autre part…
D'un point de vue… de l'autre point de vue…
Il est vrai que… mais…
Il y en a qui disent que… et d'autres qui pensent que…

Autrement dit, …
Bien que …
Cela dit/Ceci dit, je pense que…
Cependant, …
De plus, …/En plus, …
En outre, …
En revanche, …
J'apprécie que…
Je suis pour/contre…
Néanmoins, …
Par contre, …
Pourtant, …
Quoique …
Toutefois, …

à la fois… et…
soit… soit…

4 Une culture fière de son patrimoine

By the end of this section you will be able to:

		Language	Grammar	Skills
4.1	**Le patrimoine sur le plan national, régional et local**	Understand the notion of heritage and heritage preservation on a regional and national scale	Use adjective agreements, comparatives and superlatives	Develop extended answers
4.2	**Le patrimoine et le tourisme**	Consider the ways in which some of the country's most famous heritage sites market themselves	Use *si* sentences (present and future)	Avoid repetition
4.3	**Comment le patrimoine reflète la culture**	Comprehend how heritage impacts upon and is guided by culture in society	Use the subjunctive with expressions of: doubt, uncertainty or necessity	Interpret pictures

Le patrimoine c'est tout ce que nos pères, nos mères et nos ancêtres nous ont transmis. Les monuments, les traditions, les recettes peuvent tous être considérés comme le patrimoine d'un pays.

En France, la richesse du patrimoine est impressionnante: elle englobe des villes, des villages, des vestiges archéologiques, des paysages… On dénombre 43 180 monuments historiques!

Ce patrimoine national est l'une des grandes richesses du pays. Il explique en partie pourquoi la France est le pays au monde qui accueille le plus de touristes. L'an passé, ils furent près de 84 millions à franchir ses frontières…

■ Le saviez-vous?

- La France détenait toujours le titre de première destination touristique mondiale en 2015 avec 83,7 millions de visiteurs étrangers, devant les États-Unis, selon le *Ministre des Affaires étrangères et du Développement international*.

- Cependent, la majorité des Français décide de rester dans l'Hexagone. Sur 204 millions de voyages effectués pour motifs personnels en 2011, les Français en ont passé 180 millions en métropole.

- La richesse et la variété des sites touristiques expliquent cet engouement des vacanciers nationaux pour leur pays. Le palmarès des régions les plus populaires pendant l'été n'est pas surprenant, avec un avantage pour les zones ensoleillées, balnéaires et disposant de sites touristiques et historiques.

- La culture occupe une place importante et croissante dans la motivation des vacanciers qui sont de plus en plus nombreux à visiter des expositions, des festivals et des monuments.

■ Vocabulaire

balnéaire *bathing*
un engouement *fascination*
le palmarès *award*

1 Trouvez la bonne définition (a–j) pour chaque expression (1–10).

1 le patrimoine mondial culturel
2 la fierté
3 le patrimoine culturel immatériel
4 un trésor
5 la restauration d'un monument
6 la richesse
7 la liste indicative
8 l'Unesco
9 la réalisation d'un projet
10 les biens

a chose jugée très précieuse
b les précieux monuments historiques, musées aux pratiques traditionnelles et formes d'art contemporain
c remettre un site historique en état; réfection
d passer du stade de la conception à celui de la chose existante
e sentiment d'orgueil, de satisfaction légitime
f état de quelqu'un, d'un groupe qui possède une grande fortune, des biens importants
g les traditions ou les expressions vivantes héritées de nos ancêtres
h organisation de l'ONU pour l'éducation, la science et la culture
i ce que quelqu'un possède, ce qui a une valeur financière et peut être objet de propriété
j les monuments ou biens soumis pour considération par l'Unesco

2 Lisez les textes. Qui…

« J'étais un peu surpris de découvrir qu'en France on compte 41 sites inscrits sur la liste du patrimoine mondial de l'Unesco. Je n'habite pas loin de Carcassonne dont la cité fortifiée y est classée. C'est un lieu impressionnant, d'une grande importance dans l'histoire du Languedoc et du sud de la France. Elle figure sur la liste du patrimoine mondial de l'Unesco donc on voit pas mal de touristes, en fait pendant les mois d'été les habitants évitent la ville à cause de la circulation! »

Pascal, 30 ans, Castelnaudary

« Le patrimoine, c'est tout ce qu'il y a, tout ce qu'il reste du passé, de nos ancêtres. Ce monde change si vite que les coutumes, la langue et le paysage doivent être conservés. Mais à quel prix? Et qui paie? On ne peut pas nier que la rénovation de biens coûte cher. Devrait-on consacrer une portion de nos impôts à la réfection? »

Enzo, 24 ans, Paris

« Quoi qu'on dise du cinéma de l'Hexagone, de la langue de Molière ou de la cuisine française, tout ça c'est notre patrimoine. Mais je viens de Bretagne et chaque région a sa propre identité. Là où je suis née on trouve plein de sites dont je suis fière et je veux les protéger. C'est une question d'équilibre. On veut accueillir les touristes mais il ne faut absolument pas que notre patrimoine naturel et architectural en subisse les conséquences. »

Odile, 20 ans, Rennes

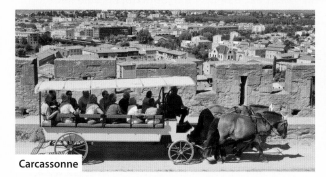

Carcassonne

La Bretagne

1 …ne croit pas que le public devrait payer pour les monuments?
2 …veut profiter du tourisme, mais pas au détriment du patrimoine local?
3 …évite une grande ville de la région à cause de la circulation estivale?
4 …ne savait pas combien de lieux français figurent sur la liste Unesco?
5 …est passionné(e) par l'identité de sa région?
6 …compte les films français comme faisant partie du patrimoine culturel?

3 Travail de recherche. Trouvez sur Internet un des biens français inscrits sur la liste du patrimoine mondial de l'Unesco. Faites une présentation de trois minutes.

1a Trouvez des synonymes pour ces mots, inclus dans le texte.

À la découverte du Bordeaux Unesco

La Place de la Bourse, Bordeaux

Bordeaux, ville renommée depuis des centaines d'années comme capitale du vin, avec ses vignobles et son port important sur la côte atlantique, est préfecture du département de la Gironde et chef-lieu de la région Aquitaine.

L'agglomération bordelaise était en 2012 la septième de France, avec 863 391 habitants, après celles de Paris, Lyon, Marseille, Lille, Nice et Toulouse. En 2007 L'Unesco a inscrit sur la liste du Patrimoine mondial de l'humanité la moitié de la ville. Bordeaux port de la lune est en effet le seul ensemble urbain de cette taille à avoir été distingué. L'Unesco a ainsi voulu reconnaître le rôle historique joué par la ville « en tant que centre d'échanges d'influences » sur une période de près de 2 000 ans.

Pour autant, ce n'est pas uniquement le patrimoine de la ville que l'Unesco a inscrit sur sa liste mais également son patrimoine immatériel. Autrement dit, son histoire, son vin et ses grands hommes, les fameux 3 M (Montaigne, Montesquieu et Mauriac). Et l'office de tourisme a comme but de faire découvrir à des visiteurs toujours plus nombreux la richesse et la diversité de ce patrimoine.

Les différents moyens de découvrir la ville

Tous les matins à 10h00, on peut partir à pied à la découverte des sites les plus remarquables de la ville. Une visite accompagnée en français et en anglais qui vous emmènera du Grand Théâtre au Vieux Bordeaux en passant par les quais et l'emblématique place de la Bourse. Une visite qui se déroule également l'après-midi à 15h00 (en français uniquement), ainsi qu'en bus le mercredi et le samedi matin.

Pour un point de vue unique sur les façades des quais et les ponts de Bordeaux, montez à bord du bateau-mouche l'Aquitania. Pendant une visite d'une heure et demie vous verrez les trésors des rives de la ville depuis la Gironde.

Pour découvrir Bordeaux autrement on peut profiter du service de location de Tuk Tuk avec chauffeur. « Tuk Tuk 33 » propose des Tuk Tuk électriques pour 2 à 6 personnes. Ces véhicules thaïlandais sont écoresponsables grâce à leur moteur électrique. Le Tuk Tuk est équipé d'une enceinte Bluetooth SoundLink. Chaque passager peut écouter sa musique avec son smartphone.

Si vous souhaitez flâner seul dans les ruelles vous pourrez toujours vous procurer auprès de l'office de tourisme une carte détaillée sur le Bordeaux Unesco (2 €). Là aussi, pourquoi pas acheter Le City-Pass, un forfait exclusif de 1 à 3 jours qui cumule les avantages: visites guidées de la ville, transports en commun gratuits, ainsi que l'accès à plus de vingt musées et monuments. Sans oublier l'application « Wiidii » (sur Iphone et Android) qui vous fournira un guide personnel au bout des doigts.

◼ Vocabulaire

une agglomération *urban conglomeration*
le bateau-mouche *tourist river boat*
au bout des doigts *at your fingertips*
se dérouler *to unfold*
un échange *trade*
emmener *to lead*
une enceinte *(loud)speaker*
flâner *to wander*
la Gironde *the river that runs through Bordeaux*
le patrimoine immatériel *intangible heritage*
la rive *(river) bank*

1	illustre	**5**	différemment
2	50%	**6**	pourvu
3	excursion	**7**	petite rue
4	richesse	**8**	billet tout compris

1b Répondez aux questions suivantes en français. Essayez d'utiliser vos propres mots.

1 Pourquoi est-ce que *Bordeaux port de la lune* a été inscrit sur la liste du Patrimoine mondial de l'humanité?
2 Qu'entendez-vous par le terme « son patrimoine immatériel »?
3 Quels sont les différents moyens de découvrir la ville?
4 Comment l'office de tourisme de Bordeaux a-t-il tenté d'attirer les visiteurs?
5 Quel moyen choisiriez-vous pour visiter le port de la lune, et pourquoi?
6 Selon vous, comment peut-on persuader des visiteurs jeunes d'apprécier les sites du Patrimoine?

1c Traduisez en anglais la partie du texte soulignée.

2 〰 Écoutez l'interview au sujet du patrimoine. Notez les numéros des cinq phrases vraies.

1 Constance habite à Verdun, au centre-ville.
2 La région est inscrite sur la liste du Patrimoine mondial de l'humanité de l'Unesco.
3 Il y'a autres exemples de telles régions inscrites sur cette liste.
4 Les plages du débarquement en Normandie ne sont pas encore sur la liste définitive du Patrimoine mondial de l'humanité de l'Unesco.
5 Le village de Bezonvaux a été reconstruit après la fin de la guerre.
6 Selon Constance il faut absolument préserver les sites d'importance historique.
7 Avant la Première Guerre mondiale les soldats n'avaient pas droit à une tombe individuelle.
8 Selon Constance les cimetières de 14-18 ont contribué à la réconciliation entre les pays.

3 À l'oral. Discutez avec un(e) partenaire.

• Est-il important de publier une liste des sites importants au Patrimoine de l'humanité?
• Comment devrait-on choisir les sites?
• Est-ce qu'un site peut être important au niveau local uniquement?

4 Insérez les adjectifs dans les phrases suivantes. Attention aux accords!

1 La tour Eiffel est un monument. (*impressionnant*)
2 Paris est la ville la plus de France. (*visité*)
3 En Périgord on trouvera plusieurs grottes préhistoriques. (*grand*)
4 À mon avis le Louvre est le musée du monde. (*bon*)
5 Dans la région de la Somme il y a des sites. (*beau*, *triste*)
6 La Joconde est l'une des peintures les plus au Louvre. (*précieux*)

5 À l'écrit. « Le monde n'a nullement besoin d'une liste de sites inscrits au Patrimoine mondial créée par une organisation internationale. » Qu'en pensez-vous? Écrivez environ 150 mots.

⊞ Grammaire

Adjectives

Reminder: **regular adjectives** add –*e* to the masculine form to make the feminine form, –*s* for the plural form, and –*es* for the feminine plural form. If the masculine form already ends in –*e*, don't add another for the feminine form.

amusant (m) – amusant**e** (f)
amusants (mpl) – amusant**es** (fpl)
utile (m) – utile (f)

There are groups of irregular adjectives which follow their own patterns.

nul (m) – nul**le** (f)
sportif (m) – sporti**ve** (f)
blanc (m) – blanc**he** (f)
dangereux (m) – dangereu**se** (f)

Comparative adjectives: add *plus que* (more than) or *moins que* (less than) to adjectives to compare one thing with another.

*Lyon est **plus** grande **que** Bordeaux.*
Lyon is bigger than Bordeaux.

To form **superlatives** (the most / biggest / best, etc.) use *le / la / les plus / moins* + adjective:

*C'est le monument **le plus** beau.*
It's the most beautiful monument.

Some useful irregular forms:

bon(ne)(s) – meilleur(e)(s) – le / la / les meilleur(e)(s)

mauvais(e)(s) – pire(s) – le / la / les pire(s)

See page 142.

■ Expressions clés

en tant que
pour autant
autrement dit
à la découverte de
profiter de
faire partie de

B: Le patrimoine sur le plan national, régional et local

Le Patrimoine du 21ᵉ Siècle: Une Histoire d'Avenir

En découvrant l'architecture d'aujourd'hui, vous visitez le patrimoine de demain: telle est l'invitation [...] pour ces [...] *Journées européennes du patrimoine*.

Chaque année, ces journées sont l'occasion de découvrir les œuvres, les monuments et les jardins que les générations précédentes nous ont légués, que nous avons su préserver et mettre en valeur au fil du temps.

Et chaque année, ces journées sont un succès, car dans le patrimoine, chacun voit à raison une part de sa propre histoire. Cette année encore, 17 000 lieux seront ouverts au public, en outre-mer comme en métropole.

[...] L'avenir du patrimoine est une question qui nous concerne tous, et en particulier les jeunes, qu'ils en soient aujourd'hui les concepteurs, les constructeurs ou les usagers.

Que ces Journées européennes du patrimoine soient donc pour chacun de vous l'occasion de vous émerveiller, et de songer à ce qui émerveillera, demain, nos enfants et nos petits-enfants.

Fleur Pellerin, Ministre de la Culture et de la Communication, septembre 2015.

European Heritage Days
Journées européennes du patrimoine

Monument jeu d'enfant

Monument jeu d'enfant, c'est le rendez-vous culturel dédié aux enfants. Tout un weekend, d'octobre, les Monuments nationaux chouchoutent les enfants pour leur faire apprécier notre patrimoine historique. Jeux, ateliers, visites contées, les enfants ont leur moment dans les monuments historiques.

Comme il est important de faire découvrir aux enfants la richesse de nos monuments, les Monuments nationaux ont instauré, depuis 17 ans déjà, un weekend qui leur est dédié, « Monument jeu d'enfant ».

Cette année, le Centre des Monuments nationaux s'est fixé l'objectif de sensibiliser les enfants à l'importance historique de ces bâtiments, qu'il faut continuer de protéger. Visites contées, pièces de théâtre, ateliers vitrail, taille de pierre, réalisation d'herbiers, ateliers calligraphie et enluminure, confection de costumes, de chapeaux, ateliers de cuisine, nos petits sont plongés dans l'Histoire de France tout un week-end.

Vocabulaire

émerveiller *to enthrall*
au fil du temps *over the course of time*
une occasion de *the opportunity to*
une œuvre *work (of art)*
à raison *rightly*
songer *to dream*

Vocabulaire

un atelier *a workshop*
chouchouter *to spoil, indulge*
la confection *making*
l'enluminure (f) *illumination (of texts)*
sensibiliser *to raise awareness among*
la taille de pierre *stone cutting*

1 Qu'est-ce qu'on veut dire par « En découvrant l'architecture d'aujourd'hui, vous visitez le patrimoine de demain » dans le premier texte?

2 Expliquez dans vos propres mots « dans le patrimoine, chacun voit à raison une part de sa propre histoire ».

3 Pourquoi faut-il « sensibiliser les enfants à l'importance historique de ces bâtiments, qu'il faut continuer de protéger »?

4 À qui sont destinées chacune de ces publicités?

5 Que pensez-vous de ces événements?

6 Comment peut-on assurer l'avenir des monuments et des traditions du passé et du présent?

1b Traduisez en anglais les passages soulignés dans les deux textes.

2 **À l'oral. Lisez ces opinions sur le patrimoine. Êtes-vous d'accord ou pas? Discutez avec un(e) partenaire.**

- Restaurer les anciens bâtiments coûte trop cher. Il y a d'autres priorités.
- Le patrimoine, c'est pour les touristes.
- Moi je préfère l'architecture moderne.
- Comprendre le passé, c'est vital.
- Quand on parle de son patrimoine on ne parle que des monuments et des musées.
- Les impôts locaux devraient financer la préservation du patrimoine.
- Les enfants devraient être encouragés à visiter les sites historiques et à apprendre l'artisanat.
- Si on veut protéger son patrimoine il faut absolument décourager le tourisme.

3 ⎍⎍⎍ **Écoutez Marie, bénévole pour REMPART qui s'occupe de la restauration de monuments historiques importants. Remplissez les blancs avec le bon mot de la case.**

1 Marie s'intéresse au patrimoine et elle est _____ .
2 Selon Marie une proportion _____ de la richesse du pays est en mauvais état.
3 Les monuments _____ des millions de touristes chaque année.
4 Selon un _____ récent il faut 10 millions d'euros pour faire les réparations.
5 Il y a toujours de nouveaux _____ qui ont besoin de restauration.
6 Les communes souvent ne peuvent pas financer les travaux parce que beaucoup d'entre elles ont _____ de 2000 habitants.
7 Les _____ paient déjà une taxe de séjour.
8 Marie propose que le coût soit _____ .

biens	partagé	touristes	bénévole
moins	attirent	rapport	importante

4 **À l'écrit. « Il n'y a rien de plus important que notre patrimoine. Il faut le préserver à n'importe quel prix. » Qu'en pensez-vous? Écrivez environ 150 mots.**

▮ Expressions clés

qu'il soit …
dans une certaine mesure
sauf que …

Grasse, capitale mondiale du parfum

▸ Compétences

Developing extended answers

When building extended answers in French it is useful to try and follow a pattern to ensure that you don't forget anything important.

An example pattern to follow is SDOR: **S**tatement, **D**etail, **O**pinion and **R**eason.

Here is a sample student answer:

La France a beaucoup de monuments historiques, par exemple à Paris on peut voir la tour Eiffel et le Louvre dans la même journée. Certains disent qu'il y a trop de touristes à Paris, et il est vrai que pendant les mois d'été la ville intra-muros n'est guère assez grande pour accueillir tous les visiteurs.

You can then add F, J: **F**act and **J**ustification

Le meilleur mois pour une visite est le mois d'août. Pourquoi? Parce que la plupart des Parisiens sont partis en vacances dans le Midi!

4.2 | A: Le patrimoine et le tourisme

1 Traduisez en anglais les deux derniers paragraphes du texte.

Au cours des dernières décennies, les relations entre patrimoine culturel et tourisme se sont profondément modifiées en France.

Commençons par le positif. L'amélioration des conditions d'accueil sur les sites, l'installation de boutiques, de librairies et de cafétérias ont tous mené à une industrie touristique rentable. Si on se rend à un de ces endroits, on sera surpris par les changements.

Certains sites français, exploités sous forme commerciale, réalisent des chiffres d'affaires importants (tour Eiffel: 5,7 millions de visites, château de Chenonceau: I million de visites). Mais pour d'autres sites moins bien connus il y a de plus grands défis. Une fréquentation de 12 à 15 000 visiteurs par an permet de créer un emploi permanent sur le site et a des effets induits. Par exemple les visiteurs utilisent les restaurants (sur 100 visiteurs d'un site, 35% utilisent un restaurant proche). Ils achètent des souvenirs et des produits agroalimentaires en dehors des sites.

Et les contreparties? La sur-fréquentation menace l'existence physique même de certains monuments (Versailles, Mont-Saint-Michel, Pointe-du-Raz, parcs nationaux); ces problèmes ne pourront être résolus que par un contingentement rigoureux de la fréquentation (réservations en ligne pour les groupes, voire pour les visiteurs individuels). Dans les cas extrêmes comme à Lascaux, on est parfois contraint d'inventer des succédanés pour sauver le monument de l'érosion touristique. Est-ce la solution d'avenir?

Des équipements d'accueil de qualité médiocre apparaissent dénués de toute référence culturelle. Dans les villes et villages touristiques, une priorité excessive donnée au tourisme aboutit rapidement à la mutation des commerces traditionnels vers les marchands de souvenirs. La cohabitation devient rapidement impossible entre les résidents et les visiteurs.

Enfin le succès de certains sites culturels commence à intéresser quelques opérateurs touristiques, hôteliers et immobiliers, qui ne trouvent plus de débouchés suffisants dans les espaces qui leur sont habituels (littoral et montagne).

2 Résumez en français ce reportage sur le tourisme et le patrimoine. Vous devez mentionner les détails suivants.

- les aspects positifs du développement touristique des sites
- les aspects négatifs pour une région
- les résultats du développement touristique.

3 À l'oral. Discutez avec un(e) partenaire des effets du tourisme sur une région. Considérez:

- les aspects positifs
- les aspects négatifs
- l'avenir pour les habitants de la région.

4 Traduisez en français.

Although tourism is very good for a region, there are also many disadvantages such as the damaging effect on the site itself as a result of over-visiting. In addition, towns can undergo a transformation from quiet villages to busy tourist spots, where souvenir sellers and cheap restaurants replace the local character.

Vocabulaire

un accroissement *growth*
un accueil *welcome / reception*
la banalisation *rendering commonplace*
le conférencier *speaker, person giving a talk*
le contingentement *restriction, quota*
le débouché *prospects, market opportunity*
la décennie *a decade*
le défi *a challenge*
un immobilier *estate agency*
induit *related*
le littoral *coastal area*
mener à *to lead to*
la perte *loss*
rentable *profitable*
sensible *sensitive*
le succédané *substitute*
la sur-fréquentation *over-visiting*

5a ⏤〜〜 Écoutez l'interview avec Luc, un lycéen qui vient de visiter une exposition sur la période préhistorique. Choisissez la bonne réponse.

1 Luc vient de visiter …
  a la grotte de Lascaux.
  b « Lascaux 2 ».
  c « Lascaux 3 ».
2 On y voit des dessins d'animaux qui vivaient …
  a il y a 17 000 ans.
  b 17 000 ans avant J.C.
  c il y a 7 000 ans.
3 La première reproduction a été ouverte en …
  a 1983.
  b 1993.
  c 1994.
4 L'exposition vue par Luc était …
  a en Dordogne.
  b à Genève.
  c à Paris.

5 La vraie grotte de Lascaux a été découverte par …
  a un fermier.
  b des adolescents.
  c des scientifiques.
6 On a fermé la vraie grotte à cause des changements de l'atmosphère provoqués par …
  a des visiteurs.
  b des champignons.
  c des rochers.
7 La fermeture de la grotte de Lascaux a été effectuée pour …
  a la recherche scientifique.
  b des travaux / réparations.
  c protéger les trésors.
8 Voir des peintures rupestres en Dordogne est …
  a cher.
  b impossible.
  c possible.

5b Répondez aux questions en français. Essayez d'utiliser vos propres mots.

1 Quelle attraction Luc a-t-il visitée?
2 En quoi diffère cette grotte comparée à la véritable grotte? Et à la première reproduction?
3 Pourquoi la vraie grotte de Lascaux a-t-elle été fermée au public?
4 Pourquoi vaut-il quand même la peine d'aller voir « Lascaux 2 »?

6 À l'écrit. Peut-on justifier la fermeture de sites touristiques d'intérêt patrimonial pour les protéger? Écrivez 200 mots.

7 Traduisez en français.

1 If I visit the Dordogne, I will see an authentic cave.
2 If there are too many people, I will come back to the Eiffel Tower on Monday.
3 If they make a better reception area, more people will visit.
4 If I go to Caen, I will visit the Peace Memorial.
5 If the site is protected, more people will see it in future.
6 If people visit the area, they will eat in the nearby restaurants.

La Grotte de Lascaux originale

🖥 Grammaire

Si sentences

Si is used with the present and future tenses for events that are likely to occur. *Si* is followed by the present tense to indicate an action that is required before the other action takes place.

Si je vais à l'expo, j'achèterai un livre.
If I go to the exhibition, I will buy a book.

See page 149.

⬛ Expressions clés

prendre vie	de plus
au cours de	ce titre
commençons par	menacer
réaliser	il suffit de penser à

Vocabulaire

le chantier *building site*
entouré *surrounded*
une étape *stage*
la navette *shuttle*

Vocabulaire

la calèche *horsedrawn carriage*
la digue *seawall*
emprunter *to take (a route)*
la passerelle *gangway*
le pic *peak*

1

En Normandie, c'est une révolution qui se prépare sur le célèbre site du Mont-Saint-Michel, gigantesque rocher entouré d'eau, doté d'une magnifique abbaye dont la construction a commencé au 11ᵉ siècle. Le Mont-Saint-Michel est classé au Patrimoine Mondial de l'Unesco.

Chaque année, 3,5 millions de visiteurs viennent visiter ce lieu, l'un des monuments les plus célèbres au monde. Désormais, il n'est plus possible de se rendre jusqu'au site en voiture. Il faut y aller à pied ou prendre une navette. C'est une étape importante d'un vaste chantier qui durera 3 ans, et qui permettra au Mont de redevenir une île, comme avant.

2

Les bus qui conduisent les touristes à la Merveille empruntent désormais la passerelle construite pour remplacer la digue-route qui va être détruite. Les calèches habituellement proposées aux touristes pour aller au rocher emprunteront aussi le pont selon les collectivités locales. La vitesse y sera limitée à 30 km/h. Les cyclistes y sont admis sauf lors des pics de fréquentation touristique.

Le Mont-Saint-Michel sera le centre de toutes les attentions dès l'année prochaine: le pape pourrait venir le visiter et le Mont sera le point de départ du Tour de France.

1a Lisez les deux textes sur le Mont-Saint-Michel et pour chaque phrase choisissez: Vrai (V), faux (F) ou information non-donnée (ND).

1   Le site de Mont-Saint-Michel est une île depuis le 11ᵉ siècle.
2   On a construit une nouvelle route pour accéder au site en voiture.
3   L'abbaye a été finie à la fin du 11ᵉ siècle.
4   La passerelle fonctionne dès maintenant.
5   Les calèches se rendront au site en passant par la passerelle.
6   On va garder la digue-route.
7   Les cyclistes auront besoin de payer pour emprunter la passerelle.
8   Le prochain Tour de France finira au Mont-Saint-Michel.

1b Traduisez en anglais le deuxième paragraphe du premier texte (« *Chaque année…* »).

2 À l'oral. Discutez avec un(e) partenaire.

- À votre avis pourquoi a-t-on décidé de changer l'accès au Mont-Saint-Michel, surtout puisqu'il était déjà l'un des sites les plus visités en Europe?
- Comment est-ce qu'une région peut bénéficier de ses sites touristiques?
- Selon vous les visiteurs aimeront-ils emprunter la passerelle?
- Quels sont les bienfaits au niveau de la préservation du patrimoine normand?

À quoi sert la réalité virtuelle? Vous connaissez les jeux vidéo comme « Minecraft » où l'on se balade dans des nouveaux mondes, ou ceux qui ressemblent à de vrais paysages alors que tout est virtuel? De nos jours ce même type d'images est utilisé par les ingénieurs, les architectes et même les archéologues dans leur travail. On l'appelle la « réalité virtuelle » et grâce à un logiciel révolutionnaire on peut rendre visite à des monuments autrement inaccessibles, ou même qui n'existent plus!

Le principe de la réalité augmentée, c'est de créer un décor et des objets virtuels, en relief. Par exemple un site web récemment créé permet de découvrir les plus grands monuments de Paris, gratuitement. C'est un projet conçu par des historiens, des ingénieurs et des archéologues. Il s'agit d'une reconstitution en réalité augmentée des grandes étapes de la construction de six monuments de Paris: les arènes de Lutèce, le Louvre, Notre Dame de Paris, la Bastille, la tour Eiffel et la Sainte-Chapelle.

En allant sur ce site on peut voir les chantiers de leur construction, zoomer sur des détails, changer de point de vue. Bref, il est possible de se balader comme si l'on vivait à d'autres époques, et de faire une sorte de voyage dans le temps.

---

3 Lisez le texte sur la réalité virtuelle et trouvez les synonymes dans le texte.

1 sinon	**6** imaginé
2 fabriquer	**7** en résumé
3 phase	**8** reproduction
4 boulot	**9** période
5 flâner	

4a 〜〜 Écoutez cinq personnes qui parlent des visites virtuelles. Pour une attitude positive, notez P. Pour une attitude négative, notez N. Pour une attitude positive et négative, notez P+N.

4b 〜〜 Écoutez encore. Résumez les avantages et les inconvénients des balades virtuelles mentionnées.

5 À l'écrit. Comment peut-on encourager le tourisme en évitant les ravages de la sur-fréquentation? Considérez les idées suivantes et écrivez environ 200 mots.

- dépenser de l'argent pour améliorer un site moins fréquenté
- limiter le nombre de visiteurs
- profiter de la technologie pour sauvegarder les sites historiques mais fragiles

▮ Expressions clés

être doté de…	de nos jours…
désormais…	grâce à…
se rendre à…	il s'agit de…
à quoi sert… ?	bref…
alors que…	

◪ Compétences

Avoiding repetition

It is a good idea to try and avoid repetition when speaking or writing. This is a matter of widening the range of vocabulary and structures that you are comfortable using.

- Good range of language comes from wide reading and exposure to authentic materials. Read, listen and watch more material in French.

- Use a thesaurus to identify synonyms for vocabulary that you already know or that you have recently learned. Cross check their meaning in a dictionary.

- Have plenty of ways of avoiding common structures such as *il y a*. For example *on trouve…, on verra…*

- Practise saying things in a different way. If you write lots of sentences with *on*, could these be written in the passive for example?

  On visite souvent les monuments could be rewritten as *Les monuments sont souvent visités.*

- You could use object pronouns to avoid repeating the same noun in sentences close together. For example *Le château est grand et impressionnant. Les touristes apprécient beaucoup le château.* This can become *Le château est grand et impressionnant. Les touristes l'apprécient beaucoup.*

A: Comment le patrimoine reflète la culture

Vocabulaire

l'artisanat (m) *arts and crafts / cottage industry*

la charpente *timber roof*

la dentellerie *lace making*

une exposition itinérante *touring exhibition*

figé *stuck / fixed*

le lien *link*

la racine *root*

le savoir-faire *know-how*

la tapisserie *tapestry / upholstery*

vivant *living*

---

1 〰️ Écoutez l'interview avec Hélène qui travaille pour France PCI, l'association française des éléments du patrimoine culturel immatériel de l'Unesco. Résumez l'interview en français. Écrivez 70 mots, en utilisant vos propres mots. Vous devez mentionner les aspects suivants:

- ce qu'on entend par le PCI
- le rapport entre le passé, le présent et le futur en ce qui concerne le PCI
- les éléments français.

La France, son château de Versailles, son Mont-Saint-Michel, sa cathédrale de Chartres … et sa cuisine. La gastronomie française fait partie du patrimoine mondial au même titre que la Grande Muraille de Chine ou le Grand Canyon aux États-Unis. C'est ce qu'a décidé l'Unesco en l'inscrivant sur la liste du Patrimoine immatériel de l'Humanité. Des spécialités culinaires, comme le pain d'épice du nord de la Croatie et la cuisine traditionnelle mexicaine y sont présentes. On trouve aussi sur cette liste le flamenco espagnol, l'acupuncture chinoise ou l'art du tapis en Azerbaïdjan. Le patrimoine est tout ce qui fait la richesse d'un pays. Ce sont les paysages, les monuments et célébrités qui appartiennent à la culture du pays et qui sont reconnus hors de ses frontières. La gastronomie française répond à ces critères parce qu'elle est réputée dans le monde entier.

En reconnaissant la gastronomie française de cette manière, le jury a ainsi distingué une tradition « destinée à célébrer les moments les plus importants de la vie des individus et des groupes ». Cette catégorie a été créée pour que ces traditions qui montrent la diversité du patrimoine immatériel soient protégées à long terme.

Bien que manger soit un besoin vital, c'est bien plus que ça. La façon de cuisiner, d'assembler les aliments, de partager un repas … Si quelqu'un mange avec des baguettes, on se doute qu'il est d'origine asiatique.

Dans sa décision, le comité a estimé que cet « élément satisfait aux critères d'inscription sur la liste représentative » car il « joue un rôle social actif dans sa communauté et il est transmis de génération en génération comme partie intégrante de son identité ».

En outre, «il s'agit d'un repas festif dont les convives pratiquent … l'art du 'bien manger' et du 'bien boire' », comprenant un « choix attentif des mets parmi un corpus de recettes qui ne cesse de s'enrichir; l'achat de bons produits, de préférence locaux …; le mariage entre mets et vins; la décoration de la table; (ou encore) une gestuelle spécifique pendant la dégustation ». Enfin, « des personnes reconnues comme étant des gastronomes, qui possèdent une connaissance approfondie de la tradition et en préservent la mémoire, veillent à la pratique vivante des rites et contribuent ainsi à leur transmission … aux jeunes générations en particulier. Le repas gastronomique resserre le cercle familial et amical et, plus généralement, renforce les liens sociaux. »

Vocabulaire

approfondi *deep*

les baguettes (fpl) *chopsticks*

le convive *guest*

le corpus *a collection*

culinaire *culinary*

davantage *more*

la dégustation *tasting / sampling*

s'enrichir *enrich itself / oneself*

la gestuelle *body language / ritual*

hors de *outside of, beyond*

inscrivant *recording (present participle of inscrire)*

intégrant *built in*

le mets *dish*

le pain d'épice *spicy bread*

parmi *amongst*

la recette *a recipe*

resserrer *to tighten*

le tapis *rug*

veiller à *to ensure*

2a Lisez le texte « La France, son château de Versailles… ». Choisissez les quatre phrases qui sont vraies.

1 La gastronomie française est sur la même liste que la Grande Muraille de Chine.
2 Des spécialités culinaires y sont aussi présentes.
3 Selon l'Unesco, les monuments ont plus d'importance que le patrimoine immatériel.
4 La gastronomie française est renommée en dehors de ses frontières.
5 L'Unesco cherche à reconnaître ce qui est important dans la vie des individus, de leurs familles et de leurs groupes.
6 Selon l'auteur, il s'agit de manger n'importe quoi, n'importe comment.
7 Ceux qui mangent du pain français viennent souvent d'Asie.
8 Le fait de transmettre cette gastronomie de génération en génération a été important dans la décision du jury.

2b Corrigez les quatre phrases de l'activité 2a qui sont fausses.

3 Traduisez en anglais le deuxième paragraphe du texte.

4 Décrivez l'image. Dans quelle mesure la vie en France est-elle influencée par la gastronomie et les repas gastronomiques en famille?

5 À l'oral. Discutez avec un(e) partenaire.

« L'Unesco cherche à valoriser et sauvegarder ce qui fait partie du patrimoine. Le repas gastronomique est un patrimoine vivant qui évolue et qui va motiver les générations à venir. »

- Que savez-vous du repas gastronomique français, ou d'un autre élément du patrimoine français ou francophone culturel immatériel?
- Quelle est votre réaction à ce que vous avez lu, écouté et vu à ce sujet?
- Selon vous, quelle est l'importance du patrimoine pour la France?

6 À l'écrit. « Dis-moi ce que tu manges, je te dirai qui tu es », dit un dicton. Croyez-vous que la gastronomie française fait partie de son patrimoine et de son identité? Est-ce vrai pour d'autres pays francophones ou des pays ou régions influencés par la France, e.g. Louisiane aux USA? Pourquoi? Écrivez environ 200 mots. Considérez les questions suivantes.

- Quand on pense à la France, ou à une région francophone, est-ce qu'on pense à la cuisine?
- Comment la gastronomie française a-t-elle été représentée dans la culture moderne comme les films ou les livres?

Compétences

Interpreting pictures

Here are some example guidelines you could follow:

- Describe what you can see in the picture.
- Explain the composition of the picture in more detail.
- Put forward your ideas as to what the photo conveys.
- Explore the link between the photo and the topic, and draw conclusions.
- Sum up your thoughts.

Expressions clés

faire partie de…
au même titre que…
ne cesser de…
ainsi
bien que + *subjunctive*
se douter que…
estimer que…
en outre

1 **Lisez le texte et choisissez la bonne réponse.**

Bordeaux: « OhAhCheck ! », l'application interactive pour les amoureux du patrimoine

Je découvre (oh), j'apprends (ah), je partage (check), voilà les trois mots-clés de l'application OhAhCheck! Conçue comme le premier réseau social des amoureux du patrimoine, elle tend à révolutionner le tourisme culturel, en réunissant une communauté d'utilisateurs autour de lieux historiques et patrimoniaux. Ainsi ils peuvent eux-mêmes interagir et participer activement au développement de l'application.

Née de la collaboration de quatre villes pilotes labellisées Villes et Pays d'art et d'histoire (Bordeaux, Pau, Périgueux et Sarlat), OhAhCheck! est un outil simple et ludique afin de découvrir, partager et soutenir le patrimoine.

L'application compte déjà près de 350 beta testeurs et plus de 400 lieux répertoriés. Le principe est simple. L'application vise à faire découvrir des sites patrimoniaux et touristiques aux utilisateurs, créer de nouveaux lieux non répertoriés, les partager et les commenter.

Un point d'honneur est mis sur l'aspect interactif de l'application. OhAhCheck! n'est pas seulement un outil de découverte culturelle, il met également en place un système d'échange et de contribution de la part des usagers. Un système de financement participatif est aussi établi afin de pouvoir aider qui le veut à la restauration du patrimoine. « C'est une application participative et évolutive, avance Anne-Sophie Maggiori, un concept attractif et ludique à destination des jeunes et de leurs familles ».

De nombreuses villes ont adoré et déjà adhéré à l'application en se prenant au jeu: en inscrivant des lieux culturels de leur commune, le point créé est certifié et l'utilisateur est assuré de sa véracité. Bien que les villes veuillent ainsi vérifier leurs informations, chacun peut aussi créer un point. En y ajoutant des informations on peut gagner des points en gravissant des échelons grâce à un système de badge: curieux, amateur, expert…

1 Cette application a comme but de **compter** / **réunir** / **encourager** ceux qui adorent le patrimoine.
2 Les utilisateurs peuvent contribuer **à la vente** / **au développement** / **à la publicité** de l'appli.
3 Les utilisateurs peuvent partager des **nouveaux** / **nouvelles** / **nouvelle** endroits.
4 OhAhCheck! est un outil interactif de découverte où on **peut** / **puisse** / **peuvent** échanger et contribuer.
5 L'appli est destinée aux **touristes** / **professionnels de tourisme** / **jeunes** et à leurs proches.
6 Il y a des badges à **créer** / **certifier** / **gagner**, tels qu'amateur et expert.

■ Vocabulaire

gravir *to climb*
interagir *to interact*
labellisé *approved / certified*
ludique *fun*
un outil *tool*
partager *to share*
répértorié *indexed*
la véracité *truthfulness*

2 **À l'oral. Discutez avec un(e) partenaire l'application OhAhCheck! Considérez les questions suivantes.**

- Que pensez-vous de l'idée de l'application?
- Est-ce que vous utiliseriez cette application?
- Croyez-vous que votre génération a besoin de tels outils pour découvrir le patrimoine?

3a 〰 **Écoutez six personnes qui donnent leurs opinions sur l'appli OhAhCheck! Pour une attitude positive, notez P. Pour une attitude négative, notez N. Pour une attitude positive et négative, notez P+N.**

■ Vocabulaire

être habitué à *to be used to*
monsieur et madame Tout-le-monde *the man in the street*
le panneau d'information *an information panel*
le point *a position*
à portée de main *at one's fingertips*
avoir tort *to be wrong*
triste *sad*

3b 〰 **Écoutez encore. Quels sont les avantages et les inconvénients de l'appli OhAhCheck! selon ces personnes? Répondez en utilisant vos propres mots.**

4 **Traduisez en français.**

The heritage of a country or region should be protected because it represents our collective memory. Once it has disappeared it is gone forever. Although it is often costly and difficult, renovation and the use of technology can help transform a site. If we invest money, more tourists will come to visit. Whether at the souvenir shops or at local restaurants, they will spend their money and the region will benefit.

5 **Complétez les phrases avec le verbe indiqué au subjonctif.**

1 Il faut que l'église _____ rénovée. (*être*)
2 J'ai peur que le public _____ moins d'argent pour la rénovation. (*donner*)
3 L'Unesco veut que ces sites _____ protégés pour toujours. (*rester*)
4 Il est toujours très populaire bien qu'on _____ fait beaucoup de changements. (*avoir*)
5 On doute que le musée _____ assez d'expos interactives pour les jeunes. (*posséder*)
6 Il faut qu'on _____ une application pour promouvoir le château. (*produire*)
7 Je ne suis pas sûr que l'argent _____ la solution. (*être*)
8 Le public souhaite qu'on _____ plus d'équipement pour les familles avec enfants. (*offrir*)

6a **Analysez les liens entre la culture, le patrimoine et la technologie en France. Écrivez environ 150 mots. Considérez les points suivants:**

- comment la culture française est représentée dans la liste mondiale du patrimoine culturel immatériel
- comment on cherche à sauvegarder les traditions et le savoir-faire en France
- l'influence de la culture moderne et de la technologie sur la protection du patrimoine.

6b **Travail de recherche. Choisissez un autre pays francophone et comparez sa relation avec son patrimoine par rapport à la France.**

F Grammaire

Using the subjunctive

The subjunctive is not a tense but rather a mood. It is often used to express doubt, uncertainty or necessity. These phrases contain examples of the present subjunctive:

*Il faut que les lieux d'intérêt patrimonial **soient** protégés pour les générations à venir.* (*soient* is from *être*)

*Bien qu'il **ait** été construit en 1950, il fait partie de notre patrimoine régional.* (*ait* is from *avoir*)

The subjunctive is nearly always used in a subordinate clause, i.e. not the main verb of the sentence, and it is often introduced by *que*. It comes after:

bien que or quoique (*although*)
il faut que (*it is necessary that*)
vouloir que (*to want someone or something to do …*)
je ne pense pas que (*I don't think that …*)

For most regular verbs the present subjunctive is formed from the stem (the *ils / elles* form of the present tense minus the *–ent*) plus the endings *–e, –es, –e, –ions, –iez, –ent*.

je mang**e**	nous mang**ions**
tu mang**es**	vouz mang**iez**
il / elle / on mang**e**	ils / elles mang**ent**

There are however many irregular forms worth learning, such as those listed below (only the *je* forms are given here).

aller – j'aille	pouvoir – je puisse
avoir – j'aie	savoir – je sache
être – je sois	vouloir – je veuille
faire – je fasse	

See page 151.

■ Expressions clés

viser à
se prendre au jeu
avoir marre de
ne … plus

Démontrez ce que vous avez appris!

1 « Le patrimoine de cette nation doit être protégé à tout prix. » Décrivez l'image en considérant cette opinion.

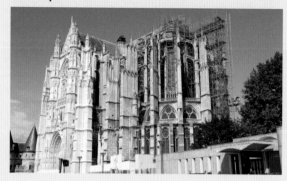

Pour vous aider:
- Que voyez-vous? Soyez aussi précis que possible.
- Quelles idées cette photo suggère-t-elle?
- Considérez les liens entre cette photo et les thèmes que vous êtes en train d'étudier.

2 Reliez les expressions 1–10 aux explications a–j.

1 Unesco
2 le patrimoine immatériel
3 hériter
4 accueillir
5 l'Hexagone
6 fierté
7 biens
8 préserver
9 émerveiller
10 œuvre

a organisation des Nations Unies pour l'éducation, la culture et les sciences
b recevoir quelqu'un
c inspirer à quelqu'un un sentiment d'étonnement et d'admiration
d recevoir quelque chose de quelqu'un, peut-être d'un ancêtre
e ce que quelqu'un possède et qui a une valeur
f production ou ensemble des productions d'un écrivain ou d'un artiste
g ce qui est considéré l'héritage commun d'un groupe mais qui n'est pas concret
h empêcher l'altération, la perte de quelque chose
i sentiment d'orgueil pour quelque chose
j la France limitée au territoire métropolitain

3 Reliez le début et la fin des phrases.

1 Pour restaurer les monuments les plus dégradés,…
2 Le patrimoine c'est tout…
3 La grotte de Lascaux est le site…
4 La liste du patrimoine mondial de l'Unesco comprend 1031 biens et paysages,…
5 Si on améliorait l'accueil des visiteurs,…
6 Le repas gastronomique français fait désormais…
7 Il faut qu'on…
8 Le Louvre est le musée le…

a …protège les sites historiques pour l'avenir.
b …plus grand et célèbre de Paris.
c …plus de touristes viendraient
d …le plus fréquenté de la Dordogne.
e …des impôts vont être nécessaires.
f …répartis sur toute la planète.
g …ce que nos ancêtres nous ont transmis.
h …partie du patrimoine immatériel.

4 Remplissez les blancs avec la bonne forme du verbe. Attention aux verbes qui prennent le subjonctif!

1 Il faut que le château _____ restauré. (*être*)
2 Je veux y _____ cet été. (*aller*)
3 Bien que vous _____ voir les peintures, c'est une reproduction. (*pouvoir*)
4 Il faut _____ des impôts locaux pour financer les travaux. (*payer*)
5 Nous voulons que l'inclusion sur la liste Unesco _____ un impact immédiat. (*avoir*)
6 Elle ne pense pas que ce musée _____ les journées européennes du patrimoine. (*faire*)
7 Il est certain que les endroits sur-fréquentés _____ en danger de détérioration.(*être*)
8 Bien que l'économie locale _____ en bénéficier, les habitants en souffrent. (*pouvoir*)
9 Il vaut mieux que les sites historiques _____ de l'aide. (*recevoir*)
10 Il est probable que la gastronomie française _____ connue partout dans le monde. (*être*)

Testez-vous!

1 📖 Lisez le texte. Choisissez les cinq phrases qui sont vraies.

La Grotte Chauvet: restitution sans précédent

« À 20 mètres, franchement, je ne vois pas la différence avec la vraie grotte. » dit Jean-Michel Geneste, préhistorien, responsable de l'équipe scientifique qui fouille la grotte Chauvet (du nom de l'un des spéléologues qui l'a découverte en 1994). Lionnes, chevaux sauvages, rhinocéros laineux, bisons et autres merveilles de cet art pariétal réalisé il y a 36 000 ans, ornent cette caverne de calcaire, située au bord de l'Ardèche.

La caverne du Pont-d'Arc, le nom officiel donné à cet équipement, vise une « restitution » de la grotte Chauvet. Et non une pâle copie. L'obscurité percée des lumières mettant en valeur gravures, peintures mais aussi draperies et stalactites, les bruits de la nature environnante: le choc que ressentissent les visiteurs ressemble à celui tant de fois décrit par les découvreurs.

C'est le 18 décembre 1994 que Jean-Marie Chauvet, Eliette Brunel et Christian Hillaire ont pénétré dans ce vaste espace souterrain, au flanc d'une falaise surmontant un ancien bras de l'Ardèche. Peu à peu, sous la lumière des torches, ils découvrent l'incroyable spectacle qui attendait depuis 22 000 ans, date d'un éboulement masquant sous des milliers de tonnes de roches l'ouverture de la grotte et la fermant aux hommes comme aux animaux.

Des signes et des taches, puis de premières silhouettes et gravures, faites au doigt en enlevant la couche d'argile sombre sur le calcaire blanc. Dans une vaste salle, le choc de dizaines de crânes d'ours des cavernes, dont l'un posé sur un bloc de pierre tombé au milieu, tel un objet sacré sur un autel. Puis l'apothéose, au fond, avec ces vastes fresques, alliant le rouge et le noir, des plus imposants animaux du bestiaire de l'ère glaciaire.

Les moyens déployés pour cette restitution, comme sa taille, sont sans précédent. Le relief de la grotte a été reproduit par un modèle numérique fondé sur l'enregistrement par laser de milliards de coordonnées.

Ce parcours est maintenant à la portée de milliers de visiteurs - les promoteurs parient sur 350 000 visiteurs par an, attirés par la renommée d'un site récemment classé au patrimoine mondial par l'Unesco - même si l'accès routier semble sous-dimensionné par rapport à cet objectif. Outre la restitution, l'équipement proposera des espaces d'explication, pédagogiques et de restauration.

1 La caverne a été découverte par Jean-Michel Geneste.

2 La grotte Chauvet a été ouverte au public en 1994.

3 Le public peut visiter une restitution de la vraie caverne.

4 Les sons sont reproduits pour évoquer ce que les découvreurs avaient entendu.

5 La caverne est ouverte aux animaux depuis 22 000 ans.

6 Les hommes préhistoriques ont produit l'art en utilisant des outils de l'époque.

7 En plus des peintures on y a trouvé des os et des formations naturelles.

8 Des techniques numériques ont été utilisées pour reproduire le relief de l'art.

9 35 000 visiteurs ont déjà visité le site.

10 D'autres attractions sont en cours de préparation.

[5 marks]

2 ✏️ Écrivez en français un paragraphe de 70 mots maximum où vous résumerez ce que vous avez compris selon les points suivants. Écrivez des phrases complètes.

- La découverte de la caverne [2]
- Ce qui attend le visiteur [3]
- Les développements proposés [2]

Attention! Il y a 5 points supplémentaires pour la qualité de votre langue. Essayez donc d'utiliser vos propres mots autant que possible.

[12 marks]

3a 〰️ Écoutez l'interview sur une découverte dans une grotte scellée. Écrivez vos réponses aux questions en français en utilisant vos propres mots. Il n'est pas toujours nécessaire de faire des phrases complètes.

1 Pourquoi les peintures trouvées dans la caverne sont-elles uniques? [3]
2 Qu'est-ce qui a permis la préservation des peintures au cours du temps? [1]
3 Que dit-on au sujet de la reproduction?[1]
4 Qu'a-t-on appris des techniques artistiques de cette période? [2]
5 Pourquoi le public ne peut-il pas visiter la vraie grotte? [3]

[10 marks]

3b ✏️ Écrivez en français un paragraphe de 70 mots maximum où vous résumerez ce que vous avez compris selon les points suivants. Écrivez des phrases complètes.

• la qualité des peintures et leur préservation [2]
• ce qui rend cette grotte unique [3]
• comment on attire les visiteurs au site [2]

Attention! Il y a 5 points supplémentaires pour la qualité de votre langue. Essayez donc d'utiliser vos propres mots autant que possible.

[12 marks]

4 🖥️ Traduisez en français.

1 If more money is spent on improving sites' facilities, more people will come to visit them.
2 Although the caves are full of spectacular art, the public cannot see the real paintings.
3 This cave has the oldest paintings found in the world.
4 The paintings will suffer if the caves are over-visited or if the atmospheric conditions change.
5 I doubt that the roads are suitable for the increased traffic.

[15 marks]

5 💬 À l'oral. Discutez avec un(e) partenaire.

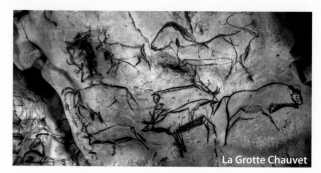
La Grotte Chauvet

• Que savez-vous de la protection des sites préhistoriques en France?
• Que pensez-vous de la reproduction de sites préhistoriques pour protéger de tels sites?
• Selon vous, quelle est l'importance du patrimoine pour la France?

Les Journées européennes du patrimoine

Un weekend, fin septembre, ce sont les Journées européennes du patrimoine. La visite des musées et de nombreux monuments, églises et châteaux, est gratuite pour tout le monde. Mais l'intérêt principal des Journées du patrimoine est de permettre de visiter des lieux qui sont habituellement fermés au public.

Comme l'université Pierre et Marie Curie à Paris, qui ouvre ses portes au public avec un bonus: l'accès au 24e étage de la tour Zamansky, qui fait 90 mètres de haut, et une vue imprenable sur la capitale.

Ou le Lido, le plus célèbre cabaret du monde sur la plus belle avenue du monde, les Champs-Élysées. Chaque soir, 70 artistes montent sur scène avec des costumes abracadabrants pour chanter et danser.

Chaque année, le thème est différent. Par exemple, en 2010, ces deux journées étaient consacrées aux hommes et aux femmes qui ont construit notre histoire. Chaque

lieu a été rattaché à un personnage célèbre. L'inventeur Léonard de Vinci et le château du Clos Lucé, à Amboise, où il termina ces jours; l'audacieux metteur en scène Jean Vilar et le Palais des Papes, à Avignon, où il créa le célèbre Festival de théâtre.

En 2015 le thème était « Le patrimoine du 21e siècle, une histoire d'avenir » dont l'idée était de présenter au public le processus de « patrimonialisation » considéré sous l'angle d'un continuum historique dans lequel les créations les plus récentes constitueront le patrimoine des générations à venir.

En aidant les gens à comprendre l'architecture contemporaine et son intégration dans un environnement, protégé ou non au titre des monuments historiques, le thème offre l'occasion d'examiner la qualité architecturale et urbaine dont le ministère de la Culture et de la Communication est le garant.

6a 📖 Lisez le texte « Les Journées européennes du patrimoine ». Identifiez dans le texte des synonymes pour les expressions suivantes.

1 distingué
2 endroit
3 créé
4 futur
5 sujet
6 descendance
7 actuelle
8 défendu
9 composer
10 avantage

[10 marks]

6b 📝 Écrivez vos réponses aux questions en français en utilisant vos propres mots. Il n'est pas toujours nécessaire de faire des phrases complètes.

1 Pourquoi est-ce que le public peut faire plus de visites pendant les Journées européennes du patrimoine? **[2]**
2 Comment le weekend est-il rendu un peu différent chaque année? **[1]**
3 Expliquez le but du thème choisi pour 2015. **[2]**

[5 marks]

6c 📖 Traduisez en anglais les deux derniers paragraphes du texte.

[10 marks]

7 📝 À l'écrit. « L'important, ce n'est pas que les sites patrimoniaux soient protégés, c'est qu'ils soient visités et appréciés. » Comment réagissez-vous à cette opinion? Écrivez environ 200 mots.

Vous pouvez mentionner les points suivants.

• en quoi consiste un site patrimonial
• comment les sites sont protégés
• les avantages et les inconvénients du tourisme.

🔷 **Conseil**

Tackling gap-fill tasks

• Read what comes before and after the gap to identify the type of word that is required. For example, if it comes after a noun and there isn't a verb later in the sentence, it is likely to be a verb.
• If there are a number of adjectives, nouns or verbs to choose from, work out the sense of the sentence so that you can rule out any of the options.
• Look out for gender and number as this may help you identify the appropriate ending or agreement.

---

8 📖 Remplissez les blancs avec le bon mot de la liste.

Que veut dire le mot « *patrimoine* »?

Le mot « patrimoine » vient du latin « patrimonium » et signifie « bien de famille ». Le patrimoine, c'est ce dont on (1) _____ . Ce peut être des biens (2) _____ de sa famille (patrimoine familial), ou l'ensemble des gènes (3) _____ à un enfant par ses parents (patrimoine génétique).

Mais, aujourd'hui, il s'agit du patrimoine (4) _____ , c'est-à-dire l'ensemble des richesses que nous ont laissées nos (5) _____ . Ce sont des lieux, monuments, (6) _____ , églises, châteaux, mais aussi des personnages (7) _____ ou des œuvres musicales et (8) _____ . Les grottes de Lascaux font partie du (9) _____ français au même titre que la villa Savoye construite par Le Corbusier, un grand architecte français, et que les (10) _____ rames du métro parisien.

En France, c'est le ministère de la Culture et de la Communication qui (11) _____ de faire entrer ou pas un monument ou une (12) _____ dans le patrimoine.

décide	hérite	musées	littéraires
célèbres	œuvre	patrimoine	hérités
ancêtres	anciennes	culturel	transmis

[12 marks]

9 📝 Mettez les mots dans le bon ordre pour reconstituer les phrases.

1 qui fait Le d'un tout ce pays. est richesse patrimoine la
2 La l'existence monuments. sur-fréquentation physique de menace certains
3 monuments monde. plus au C'est des l'un les célèbres
4 gastronomie manger plus la un que soit Bien que besoin vital, est bien ça.
5 sociaux. Le liens renforce gastronomique les repas français
6 accessible. a besoin être ce dont on jours Tout de nos doit rapidement

[6 marks]

10 📝 « La préservation des sites historiques est un gaspillage d'argent. » Comment réagissez-vous à cette opinion? Écrivez environ 150 mots.

4.1 Le patrimoine sur le plan national, régional et local

accompagné	accompanied
l' abonnement (m)	subscription
l' agglomération (f)	urban district
ancien(ne)	old
l' artisanat (m)	arts and craft
l' atelier (m)	workshop
attirer	to attract
augmenter	to increase
le bateau-mouche	tourist river boat
le bien	goods / possessions
au bout des doigts	at your fingertips
la carte	map/plan
célèbre	famous
le concepteur	creator
la confection	creation / making
la découverte	discovery
décourager	to discourage
l' échange (m)	exchange / trade
emblématique	symbolic
émerveiller	to enthral
emmener	to lead, take with you
l' époque (f)	time, period
l' événement (m)	event
la façade	frontage
au fil du temps	over time
flâner	to wander
inscrire	to record (details)
la journée	a day
léguer	to leave to
l' œuvre (f)	work
le patrimoine (immatériel)	heritage (intangible)
le patrimoine (matériel)	heritage (material)
la préfecture	administrative centre
la préservation	preservation, conservation
protéger	to protect
le quai	quay
renommé	well-knowné
la restauration	restoration
la richesse	wealth
la rive	(river) bank
sensibiliser	to raise awareness among
le siècle	century
songer	to dream, think of
le trésor	treasure
triste	sad
l' usager (m)	user
la visite (guidée)	(guided) tour

4.2 Le patrimoine et le tourisme

l' accroissement (m)	growth
l' accueil (m)	welcome
agroalimentaire	food, agricultural
l' ambiance (f)	atmosphere
assister à	to attend, be present at
se balader	to take a walk
la banalisation	rendering commonplace
la calèche	horse-drawn carriage
le chantier	building site
cheminer	to walk the path of
le conférencier	speaker
la décennie	decade
le débouché	outlet, exit
la digue	sea wall
emprunter (un chemin)	to take (a route)
l' endroit (m)	site, place
entourer	to surround
l' équipement (m)	equipment
l' expo(sition) (f)	exhibition
la fermeture	closure
la fréquentation	visit
la grotte	cave
l' immobilier (m)	real estate
incroyable	incredible, unbelievable
la librairie	book shop
le lieu	place
littoral	coastal
le marchand	shopkeeper
mener	to lead
la navette	shuttle
la passerelle	gangway
le paysage	landscape
la perte	loss
la reconstitution	reconstruction
rentable	profitable
sauvegarder	to safeguard, protect
sensible	sensitive
le séjour	stay
le succédané	substitute, second-rate
la sur-fréquentation	over-visiting
l' Unesco (f)	UNESCO (United Nations Educational, Scientific and Cultural Organisation)

4.3 Comment le patrimoine reflète la culture

l'	amateur (m) de	*fan, lover of*
	approfondi	*deep*
les	baguettes (fpl)	*chopsticks*
la	charpente	*timber frame*
le / la	convive	*guest*
le	corpus	*body (of work)*
	culinaire	*culinary*
la	dégustation	*tasting / sampling*
la	dentellerie	*lace making*
	enrichir	*to enrich*
l'	exposition (f) (itinérante)	*(touring) exhibition*
	figé	*stuck / fixed*
	franchir	*to break through, cross*
la	gastronomie	*gastronomy*
	interagir	*to interact*
	labelliser	*to approve / certify, label*
	ludique	*fun*
	méconnu	*unrecognised, unknown*
le	mets	*dish*
	monsieur et madame Tout-le-monde	*the man in the street*
	mort	*dead*
	obscur	*unknown*
	paisible	*peaceful*
le	panneau d'information	*information sign*
la	racine	*root*
	répertorier	*to index*
	réputé(e)	*reputed, famous*
le	savoir-faire	*know-how*
le	spectacle	*show*
le	syndicat d'initiative	*tourist office*
la	tapisserie	*tapestry / upholstery*
la	véracité	*truthfulness*
	vivant	*living*

Expressions clés

Talking about causes, results and explanations

C'est ainsi que…
C'est une longue histoire
Cela est lié à…
Cela s'explique par…
Cela veut dire que…
Étant donné que…
La raison pour cela / laquelle est que…
Une cause importante est…
Vu que…

à cause de
à l'origine de
en raison de
grâce à
suite à

(avoir) comme résultat
(avoir) des conséquences graves/positives/négatives/ significatives/importantes
aboutir à
conduire à
entraîner
finir par
mener à

En conséquence, …
Par conséquent, …

La musique francophone contemporaine

By the end of this section you will be able to:

		Language	Grammar	Skills
5.1	**La diversité de la musique francophone contemporaine**	Consider the popularity of contemporary francophone music and its diversity of genre and style	Use question forms and command forms	Listen for detail
5.2	**Qui écoute et apprécie la musique francophone contemporaine?**	Consider who listens to contemporary francophone music, how often and by what means	Use the subjunctive to suggest possibility with verbs of wishing and emotional reaction	Justify opinions
5.3	**Comment sauvegarder la musique francophone contemporaine?**	Consider and discuss the threats to contemporary francophone music and how it might be safeguarded	Use the conditional of modal verbs	Express doubt and uncertainty

Kyo

Zaz

MC Solaar

Yann Tiersen

La musique francophone contemporaine fait partie d'un mouvement populaire et dynamique qui continue depuis des siècles à faire agir et réagir les gens par ses paroles, ses rythmes et ses mélodies souvent liés avec des thèmes amoureux ou sociaux. Il ne faut pas oublier non plus que, dans l'Hexagone, la musique représente l'activité culturelle préférée des jeunes de 15–24 ans.

David Guetta

Pour commencer

1 **Considérez les questions suivantes.**

1 Quel genre de musique contemporaine préférez-vous?
2 Quel genre de musique écoutez-vous quand vous êtes seul(e)?
3 Quel genre de musique écoutez-vous quand vous êtes avec des copains?
4 Quel genre de musique écoutez-vous quand vous sortez le soir en groupe?
5 Quel genre de musique écoutez-vous quand vous êtes de mauvaise humeur?

2 **Reliez les mots ou les phrases (1–8) aux définitions (a–h).**

1 les variétés françaises
2 les chansons
3 en direct
4 un compositeur
5 le texte
6 un fana
7 une ambiance
8 bouger

a admirateur passionné
b remuer, s'agiter, danser
c une personne qui compose de la musique
d le contexte ou atmosphère créé par la musique
e la musique diffusée ou entendue à l'instant même de sa production
f la musique qui vise au divertissement d'un large public
g les paroles d'une chanson
h les paroles ou poésies destinées à être chantées

3 **Trouvez la bonne date qui correspond aux débuts de la popularité en France de ces tendances musicales. Vous pouvez comparer, vérifier et discuter vos réponses avec un(e) partenaire.**

1 le rock and roll   a   1994
2 le rap   b   1920
3 le punk   c   1956
4 le RnB contemporain   d   1977
5 le jazz   e   1970
6 la techno   f   1980
7 le rock progressif   g   2010
8 la musique électro   h   1990

Le saviez-vous?

- Le Printemps de Bourges (fondé en 1977) est le festival le plus important en France pour célébrer et promouvoir les tendances changeantes de la musique francophone contemporaine.

- La France est le seul pays européen où la musique nationale continue à dominer les statistiques avec deux tiers des ventes musicales totales.

- Le magazine LYLO (les yeux les oreilles) fournit toute l'information sur les concerts et les événements musicaux à Paris et dans toute la région l'Île-de-France. Il est disponible gratuitement dans les bars musicaux et dans les salles de concert ainsi qu'en ligne.

- Créé en 1996 le Prix Félix-Leclerc de la chanson vise à stimuler la création, la production et la diffusion de la chanson francophone au Canada.

- D'origine malienne, Amadou (aveugle depuis l'adolescence) et Mariam (aveugle depuis l'enfance) ont deux fois remporté la Victoire de la Musique (Catégorie World) à la cérémonie de remise de prix (Les Victoires de la Musique) qui se tient annuellement en France depuis 1985.

4 **Faites des recherches pour trouver les réponses aux questions suivantes. Travaillez avec un(e) partenaire et comparez vos réponses.**

1 Quel est l'appareil préféré des jeunes Français quand ils écoutent de la musique? (Lecteur CD, portable…)
2 Combien d'heures par jour les jeunes Français consacrent-ils à la musique?
3 Quel pourcentage de leur musique préférée est-ce que les jeunes Français téléchargent?
4 Quel genre de musique les Français écoutent-ils le moins?
5 Quel genre de musique les Français écoutent-ils le plus?

5 **Faites des recherches pour trouver d'autres festivals de musique dans les pays francophones. Choisissez un festival et présentez-le à la classe. Mentionnez:**

- le nom du festival
- où et quand se déroule le festival
- le genre de musique qui domine le festival
- le nombre moyen de fanas de musique qui vont à ce festival chaque année.

1 Trouvez l'intrus dans chaque liste ci-dessous. Expliquez votre choix.

1 chanteur, musicien, artiste, groupe, compositeur
2 chanson, musique, instrument, mélodie, guitariste
3 concert, batterie, guitare, clavier, basse
4 rap, punk, polar, RnB, rock

2a ⏤〰⏤ Écoutez cinq personnes qui parlent de la musique qu'ils préfèrent. Identifiez le genre de musique préféré de chaque personne.

2b Pourquoi la musique est-elle importante pour chaque personne (ou quels sont les aspects de la musique les plus importants pour chaque personne)? Répondez en français.

3a Lisez le texte et trouvez les synonymes ou les équivalents des mots suivants.

1 âge   3 dépasseront   5 niveau
2 victoire   4 réputation   6 à la fois

BB Brunes en concert à Paris

Vocabulaire

la base commune *a common platform / basis / foundation*
la décennie *decade*
effectuer *to carry out*
outre-Atlantique *beyond the Atlantic (i.e. in America)*
outre-Manche *beyond the Channel (i.e. in the UK)*
de leur part *from their point of view*
à prédominance *predominantly*
régner *to reign*
répandu *widespread*
à son tour *in (its) turn*

Évolution de la musique rock en France

L'histoire de la musique rock en France est plutôt similaire à l'histoire du rock américain ou anglais. L'ère de la chanson française qui régnait pendant les années 1960 (et qui était parfaite quand on voulait tout simplement se décontracter) a suivi le succès des pionniers de rock and roll internationaux. Leur style à prédominance vocale a été remplacé, à son tour, par l'influence d'un rock progressif pendant les années 1970 et la vague de la musique punk vers la fin de la décennie.

Ce n'est que dans les années 2000 que les goûts musicaux ont vraiment changé et qu'on voit la musique française contemporaine commencer à être dominée par les groupes électro. Ces groupes franchiront les frontières et disposeront d'une notoriété plus répandue presque pour la première fois sur une échelle internationale, en même temps outre-Manche et outre-Atlantique.

Le monde du rock français actuel se compose principalement des groupes dont les membres (plus souvent masculins) ont (ou semble avoir), en moyenne, une vingtaine d'années. Ces groupes ont pour la plupart évolué à la suite de nombreuses représentations en direct, notamment dans des concerts à Paris ou à Bordeaux. Chacun de ces groupes a, bien évidemment, son propre style mais joue principalement sur une base commune de guitare – basse – batterie (augmentée quelquefois par un clavier) avec l'intention de créer un son qui fait référence à des groupes rock plus anciens. Cela représente, de leur part, une sorte d'hommage aux influences historiques musicales effectué en même temps que l'innovation créative.

3b Répondez aux questions suivantes en français. Essayez d'utiliser vos propres mots.

1 Qui sont les membres typiques d'un groupe de rock actuel et quel âge ont-ils?
2 Où est-ce que ces groupes ont fait leurs premiers concerts?
3 Combien d'instruments au minimum forment la base commune de ces groupes et quels sont ces instruments?
4 Quel instrument est souvent ajouté à cette base commune et pourquoi?
5 Pourquoi est-ce que ces groupes veulent faire référence aux groupes plus anciens?

4 Traduisez en français.

1 What sort of music do your parents prefer?
2 How much do you have to pay for a typical concert ticket?
3 Why do many young people download music?
4 With whom do you share your musical tastes?
5 What kind of music do you listen to when you want to relax?
6 What do you usually do to relax in the evening?
7 Rock or jazz; which do you prefer?
8 Where can we go tonight?

5 Traduisez en anglais.

Il faut admettre que la musique est au cœur de mon activité quotidienne. Elle est, pour moi, une source de plaisir, de divertissement, d'évasion et un moyen de socialisation. La musique représente un nouveau style de vie et j'en profite pour exhiber et affirmer ma personnalité. En effet, pour mes copains et moi, la musique est devenue un moyen de nous démarquer de la génération précédente. La nouveauté des styles crée une séparation avec les goûts musicaux des parents.

6a À l'écrit. Préparez un texte d'environ 200 mots sur un genre de musique francophone contemporaine tiré de cette liste:

- Le RnB contemporain
- La musique électro
- La chanson française
- Le rap

Indiquez:

- les dates où on a vu les débuts de ce genre de musique dans un pays francophone
- le / les pays dans lequel / lesquels cette musique a la plupart de ses admirateurs
- les noms de quelques groupes ou artistes qui jouent ou chantent ce genre de musique
- les instruments qui en forment la base commune
- les thèmes principaux abordés par ce genre de musique.

⬚ Grammaire

Interrogatives / Question forms

There are THREE ways to ask a yes / no question:

- use rising intonation (*Vous aimez la musique?*)
- start with *Est-ce que* (*Est-ce que vous aimez la musique?*)
- invert the pronoun and the verb (*Aimez-vous la musique?*)

Asking for other information requires the use of an interrogative adverb, pronoun or adjective. For example:

Quand	when	*Quand est-ce qu'il arrive?*
Où	where	*Où vas-tu?*
Comment	how	*Comment va-t-elle voyager?*
Combien	how many	*Combien de pages y a-t-il dans ce livre?*
Pourquoi	why	*Pourquoi est-ce que tu fais ça?*
Qui	who	*Qui n'aime pas la musique?*
Quel*	which, what	*Quelle est la date de ton anniversaire?*
Lequel **	which one	*Lequel préférez-vous?*
Que	what	*Que faites-vous ce soir?*
Quoi	what (emphatic)	*Vous avez fait quoi?*

*Quel is an adjective and must follow the usual agreement rules so that it agrees with the noun it qualifies: *quel, quelle, quels, quelles*.

**Lequel will change according to gender and number: *lequel, laquelle, lesquels, lesquelles*

See page 157.

⬚ Expressions clés

Ce genre de musique ne m'attire pas
Je ne peux pas vivre sans musique
La musique électronique me donne envie de danser
La musique me fait penser à autre chose que le quotidien ou les ennuis
La musique me fait sourire et me rend heureux (-euse)
La musique me remonte le moral
Le rythme est entraînant
Les paroles me disent quelque chose.
Les paroles me font penser à…

6b À l'oral. Maintenant utilisez votre texte pour faire une présentation orale en classe.

B: La diversité de la musique francophone contemporaine

1 Lisez le texte et complétez les phrases en choisissant le bon mot dans la liste. Attention! Vous n'aurez pas besoin de tous les mots.

La présence féminine

Louane

Ce ne sont pas seulement les garçons qui dominent la musique contemporaine en France. La présence féminine a toujours existé et continue d'être présente avec la nouvelle vedette et le phénomène actuel qu'est Louane Emera.

Repérée dans l'émission *The Voice*, Louane Emera est une passionnée de musique. Née le 26 novembre 1996 à Hénin-Beaumont, Louane, de son vrai nom Anne Peichert, manifeste très tôt son attirance pour l'univers de la chanson. C'est à huit ans qu'elle participe à son premier concours de chant, lors duquel elle finit à la cinquième place, et à treize ans qu'elle découvre un plateau de télévision, celui de l'émission *L'École des Stars*. Déjà talentueuse, elle va atteindre les demi-finales de ce télé-crochet, ce qui va l'encourager à poursuivre ses efforts.

C'est en 2013 qu'elle va adopter son nom de scène, Louane Emera, à l'occasion de sa participation à l'émission *The Voice*. Grâce à un répertoire qui emprunte autant à la variété qu'aux standards de la pop, la jeune chanteuse parvient à se hisser jusqu'aux demi-finales. Malgré son élimination, Louane est enchantée: arriver à ce stade de la compétition lui permet en effet de participer à la tournée de *The Voice*, une nouvelle occasion pour elle de prouver sa valeur au public. Louane enregistre son premier single *Jour 1* et va aussi avoir la surprise d'être contactée par un réalisateur. Elle reçoit en effet un appel d'Eric Lartigau, pour son film *La famille Bélier*. Dans cette fiction, Louane incarne le rôle de Paula, une jeune fille de parents sourds et muets qui, elle, possède un don pour le chant et qui souhaite préparer un concours de radio-crochet… En février 2015, pour son premier rôle, la jolie Louane décroche le César du meilleur espoir féminin. Louane est vite devenue la sensation de l'année et son album *Chambre 12* se classe numéro un au palmarès des ventes en France en février 2015. Elle continue de séduire le public par son talent prodigieux.

Vocabulaire

un César *a César award (French equivalent of an Oscar)*

décrocher *to get, to land*

se hisser *to work one's way up*

incarner *to play (a role)*

muet *mute*

les palmarès *the charts, chart listings, list of prize winners, prize list*

parvenir à *to succeed, to achieve*

prodigieux *extraordinary, remarkable*

répérer *to spot*

sourd *deaf*

le télé-crochet *TV singing competition*

entendre	finaliste	single	compétitrice	chanter
compétiteur	jouer	sait	début	possède
veut	parle	phénomène		

1 Louane Emera est vite devenue un _____ en France.
2 Elle était _____ dans l'émission The Voice.
3 Elle a lancé son premier _____ à la suite de la tournée.
4 Elle a été contactée par Éric Lartigau pour _____ le rôle de Paula dans son film.
5 Dans ce film les parents de Paula ne peuvent pas _____ la musique.
6 Paula _____ s'inscrire à un concours de chanson
7 *Chambre 12* est sorti vers le _____ de l'année 2015.
8 On dit que Louane _____ un talent prodigieux pour son âge.

2a 〰 Écoutez le reportage intitulé « Au-delà de l'Hexagone » et trouvez l'équivalent en français pour les phrases ci-dessous.

Première partie:
1 beyond the national borders of France
2 the Francophone music scene

3 a paramount success
4 in order to produce
5 largely inspired by
6 let us not forget

Deuxième partie
7 particularly popular
8 amongst young people
9 as well as
10 the music of choice
11 close to European music
12 an interesting mix

▮ Vocabulaire

hors de *outside*
malagache *from Madagascar*

2b 〰 Réécoutez la première partie du reportage. Notez les informations suivantes.

- le pays d'origine des membres de Chinatown, de Suarez et d'Amadou et Mariam
- leurs premiers succès
- le genre de musique produit par ces groupes.

2c 〰 Réécoutez la deuxième partie du reportage et complétez les phrases.

1 La musique qui est originaire de la Martinique et de la Guadeloupe s'appelle …
 a le raï **b** le zouk **c** le séga
2 La musique de la Martinique et de la Guadeloupe est aussi très populaire …
 a au Canada **b** en Belgique **c** en France
3 Aux Antilles les jeunes préfèrent écouter …
 a du jazz **b** du folk **c** du hip-hop
4 Le séga mélange la musique européenne et la musique …
 a haïtienne **b** africaine **c** antillaise
5 La musique raï vient des années …
 a 1920 **b** 1950 **c** 1970
6 Cette musique utilise des …
 a synthétiseurs **b** guitares **c** tables de mixage

3 Traduisez en français.

1 Let's put the radio on.
2 Read the instructions carefully.
3 Take care!
4 Choose the correct answer.
5 Let's listen to this report again.
6 Don't lose the tickets!

4 À l'oral. Discutez avec un(e) partenaire.

- À votre avis, est-ce que les chanteuses francophones ont autant de talent que les chanteurs francophones? Pourquoi?
- Est-ce que la musique contemporaine anglaise est aussi diverse que la musique francophone? Pourquoi?

▨ Compétences

Listening for detail

- Make sure you read the instructions for the exercise carefully. Remember that the questions or tasks set will often be asking you to paraphrase what you have heard and there will be specific clues in the questions (or tasks) to what details you must listen for.

- Listen to the whole extract and try to establish the gist of what is being said.

- Go back and listen to each section carefully.

- Listen carefully to the words around or on either side of the key words that you identify – these will allow you to be more precise when you write your answers.

▣ Grammaire

Imperatives / Command forms

Imperatives are verbs that are used for commands, suggestions and instructions:

*N'**oubliez** pas les billets!*   Don't forget the tickets!

To form an imperative just use the present tense of the verb without the subject pronoun. For commands and instructions use the *vous* or *tu* form. For suggestions use the *nous* form. If you use the *tu* form:

with –*er* verbs where the tu form ends in –*es* remember to omit the final –*s*, e.g. *Regarde ça!*

See page 153.

▮ Expressions clés

Les musiciens modernes ont souvent un talent prodigieux.
Je ne dirais pas…
Il faut admettre…

sans parler de…
en tant que…
Il est important pour moi de…
autrement dit
Je n'ai jamais eu l'occasion de…

1a Lisez le texte et répondez aux questions en français en utilisant vos propres mots.

La musique et les jeunes

« J'ai l'impression que les jeunes naissent avec un désir tout naturel pour la musique. » Jérôme, lycéen, 18 ans.

« Je ne pense pas que je puisse passer une seule journée sans musique. » Inès, étudiante, 19 ans.

La plus grande audience de la musique populaire en France reste essentiellement parmi les 15–25 ans, mais les goûts musicaux se manifestent actuellement chez les enfants de plus en plus jeunes. De nos jours, bien qu'ils n'aient pas d'opinions fixes sur les choses majeures de la vie il est rare de trouver un garçon ou une fille de 7–8 ans qui ne sait pas exactement le nom de ses groupes, de ses chanteurs ou de ses chanteuses préférés.

Quoiqu'ils soient de nature des individus et qu'ils fassent presque tout pour se montrer uniques dans la plupart des circonstances, les adolescents se définissent principalement par rapport à leurs amis et il y a une « culture de partage » bien ancrée dans leurs têtes. C'est d'abord l'affichage des goûts musicaux qui devient leur moyen d'expression d'eux-mêmes et de leur identité personnelle, mais ensuite c'est partager ces goûts avec des copains, par des playlists et des compilations ou par les médias et les réseaux sociaux qui est important pour s'intégrer en même temps que se démarquer.

La musique continue à être le moyen le plus efficace pour briser la solitude quand on reste face-à-face avec soi-même à la suite d'une dispute familiale ou entre amis, à la fin d'une longue journée de travail ou après de longues heures d'études scolaires. La musique change facilement l'humeur. La musique soulage et dissipe rapidement la colère et le stress. Il faut qu'on se rende compte de ça.

1 Quelle est l'opinion de Jérôme en ce qui concerne les jeunes et la musique?

2 Quelle est l'opinion d'Inès?

3 Qui sont les plus grands consommateurs de musique? Ou quelle tranche d'âge écoute le plus de musique?

4 Qu'est-ce qui est rare de nos jours?

1b Relisez le texte et indiquez les quatre phrases où on utilise le subjonctif.

1c Traduisez les phrases de la question 1b en anglais.

2 〰 Écoutez ces quatre jeunes. Indiquez si leur opinion de la musique est positive (P), négative (N), ou positive et négative (P+N).

1 Anne-Laure   **3** Yasmine
2 Thomas   **4** Laurent

ⅎ Grammaire

The subjunctive: verbs of wishing and emotional reaction

The subjunctive part of a verb is known as a mood of the verb, not a tense. It conveys the speaker's attitude to actions that are described.

The subjunctive is nearly always used in the second part of a sentence introduced by *que* and is used when statements are more a matter of judgement or attitude / reaction than actual fact. It is used after:

bien que, quoique	although
il faut que	it is necessary that
vouloir que	to want something to happen
je ne pense pas que…	I don't think that…

*Quoiqu'il y **ait** quelques inconvénients…* (from *avoir*)
Although there are a few disadvantages…

*Je veux qu'ils **aillent** au concert avec moi.* (from *aller*)
I want them to go to the concert with me.

See page 151.

3a 〜 **Écoutez ces deux adolescents qui parlent de musique. Réécoutez le témoignage de Luc, puis répondez aux questions en français.**

1 Combien de temps Luc et ses amis consacrent-ils chaque jour à la musique?
2 Quel âge ont Luc et ses amis?
3 Qu'est-ce qu'on dit au sujet des jeunes du nouveau siècle?

3b **Résumez ce que dit Bernadette au sujet des jeunes et de la musique. Vous devez mentionner les points suivants, en essayant d'utiliser vos propres mots.**

- le nombre de lycéens qui écoutent de la musique chaque jour
- comment ils accèdent à la musique
- les avantages des fichiers de musique.

4 **À l'oral. Discutez avec un(e) partenaire.**

- Pourquoi beaucoup de jeunes Français écoutent de la musique?
- Par quels moyens est-ce que les jeunes Français écoutent de la musique?
- Quels en sont les avantages?
- Pourquoi est-ce que vous écoutez de la musique?
- Croyez-vous que nous sommes tous nés avec un désir naturel pour la musique? Pourquoi? Pourquoi pas?

5 **Traduisez en anglais ce texte du livre « Nana » par Émile Zola, qui décrit une salle de théâtre avant le début d'un concert vers la fin du 19ᵉ siècle.**

Il était neuf heures et la salle du théâtre des Variétés était encore assez vide. Quelques personnes, au balcon et à l'orchestre, attendaient, perdues parmi les fauteuils de velours, dans la lumière faible des lustres. Une ombre grise traversait la grande tache rouge du rideau; et pas un bruit ne venait de la scène. De la troisième galerie, on pouvait entendre des appels et des rires, et on pouvait voir des têtes, en bonnets ou casquettes, étagées dans les larges baies rondes, encadrées d'or. Par moments, une ouvreuse apparaissait, des billets de concert à la main, poussant devant elle un monsieur et une dame, l'homme en habit noir et la femme, mince et jolie, dans une robe longue.

6 **À l'écrit. Est-ce que c'est vraiment différent de nos jours? Relisez le texte ci-dessus et utilisez-le pour écrire une brève description en français (d'environ 150 mots) d'une salle ou d'un stade de concert et ses spectateurs du 21ᵉ siècle. Mentionnez:**

- le décor de la salle
- l'atmosphère
- les tenues et l'attitude des spectateurs.

Luc

Bernadette

▌ Vocabulaire

étagé *set out in rows one above the other*
le lustre *chandelier*
une ouvreuse *usherette*

▌ Expressions clés

Il est rare de nos jours de…
Je n'ai pas d'opinion fixe.
à volonté
Dans la plupart des circonstances…
Les adolescents se définissent principalement par rapport à leurs amis.
La musique continue à être le moyen le plus efficace pour …
à la suite de
Il faut qu'on se rende compte de …

Cœur de pirate à **MONTRÉAL**

Béatrice Martin – beaucoup plus connue sous le surnom de *Cœur de pirate* – continue à partager l'amour de la chanson française avec les jeunes Québécois.

Cette jeune chanteuse de 25 ans était au mois d'août cette année à son deuxième passage à Montréal dans le cadre de sa tournée pour promouvoir son nouvel album. *Le Centre Bell* était bien rempli de plus de 12 000 de ses admirateurs.

Elle a débuté en grand avec la chanson *Danse et Danse* et on a vu immédiatement qu'elle avait tout investi dans le spectacle (danseurs, costumes, décors, effets spéciaux) car l'événement était complètement grandiose.

Notre chère chanteuse était visiblement émue d'être de retour à Montréal et a remercié à maintes reprises son public. Pour les pauvres Montréalais et Montréalaises ayant manqué le concert elle leur a fait un joli cadeau sur son compte Facebook. En effet, elle a publié des photos de sa journée et de ses répétitions sur le site ayant donné son mobile et libre accès à un ami qui l'a filmée partout – même pendant le spectacle.

Et que dire de sa voix? Elle chante toujours comme un ange. Qu'elle revienne bientôt! On l'aime à la folie!

1a **Lisez le texte et trouvez l'équivalent de ces mots et de ces expressions.**

1 faire la promotion
2 complet
3 commencé
4 a fait le plus grand effort
5 tout à fait
6 notamment
7 plusieurs fois
8 portable

1b **Indiquez les quatre phrases qui sont vraies dans la liste ci-dessous.**

1 *Cœur de pirate* est le surnom de Béatrice Martin.
2 Elle a fait une tournée afin de promouvoir une nouvelle chanson.
3 Ceux qui ont raté le concert ont pris des photos des répétitions.
4 Elle chante formidablement comme toujours.
5 Le spectacle avait beaucoup d'effets spéciaux.
6 Son ami a enregistré toutes les chansons pendant le concert avec un portable.
7 Ceux qui aiment *Cœur de pirate* l'adorent.

1c **Trouvez dans le texte ces mots et ces phrases en français.**

1 the love of French songs
2 in the context of
3 scenery
4 magnificent
5 moved
6 rehearsals
7 like an angel
8 madly, to an extreme

2 **Traduisez en français.**

1 In my opinion the concert was spectacular.
2 For me, *Cœur de pirate* has the voice of an angel.
3 In my view, the show was a complete success.
4 It seems to me that *Cœur de pirate* put a massive effort into her tour.
5 I think that she was happy to return to Montréal.

3a 〜 **Écoutez ce reportage sur l'enregistrement des pistes de musique. Choisissez la bonne réponse pour compléter les phrases.**

1 La façon dont une piste de musique est produite dans un studio est d'une importance…
   a considérable. **b** négligeable. **c** minimale.

2 La première décision d'un groupe ou d'un artiste est le choix de…
   a ingénieur. **b** producteur. **c** chanteur.

3 Des enregistrements phénoménaux ont été produits dans … d'un artiste.
   a la chambre **b** le studio **c** le bureau

4 La « remastérisation » est la … étape dans la production d'un enregistrement.
   a première **b** dernière **c** deuxième

3b **Répondez aux questions en utilisant vos propres mots.**

1 Pourquoi est-ce que les producteurs et les ingénieurs de musique sont si importants?
2 Comment les artistes ou les groupes peuvent-ils réaliser des économies?
3 Que fait-on dans une « remastérisation »?

4 **Lisez ce texte sur la musique en statistiques. Écrivez en français un paragraphe de 70 mots où vous résumez ce que vous avez compris sur les points suivants. Utilisez vos propres mots.**

- Comment le goût de l'écoute de la musique a changé.
- Comment ceux qui écoutent de la musique la considèrent.
- Ce que disent les jeunes au sujet de la musique.
- Où les jeunes découvrent les nouveautés de la musique.

5 **À l'oral. Répondez aux questions suivantes.**

1 Comment les jeunes Français de 15 à 24 ans utilisent-ils Internet par rapport à la musique?
2 Quels sont les médias majeurs de découverte de la musique pour les jeunes en France et dans votre pays?

6 **À l'écrit. Vous faites un reportage sur la popularité de la musique en France. Vous devez écrire environ 200 mots. Mentionnez les points suivants.**

- Pourquoi la musique est si populaire.
- Parmi quelles tranches d'âge l'écoute de la musique est le plus prévalente.
- Les genres de musique les plus écoutés.
- Les moyens d'écouter de la musique et les moyens de la découvrir.

La Musique en Statistiques

L'écoute de la musique en 2015 est en forte progression, puisque 80% des Français considèrent la musique comme une passion ou un plaisir contre 74% en 2006. 84% d'entre eux déclarent écouter de la musique tous les jours! 78% d'entre eux la considèrent avant tout comme un moyen de se relaxer et de se couper du reste du monde.

La musique est plébiscitée par 73% des jeunes (privilégiant baladeurs et téléphones portables comme appareils d'écoute) comme activité culturelle, avant le cinéma (62%) et la télévision (32%). Internet connaît chez eux une importance grandissante (76% des 15–24 ans y recherchent de la musique de temps en temps) mais ce sont la radio (57%) et la télévision (47%) qui restent encore les médias majeurs de découverte de nouveautés.

Les jeunes sont les plus friands de musique puisqu'ils représentent près des 3/4 des consommateurs. 75% d'entre eux écoutent de la musique sur des sites spécialisés, avec la répartition suivante: sites de partage de vidéos comme YouTube etc. 38%; réseaux sociaux 28%; webradios 12%; sites musicaux 4%. Mais les médias traditionnels gardent leur pouvoir de communication de masse et 57% des jeunes déclarent la découverte des nouveautés grâce à la radio, et 47% d'entre eux grâce à la télévision.

Vocabulaire

avant tout *above all*
se couper du reste du monde *to cut oneself off from the rest of the world*
friand de *fond*
plébiscité *acclaimed*
privilégier *to favour*
en forte progression *rising sharply*
la répartition *division*

Expressions clés

dans le cadre de
la façon dont…
Il est également important…
Cela permet de…

Compétences

Justifying opinions

- Remember to take ownership of the statements that you make in a variety of ways. You can introduce your opinion(s) with:

À mon avis….	In my opinion…
Pour moi…	For me…
D'après moi…	In my view…
Je suis de l'avis / de l'opinion que…	I am of the opinion that…
Je crois personnellement que…	I, personally, believe that…
Il me semble que…	It seems to me that

- When you make a statement which includes your own opinion always try to extend it by giving at least one reason:

parce que	because	*car*	because
à cause de	because of	*puisque*	since

L'exception française

Il va quasiment sans dire que les Français sont tout naturellement fiers de leur patrimoine tandis qu'ils se vantent d'être ouverts aux idées éclectiques. Cependant, bien qu'ils veuillent soutenir le concept de « diversité culturelle » ils cherchent toujours à promouvoir « l'exception française ».

Cette dernière consiste en une défense des arts (et en particulier de la musique) contre une « industrie américanisée » qui menace l'identité nationale. Il y en a qui disent qu'il existe un vrai danger de perdre tout ce qui est essentiellement français dans les habitudes culturelles. Les jeunes sont particulièrement vulnérables en ce qui concerne leurs goûts musicaux – bombardés dans ce domaine par des influences qui viennent d'au-delà des frontières de l'Hexagone.

L'un des outils majeurs utilisés par la France pour lutter contre ce danger est la mise en place des quotas pour l'audiovisuel quant à la diffusion de titres francophones. La politique de « l'exception française » impose aux radios françaises une loi qui fixe, pendant « les heures d'écoute significative » un taux de 40% de programmation d'œuvres créées ou interprétées par des francophones, dont 20% doivent être de nouveaux talents.

Mais, en fin de compte, la musique n'est-elle pas globale et sans frontières? Son but n'est-il pas de rapprocher et d'unir les gens en dépit de leur nationalité? Est-ce que la musique francophone a vraiment besoin d'être protégée par les bureaucrates, d'être placée dans une cage de verre? Est-ce qu'il faut qu'elle soit isolée du reste du monde pour survivre et rester vigoureuse? Exposée aux comparaisons constantes avec d'autres cultures, ne serait-elle pas enrichie et ainsi autorisée à se développer et s'adapter à notre vie diverse et constamment changeante?

░ Vocabulaire

constamment *constantly, continually*
fier (-ère) *proud*
quant à *with respect to*
quasiment *almost, practically*
soutenir *to uphold*
se vanter *to boast, to brag*
vigoureux (-euse) *strong, forceful*

1a Lisez le texte et complétez les phrases.

1 Ils se vantent d'être ouverts aux idées éclectiques mais les Français sont quand même assez …
  a chauvins. **b** superstitieux. **c** honteux.

2 L'exception française représente …
  a une menace aux arts. **b** une défense des arts.
  c une proclamation des arts.

3 Certains pensent que le patrimoine culturel français est …
  a trop protégé. **b** menacé. **c** omniprésent.

4 Les quotas de diffusion sont utilisés pour réduire …
  a le danger **b** l'investissement **c** l'audiovisuel.

1b Répondez aux questions en français, en utilisant vos propres mots.

1 Dans quel domaine est-ce que les jeunes sont particulièrement vulnérables? Pourquoi?
2 Quel outil la France utilise-t-elle pour combattre les influences étrangères?
3 Comment s'appelle la politique adoptée?
4 Quelles sont « les heures d'écoute significative »?
5 Les œuvres non-francophones ont droit à quel pourcentage de programmation à la radio?

1c Traduisez en anglais les cinq questions posées dans le dernier paragraphe du texte.

1d Expliquez à l'écrit ce que veulent dire ces phrases. Travaillez avec un(e) partenaire pour comparer et perfectionner vos réponses ensemble.

1 Les idées éclectiques
2 La diversité culturelle
3 Une industrie américanisée
4 L'identité nationale
5 Les habitudes culturelles

2 À l'écrit. Relisez le texte *L'exception française*. Préparez deux paragraphes. Dans le premier vous devez présenter votre argument POUR « L'exception française ». Dans le deuxième paragraphe vous devez présenter votre argument CONTRE cette politique. Écrivez environ 100 mots dans chaque paragraphe.

3 Lisez l'article. Écrivez en français un paragraphe de 70 mots où vous résumez ce que vous avez compris selon les points suivants.

La menace technologique

L'internet fournit un moyen efficace et simple de répandre et de vendre de la musique. Le téléchargement de nouveaux titres et des derniers albums de nos groupes préférés est vite devenu le mode de consommation de toutes les tranches du public. Malheureusement, depuis la création de cette technologie de l'informatique, on voit des menaces envers l'industrie musicale à une échelle rapidement devenue globale en raison de l'augmentation constante d'activités interdites par la loi.

Actuellement le téléchargement illégal est responsable d'une chute de presque 50% des ventes de musique en France. Cette perte en termes économiques atteint les milliards d'euros. Ce sont les artistes qui souffrent le plus au niveau financier et il n'est plus rare de pouvoir écouter un album fait illégalement parvenu en ligne bien avant la date de sa sortie officielle – sans payer même un centime.

- Deux raisons pour lesquelles la technologie est devenue une menace pour l'industrie musicale.
- Comment le téléchargement illégal a affecté les ventes de musique en France.
- Qui souffre le plus de cette menace et comment.

4 Écoutez ces jeunes qui discutent le téléchargement de la musique. Choisissez la bonne réponse pour compléter les phrases.

1 Delphine est … fana de technologie.
   a quelquefois   **b** vraiment   **c** rarement
2 Elle a plus de 300 … stockés sur son disque dur.
   a fichiers   **b** albums   **c** titres
3 Salif, comme beaucoup d'autres Français, a adopté la musique …
   a numérique.   **b** en direct.   **c** contemporaine.
4 Sophie écoute la radio par GSM …
   a rarement.   **b** quotidiennement.   **c** de temps en temps.
5 Elle se méfie …
   a de la technologie.   **b** de l'industrie musicale.   **c** des artistes.
6 Alexandre parle …
   a du téléchargement illégal.   **b** des fichiers MP3.
   c du streaming autorisé.

5 À l'oral. Considérez ces questions et discutez avec un(e) partenaire.

- Est-ce que vous téléchargez de la musique? À peu près combien de fichiers MP3 possédez-vous?
- Pour vous quels sont les avantages de télécharger de la musique?
- Est-ce que le téléchargement illégal est un vrai danger? Pour qui? Pourquoi?
- Comment peut-on sauvegarder les artistes et l'industrie musicale?

Vocabulaire

le centime *cent (hundredth part of a euro)*
la chute *fall*
parvenu illégalement *transmitted illegally*
la perte *loss*
la sortie *release*
la tranche *sector* (lit. *slice*)

Compétences

Expressing doubt and uncertainty

You don't have to always be sure of your opinion(s):

Je doute que…
I doubt that…

Je ne suis pas sûr(e) que…
I am not sure that…

Il me semble peu probable que…
It seems unlikely to me that…

NOTE: In sentences where you are unsure of your opinion remember to use the subjunctive part of the verb after *que* (see page 151).

Vocabulaire

GSM *Global System for Mobile Communications*

Expressions clés

Il va sans dire
tout naturellement
le concept de…
Les jeunes sont particulièrement vulnérables.
dans ce domaine
quant à
un moyen efficace
une perte en termes économiques
Je trouve que la technologie simplifie ma vie
en dépit de
Je me méfie de…

1a Lisez le texte et complétez les phrases.

La musique en déclin

Il y a plus de « bruit » que de thèmes éducatifs dans la musique moderne des jeunes avec ses refrains cacophoniques soutenus pour la plupart par des textes impropres, sales, et obscènes. Comment pourrait-on même penser à écouter cette musique en famille?

Dans leurs textes, ou chansons, ces jeunes artistes-musiciens n'hésitent pas à citer les organes intimes de l'homme ou de la femme, chantent presque de la pornographie, poussent leurs fans à l'incivisme, etc.

Les œuvres de cette sorte peuvent-elles résister au temps comme l'ont fait certaines œuvres des années 60, 70 ou 80? Deviendront-elles aussi intemporelles?

Comment peut-on comprendre ces artistes? Alors, il suffit largement de se rendre compte que la grande majorité des jeunes musiciens qui s'engagent dans une carrière musicale de nos jours sont malformés. Nombreux sont ceux qui ne reçoivent pas une vraie initiation musicale de la part d'anciens musiciens et aussi nombreux sont ceux qui ne voient pas même l'extérieur d'une école de musique sans parler de l'intérieur de ses salles de classe. Ces jeunes sont plus enclins au populisme et au sensationnel. Ils ne prennent pas assez de temps pour écrire leurs textes et ils ne les relisent qu'à l'enregistrement, quand ils les hurlent ou crachent devant le micro dans leur studio.

Phénomène triste du siècle et de la société, c'est cette musique qui est la plus consommée par la jeunesse, et donc la mieux vendue.

Certes la musique doit évoluer pour survivre, mais la crainte c'est de voir que cette musique évolue sans tenir dans le temps. Et que dire enfin des clips télévisés qui l'accompagnent? Ici, tout interpelle: les vêtements, les gestes et les paroles. Ces trois aspects laissent beaucoup à désirer. La nudité y est exposée gratuitement avec des conséquences nombreuses et néfastes chez les jeunes consommateurs: le manque de courtoisie, la perte des valeurs morales, la sexualité précoce, les grossesses non désirées…

Si les choses continuent ainsi, on serait tenté de dire que la musique, au lieu d'être un moyen d'éduquer la population, devient un facteur de chute des valeurs et de régression sociale. Incroyable d'imaginer qu'on disait jusqu'à récemment que la musique représentait l'expression de toute qualité créative et artistique chez le compositeur et que c'était un grand honneur à la fois pour l'artiste-musicien lui-même et pour son pays. Où finirons-nous maintenant que nous avons commencé à suivre ce sentier qui mène à l'enfer?

Vocabulaire

certes *indeed*
cracher *to spit*
la crainte *fear*
enclin *prone, inclined*
un enfer *hell*
la grossesse *pregnancy*
hurler *to scream, shout*
impropre *inappropriate*
un incivisme *incivility*
intemporel *timeless*
interpeller *to cry out*
malformé *badly trained*
néfaste *harmful*
le sentier *path, track*
tenir dans le temps *to last, withstand the passage of time*

1 Il serait difficile d'écouter en famille la musique qui est décrite dans cet article car le texte est souvent …
   a sale, impropre et obscène.   **b** plein d'humour et ironique.
   c bruyant et cacophonique.

2 La musique du passé peut être considérée intemporelle car elle a résisté au …
   a futur.   **b** temps.   **c** passé.

3 Les artistes modernes sont pour la plupart mal formés à cause d'un manque …
   a de politesse.   **b** d'éducation musicale.   **c** d'incivisme.

4 Ils délivrent leurs chansons dans le studio en les hurlant …
   a au micro.   **b** au producteur.   **c** à l'ingénieur.

5 L'auteur trouve triste que la musique de cette sorte soit la plus …
   a mélodieuse.   **b** écoutée.   **c** mémorable.

1b À l'oral. Considérez les questions ci-dessous. Discutez avec un(e) partenaire.

1 Les descriptions du texte vous rappellent-elles des chansons que vous avez entendues vous-même?
2 Que pensez-vous des images souvent provocatrices qu'on utilise pour des clips qui accompagnent certaines chansons?
3 À votre avis est-il nécessaire qu'un musicien ait une formation formelle?
4 À votre avis de quelle façon la musique va-t-elle évoluer à l'avenir?

2 À l'écrit. À votre avis est-ce que la musique moderne pourrait être aussi intemporelle que la musique du passé? Répondez à cette question en écrivant environ 200 mots. Mentionnez:

- la qualité de la musique du passé
- la qualité de la musique moderne.

Donnez des exemples:

- de la musique du passé qui est à votre avis intemporelle et expliquez pourquoi
- de la musique moderne qui sera intemporelle et expliquez pourquoi.

3a 〰 Écoutez cette interview avec quatre jeunes. Pour une attitude positive, notez P. Pour une attitude négative, notez N. Pour une attitude positive et négative, notez P+N.

1 Aline   2 Maurice   3 Louis   4 Esmé

3b On a aussi demandé à ces jeunes: « Comment peut-on sauvegarder une musique francophone de qualité? » Traduisez leurs réponses an anglais.

« Il faudrait organiser des concours de composition musicale et offrir des prix pour stimuler et rémunérer la créativité. **Aline** »

« Les festivals de musique offrent une opportunité merveilleuse de démontrer les nouveaux talents. C'est là qu'on devrait concentrer les énergies. **Maurice** »

« Les nouveaux musiciens pourraient étudier les grands succès musicaux du passé pour y trouver de l'inspiration. **Louis** »

«Tout ce qui promeut le talent est bon à mon avis. On aurait tort d'oublier qu'après tout sans le talent, une éducation musicale formelle ou informelle n'a aucune valeur. **Esmé** »

⊞ Grammaire

The conditional

The conditional conveys the sense of 'would do' something.

Je dirais que…   I would say that…

To form the conditional, start with the stem as for the future tense (see page 149).

Add these endings (which are the same as for the imperfect tense)

je	-ais	nous	-ions
tu	-ais	vous	-iez
il/elle	-ait	ils/elles	-aient

je travailler**ais**	nous travailler**ions**
tu travailler**ais**	vous travailler**iez**
il / elle / on travailler**ait**	ils / elles travailler**aient**

The conditional of modal verbs

To express in French the equivalent of 'should', 'could', 'ought to', you need the conditional forms of the modal verbs *falloir*, *pouvoir* and *devoir*. Modal verbs are verbs which convey advice, probability, need and obligation as well as polite request e.g. *Je voudrais* = I would like (from the verb *vouloir*).

The conditional of these verbs is formed as follows:

falloir	faudr-	il faudrait
pouvoir	pourr-	il pourrait
devoir	devr-	il devrait
vouloir	voudr-	il voudrait

See page 150.

■ Expressions clés

pour la plupart
Ils n'hésitent pas à…
Comment peut-on comprendre…?
Ils sont plus enclins à…
phénomène triste du siècle
Les choses doivent évoluer pour survivre.
Si les choses continuent ainsi…
Où finirons-nous?

Démontrez ce que vous avez appris!

1 **Reliez les synonymes.**

1	contemporain	**a**	prix
2	fan	**b**	chance
3	majeur	**c**	hors de
4	spectateurs	**d**	actuel
5	chanson	**e**	photo
6	appareil	**f**	principal
7	cliché	**g**	évoluer
8	opinion	**h**	en danger
9	diffuser	**i**	titre
10	menacé	**j**	avis
11	opportunité	**k**	montant
12	trophée	**m**	réunir
13	nombre	**n**	public
14	changer	**o**	outil
15	rapprocher	**p**	admirateur
16	au-delà de	**q**	transmettre

2 **Traduisez en français.**

1 The government could help music artists by offering them grants.
2 I am not convinced that French music is really appreciated outside French-speaking countries.
3 All young musicians would like to win a prestigious prize for their music.
4 Although there are several advantages of modern technology it can constitute a real threat to the world of music.
5 We should encourage musical talents more often amongst the young.
6 I don't think that the French government does enough to help new musicians.

3 ⎍⎍⎍ **Écoutez cinq personnes qui discutent des festivals de musique. Notez vos réponses de 1 à 5. Pour une attitude positive, notez P. Pour une attitude négative, notez N. Pour une attitude positive et négative, notez P+N.**

4 **Imaginez que vous travaillez pour un magazine français destiné aux jeunes de votre âge. Écrivez un article d'environ 200 mots sur un des thèmes suivants.**

- La diversité de la musique francophone contemporaine
- Les habitudes d'écoute des jeunes Français
- Les moyens de promouvoir et de sauvegarder la musique francophone

📖 Conseil

Translating into French

- Read through the whole paragraph or series of sentences and make sure that you have understood it in English.
- Read the accompanying French text carefully and spot those words and phrases that you will be able to use in your translation.
- If there is a word or phrase that you cannot remember, try to think about how you could express it in a different way.
- If you are struggling with a particular sentence or phrase, come back to it.
- Once you have translated the paragraph, check through it for errors. For example, check you have the correct form and tense of the verbs and that the adjectives have the correct agreement.

Testez-vous!

1a 📖 **Lisez le texte. Trouvez l'équivalent des mots ci-dessous.**

1	attribution	**6**	gagné
2	accordés	**7**	ont reconnu avec
3	pendant		gratitude et estime
4	transmis	**8**	chansons à grand succès
5	surtout		

[8 marks]

1b 📝 **Complétez les phrases avec les mots de la liste ci-dessous. Attention! Vous n'avez pas besoin de tous les mots.**

1 Les Victoires de la musique se tiennent …
2 On y présente les …
3 Les trophées sont l'équivalent des …
4 Les Victoires de la musique sont diffusées …
5 La scène électro française existe depuis plus de …

> trophées   25 ans   annuellement   artistes
> Césars   musiciens   rarement   en direct   30 ans

[5 marks]

1c 📖 **Pour chaque phrase, écrivez: V (vrai), F (faux) ou ND (information non-donnée).**

1 Les interprètes, les musiciens, les auteurs et les compositeurs forment la majorité de l'académie des votants.
2 La catégorie des professionnels de la production musicale inclut les artistes.
3 20% des votants de l'académie sont des agents, des disquaires, des critiques, et des programmateurs de radio.
4 Ce sont les professionnels de la production musicale qui décident des prix spéciaux.
5 Le public peut envoyer ses votes par SMS ou Internet.
6 La « Chanson de l'année » est décidée par les professionnels de l'industrie musicale.

[6 marks]

1d 🎧 **Traduisez en anglais le dernier paragraphe du texte. (« *La 30ᵉ cérémonie … visiblement ravis.* »)**

[10 marks]

Victoires de la Musique

Les Victoires de la musique sont une cérémonie de remise de prix qui a lieu annuellement en France depuis 1985. Au cours de la cérémonie sont décernés des trophées nommés « Victoires » à des artistes du monde de la musique produits dans le monde francophone au cours de l'année précédente. Ces trophées sont souvent considérés comme étant l'équivalent musical des Césars pour le cinéma et des Molières pour le théâtre.

L'académie des votants se compose à 40% d'artistes (interprètes, mais aussi musiciens, auteurs, compositeurs), à 40% de professionnels de la production musicale (ingénieurs du son, réalisateurs de clips) et à 20% d'autres professionnels d'autres milieux du monde de la musique (agents d'artistes, disquaires, critiques musicaux, programmateurs de radios). Depuis quelques années, certains trophées sont décernés par le public, par des votes envoyés par SMS et, depuis 2009, par internet: notamment la Victoire du « Groupe ou Artiste Révélation du public de l'année » et celle de la « Chanson de l'année ».

La 30e cérémonie des Victoires de la musique en 2015 (diffusée en direct de la salle du Zénith de Paris) a couronné une nouvelle génération de la musique française – sans oublier les contributions du passé. Christine & the Queens (26 ans) et Julien Doré (32 ans et ex-candidat de la Nouvelle Star[1]) ont remporté les titres dans leurs catégories respectives de l'artiste féminine et de l'artiste masculin de l'année, mais un prix spécial, le prix des 30 ans de la musique électronique, a été reçu par David Guetta. Les Victoires ont rendu hommage à la scène électro française, avec un petit film retraçant trois décennies de *french touch*[2] et l'artiste lui-même était également sur scène pour offrir un medley de plusieurs de ses tubes aux 6 000 spectateurs qui avaient la chance d'être là et qui étaient visiblement ravis.

[1] **La Nouvelle Star**: une émission de télévision française basée sur le format à succès de *Pop Idol* et *X Factor* où le but principal est de trouver un nouveau talent dans le monde musical.

[2] **french touch**: le genre musical né en France dans les années 1990 qui est reconnu internationalement comme la version française de la musique house.

Les FrancoFolies de Montréal

Les FrancoFolies de Montréal, fondées en 1989, est un festival de la chanson francophone qui se déroule annuellement à Montréal. Lors de sa 1re édition, le festival proposait dans la capitale québécoise une quinzaine de spectacles au mois de septembre et se vantait d'une fréquentation d'environ 5 000 personnes. Dès 1992, Les FrancoFolies déménagent au mois d'août en vue d'améliorer la fréquentation. Il est estimé que le festival a attiré environ un million de personnes lors de l'édition de 2009 et depuis 2010, il se produit en juin au *Quartier des Spectacles* en plein centre-ville.

La mission du festival est de « promouvoir la chanson d'expression française, de favoriser sa diffusion et de stimuler la circulation des artistes de toute la francophonie ». Le festival présente donc des spectacles d'artistes francophones de divers horizons musicaux et de diverses nationalités. Il présente des artistes bien connus, des artistes de l'heure, tout comme des figures montantes. Il offre des spectacles gratuits et payants.

Actuellement les FrancoFolies représentent l'œuvre à grand spectacle la plus grande du monde francophone entier.

2a ✎ Lisez le texte. Écrivez en français un paragraphe de 70 mots maximum où vous résumerez ce que vous avez compris selon les points suivants. Écrivez des phrases complètes.

- les raisons pour lesquelles ce festival se déroule maintenant en été. [1]
- la mission du festival. [3]
- une description du festival. [3]

Attention! Il y a 5 points supplémentaires pour la qualité de votre langue. Essayez donc d'utiliser vos propres mots autant que possible.

[12 marks]

2b ⌨ Traduisez en français.

There are many festivals in the francophone world which celebrate music. It is thought that they attract in the region of several million spectators each year. The most famous festivals take place in France and Canada in the spring or summer months to attract the largest audiences. These festivals encourage and promote new musical talent and present well-known artists as well as those who are up and coming. Sometimes the entrance to these festivals is free.

[15 marks]

3a 〰 Écoutez le reportage. Complétez les phrases avec la bonne réponse.

1 Ce concours a été lancé par …
   a les Victoires de la Musique.
   b Les FrancoFolies de la France.
   c les FrancoFolies de Montréal.
2 Le concours vise à …
   a mettre l'accent sur le talent musical.
   b promouvoir la culture canadienne.
   c créer de la musique.
3 Le jury sélectionnera …
   a dix candidats.
   b trente candidats.
   c vingt candidats.
4 La grande finale aura lieu …
   a en été.
   b en hiver.
   c en automne.
5 Le gagnant de ce concours pourra …
   a lancer un CD.
   b faire un spectacle.
   c faire une tournée.

[5 marks]

3b 〰 Réécoutez le reportage et notez les trois phrases vraies.

1 La mission des FrancoFolies est la promotion et la diffusion de la musique contemporaine.
2 Chaque participant doit envoyer une démo de sa musique.
3 Les auditions auront lieu l'année prochaine.
4 Le gagnant du concours recevra une aide financière.
5 Les mentors aideront le gagnant à préparer un spectacle.

[3 marks]

3c ✎ Écrivez vos réponses aux questions en français en utilisant vos propres mots. Il n'est pas toujours nécessaire de faire des phrases complètes.

1 Dans quelle ville canadienne est-ce qu'on organise les FrancoFolies? [1]
2 Quel est le nouveau concours des FrancoFolies? [2]
3 Combien de candidats seront sélectionnés pour la grande finale? [1]
4 Le spectacle solo durera combien de temps? [1]
5 Où aura lieu ce spectacle? [1]

[6 marks]

4 📖 **Lisez l'interview sur le piratage. Écrivez vos réponses aux questions en français.**

Alors qui sont les responsables de la musique qui apparaît illégalement et avec une fréquence alarmante en ligne? Cette question a récemment été posée à Monsieur Jacques Martin, porte-parole de l'industrie de la musique en France.

« Eh bien, il se peut facilement qu'un album paraisse en ligne sans la volonté de l'artiste ou de sa maison de disques, simplement à cause d'une personne qui a eu un lien avec le matériel pendant les longs mois entre sa naissance dans le studio et sa sortie. Cela peut être un ingénieur, un interne qui a copié les fichiers de l'enregistrement sur son ordinateur personnel, un employé de l'usine de fabrication de CD ou de l'entrepôt où on les dépose. C'est quelquefois même un bloggeur anonyme qui s'est fait obtenir un exemplaire de l'album destiné à l'origine à la presse musicale. Malheureusement pour nous il existe partout des gens peu scrupuleux. »

1 Quel est le problème abordé par ce reportage? [1]
2 Qui est Jacques Martin? [1]
3 À part les artistes et les musiciens qui sont les gens dans le studio qui ont accès au matériel? [2]
4 Où vont les albums tout de suite après leur fabrication? [1]
5 Comment les bloggeurs ont-ils quelquefois accès aux exemplaires des albums qui ne sont pas encore sortis? [1]

[6 marks]

5 💬 **À l'oral. Discutez avec un(e) partenaire.**

Amadou et Mariam: musciens maliens

- Que savez-vous des différents musiciens dans le monde francophone?
- Est-ce que vous écoutez de la musique francophone? Pourquoi? Pourquoi pas?
- On dit que la musique francophone est en déclin. Que pensez-vous de cette opinion?

6 💬 **À l'oral. Discutez avec un(e) partenaire.**

Stromae: musicien belge

- À votre avis la musique francophone contemporaine a-t-elle de meilleures qualités que la musique du passé? Pourquoi? Pourquoi pas?
- Est-ce que les nouveaux musiciens francophones sont aussi talentueux que les musiciens du passé? Pourquoi? Pourquoi pas?
- Quel rôle les concours de musique télévisés comme La Nouvelle Star etc. jouent-ils?

La diversité de la musique francophone contemporaine

	aborder	to tackle
le	chef de file	leader, front-runner
le	compositeur	composer
	convaincre	to convince
le	début	beginning
	se définir	to define oneself
la	démarche	approach
	se détendre	to relax
	en direct	live
	disposer de	to have at one's disposal
le	disque d'or / de platine	gold / platinum record
	distinguer	to distinguish
	divertir	to entertain
le	don	gift, talent
	donner du plaisir	to give pleasure
l'	échelle (f) internationale	international scale
l'	enregistrement (m)	recording
	envisager	to foresee
	évoluer	to evolve
le	génie	genius
les	goûts (mpl) musicaux	musical tastes
l'	hommage (m)	tribute
l'	innovation (f)	innovation
	lancer	to launch
	lier	to link
le	mélange	mix
	mêler les styles	to mix styles
la	mélodie	melody
le	mouvement populaire	popular movement
le	nom de scène	stage name
la	notoriété	notoriety, fame
les	paroles (fpl)	lyrics
la	pente	slope
le / la	pionnier(-ière)	pioneer
la	programmation	programming
	provoquer	to provoke
le	public	audience
	rater	to miss
la	reprise de chanson	cover version of a song
la	réussite primordiale	an immense success
la	salle de concert	concert hall
	en scène	on stage
le	single	single
	stimuler	to stimulate
le	studio d'enregistrement	recording studio
le	succès	success

la	table de mixage	mixing deck
	talentueux(-euse)	talented
	se tenir	to take place
la	vedette	star
les	ventes (fpl)	sales
la	virtuosité	virtuosity, skill

Qui écoute et apprécie la musique francophone contemporaine?

l'	activité (f) culturelle	cultural activity
l'	affichage (m)	display
	à l'aise	comfortable, at ease
	avant tout	above all
la	bande sonore	soundtrack
le / la	chanteur(-euse)	singer
la	colère	anger
la	communication de masse	mass communication
le	compte Facebook	Facebook account
	construire une identité	to construct an identity
	contraint(e)	held back
	débuter en grand	to start big, start in style
	se défouler	to unwind
	se dessiner	to take shape, to appear
la	diffusion en continu	streaming
	dissiper	to disperse
	ému	moved emotionally
l'	entretien (m)	discussion, interview
le	fichier MP3	MP3 file
	dans la foulée	immediately afterwards
	friand (de)	fond (of)
	initier	to start, initiate
	s'intégrer	to integrate (oneself)
	libre accès (m)	free access, free rein
les	médias (mpl) sociaux	social media
les	nouveautés (fpl)	new things
la	partie intégrante	integral part
le	pouvoir	power
	en progression	on the increase
	rechercher	to search for
	remercier	to thank
les	répétitions (fpl)	rehearsals
	ressentir	to feel
	soulager	to ease, to soothe
le	streaming	streaming
la	tournée	tour
les	trois quarts (mpl)	three quarters

5.3 Comment sauvegarder la musique francophone contemporaine?

l'	album (m)	*album*
	banal	*unoriginal, trite*
	certes	*indeed, to be sure*
	citer	*to cite, to make reference to*
les	clips (mpl) vidéos	*music videos*
le	concept original	*original concept*
le	concours	*competition*
	décerner	*to be awarded*
	en déclin	*in decline*
	en dépit de	*despite*
la	disparition	*disappearance*
le	disque dur	*(computer) hard disk*
le	domaine	*field, subject area*
	avoir droit à	*to have the right to*
l'	enregistrement (m)	*recording*
	enrichi	*enriched*
les	habitudes (fpl) culturelles	*cultural habits*
	en jeu	*in play, at play, at stake*
	laisser beaucoup à désirer	*to leave a lot to be desired*
la	menace	*threat*
le	milliard	*billion*
la	musique numérique	*digital music*
	provocateur(-trice)	*provocative*
la	reconnaissance	*recognition*
la	réédition	*rerelease*
le	refrain	*chorus, refrain*
le	renversement	*reversal*
la	réussite	*success*
	significatif(-ve)	*significant, important*
	soutenir	*to uphold, maintain*
	il suffit de	*it is enough to*
	être tenté de	*to be tempted to*

■ Expressions clés

Expressing time and frequency

auparavant
dans le passé
il y a longtemps

actuellement
de nos jours
en ce moment
à l'heure actuelle

entretemps
pour le moment
pour l'instant

à l'avenir
dans un avenir proche
désormais
d'ici peu
tôt ou tard
un de ces jours
à court/moyen/long terme
d'un jour à l'autre

d'habitude
de façon générale
de temps en temps
des fois/parfois
en général
fréquemment
la plupart du temps
rarement
régulièrement
souvent
toujours

By the end of this section you will be able to:

		Language	Grammar	Skills
6.1	**Pourquoi le septième art?**	Consider a variety of aspects of French cinema	Use infinitive constructions	Summarise from listening
6.2	**Évolution du cinéma: les grandes lignes**	Consider the major developments in the evolution of French cinema from its beginnings until the present day	Use *si* sentences (pluperfect / conditional perfect)	Persuasive speaking
6.3	**Le cinéma: une passion nationale**	Consider the continuing popularity of French cinema and film festivals.	Use connectives followed by the subjunctive	Write with a purpose

Depuis ses débuts vers la fin du 19ᵉ siècle le cinéma est devenu un divertissement, une industrie et un moyen de communication. Il est souvent appelé en France « Le septième art » d'après l'expression d'un critique pendant les années 1920. L'amour de cet art se manifeste surtout parmi les cinéphiles qui lui consacrent une partie significative de leur temps. Ils regardent des films, fréquentent les salles de cinéma ou collectionnent des affiches ou d'autres produits dérivés des films classiques ou même de ceux qui viennent de sortir. Outre ces fans il est quand-même rare de trouver une seule personne qui dise ne pas aimer les films. Le septième art est la première industrie culturelle du 20ᵉ siècle et sa popularité ne cesse d'augmenter au 21ᵉ.

Pour commencer

1 〰 **Écoutez le reportage. Répondez aux questions en essayant d'utiliser vos propres mots.**

1 Qu'est-ce qui s'est passé en 1995?
2 Que dit-on de la qualité des films français?
3 Comment sait-on que les films français sont connus mondialement?
4 Que dit-on des acteurs et des actrices français?
5 Où les frères Lumière ont-ils inventé le Cinématographe?

2 **À l'oral. Discutez avec un(e) partenaire.**

1 Vous considérez-vous cinéphile? Pourquoi? Pourquoi pas?
2 Connaissez-vous déjà quelques films français? Lesquels?
3 Quel genre de film vous attire le plus? Pourquoi?
4 Quel genre de film vous attire le moins? Pourquoi?
5 À votre avis quel est le meilleur moyen de regarder un film? Au cinéma? À la télévision? Sur DVD? Sur un ordinateur? Pourquoi?

Genres de film

les westerns, les comédies (-musicales), les dessins animés, les policiers (les polars), les films romantiques, les films à suspense, les films d'aventure, les films d'espionnage, les films de guerre, les films d'horreur, les films de science-fiction, les films d'arts martiaux, les films fantastiques, les drames, les films biographiques, les documentaires, les films pour enfants, les films pour la famille

3 Considérez ces chiffres et notez si les phrases sont vraies (V) ou fausses (F).

- Les entrées des salles de cinéma françaises ces dernières années ont atteint 205,95 millions.
- Environ 150 films par an sont coproduits avec Canal+, une chaîne de télévision privée payante.
- En 2010 il y avait 2 000 écrans de cinéma dans l'Hexagone et ce nombre ne cesse pas d'augmenter.
- Plus de 1 000 films par an sont diffusés à la télévision en France.
- Environ 30% des Français qui vont au cinéma s'y rendent au moins une fois par mois – les autres y vont moins souvent.

1 Presque mille films passent annuellement à la télé en France.
2 Les entrées au cinéma sont en hausse.
3 La majorité de ceux qui fréquentent les salles de cinéma y vont moins d'une fois par mois.
4 Plus de cent films par an sont coproduits par des entreprises commerciales comme Canal+.
5 Le public français a le choix entre plus de deux milles cinémas.

4 Reliez les définitions 1–8 aux mots a–h. Travaillez avec un(e) partenaire pour vérifier vos réponses.

1 Personne qui joue un rôle principal ou secondaire dans un film.
2 L'appareil utilisé pour tourner un film.
3 L'image de quelque chose vue de très près.
4 Tout ce qui est entendu pendant le déroulement d'un film.
5 Personne qui dirige les acteurs d'un film et la façon dont le film est tourné.
6 Le lieu ou le milieu où se situe et se passe l'action du film.
7 Une scène qui révèle les actions qui se sont déjà passées dans le scénario.
8 Une image arrêtée sur un visage, une personne ou sur un objet.

a metteur-en-scène
b effets sonores
c caméra
d retour en arrière
e plan fixe
f gros plan
g comédien(ne)
h décor

5 Faites des recherches si nécessaire et mettez ces noms du monde cinématographique français dans les bonnes catégories. Quelques noms peuvent appartenir à plus d'une catégorie.

acteur / comédien	actrice / comédienne	réalisateur	réalisatrice

Le Fabuleux destin d'Amélie Poulain

■ **Le saviez-vous?**

- La première représentation dans le monde entier d'un film devant une audience payante a eu lieu au Grand Café à Paris, le 28 décembre 1895 – un programme de courts métrages muets filmés par Louis Lumière et son frère Auguste. Ces films furent les premiers documentaires dans le monde cinématographique.

- La France demeure le pays européen qui organise le plus grand nombre de festivals de cinéma chaque année.

- 200 nouveaux films (en moyenne) sont produits en France chaque année.

- Le prix le plus prestigieux dans le monde cinématographique français est La Palme d'Or (décernée annuellement au festival de Cannes)

- Par rapport à ses habitants, Paris a le plus grand nombre de salles de cinémas par personne sur l'échelle mondiale.

Mathieu Kassovitz / Coline Serreau / Omar Sy / Juliette Binoche / François Truffaut / Louis Malle / Jean Reno / Catherine Deneuve / Cédric Klapisch / Mélanie Laurent / Roselyne Bosch / Gad Elmaleh / Dany Boon / Jean-Pierre Léaud / Audrey Tautou / Laurent Cantet / François Cluzet / Daniel Auteuil / Agnès Varda / Romain Duris

A: Pourquoi le septième art?

Vocabulaire

un amateur *enthusiast*
une appellation *label*
la Grèce antique *Ancient Greece*

Le 7ᵉ Art

D'où vient cette appellation « le 7ᵉ Art »? Pour bien comprendre ce nom il faut savoir que la Grèce antique divisait les arts en six catégories: l'architecture, la sculpture, la peinture, la musique, la poésie et la danse. Au vingtième siècle Ricciotto Canuda, critique italien et adhérent-amateur de cette nouvelle invention du film et résidant pour la majeure partie de sa vie adulte en France, a proclamé un septième art — le cinéma. Il le voyait comme un art qui mariait les trois arts plastiques (l'architecture, la sculpture et la peinture) et les trois arts rythmiques (la musique, la poésie et la danse). C'est depuis ce temps-là qu'on commence à appeler le cinéma, surtout en France, « le 7ᵉ art ».

Grammaire

Infinitive constructions (see also page 31)

Some expressions are followed by the infinitive.

These expressions include *pour* and *afin de*, which both mean 'to…' or 'in order to…'.

Je vais souvent au cinéma pour voir les nouveaux films.

Many verbs require *à* or *de* before another verb in the infinitive:

Un bon film réussit à provoquer des émotions fortes chez les spectateurs.

Un nouveau film romantique vient de sortir.

The perfect infinitive is used after *après* to convey 'after doing' or 'after having done' something. Use the infinitive of *avoir* or *être* + a past participle. (The normal rules about past participle agreements apply.)

Après avoir réfléchi, je dois admettre que ce sont les films dramatiques qui m'attirent le plus.
After having thought about it, I have to admit that it is dramatic films which attract me the most.

Après être arrivée à Paris, elle est tout de suite sortie à la recherche d'un cinéma.
After arriving in Paris, she went out straight away to look for a cinema.

See page 154.

1 Ce sont les anciens Romains qui proposaient six catégories d'art.
2 La littérature non-poétique ne figurait pas dans les six catégories.
3 Ricciotto Canuda était de nationalité italienne.
4 La musique est l'un des trois arts plastiques.
5 C'est surtout en Suisse que le cinéma est connu sous le nom du 7ᵉ Art.

1b Corrigez les phrases de l'activité 1a qui sont fausses.

2 🎤 Écoutez les cinq personnes qui parlent du cinéma. Quels aspects du cinéma sont les plus attirants pour chaque personne (et pourquoi)? Écrivez vos réponses en essayant d'utiliser vos propres mots.

1 Annette   2 Henri   3 Julie   4 Saïd   5 Julien

3 Traduisez en français.

1 I prefer to watch films on the big screen of a cinema rather than at home on TV.
2 A good soundtrack helps to convey the emotional messages of a film.
3 The number of cinema spectators continues to increase each year.
4 I have just seen a new horror film. It was terrifying.
5 Many actresses dream of winning a prize for their part in a film.
6 After having seen this film twice now, I would say without hesitation that it is excellent.

4a Lisez l'article sur le Ciné Cité les Halles à Paris et trouvez les synonymes ou les expressions équivalentes dans le texte.

UGC Ciné Cité les Halles

Le complexe-cinéma le plus grand en France est celui de l'UGC Ciné Cité Les Halles à Paris (avec 27 écrans et 3 913 places). Ce « multiplexe » est situé au Forum des Halles dans le premier arrondissement de la capitale. Il est considéré le complexe-phare de la compagnie UGC autant pour son record européen de nombre d'entrées, que pour la variété des films qu'on y passe par ses projecteurs numériques, 7 jours sur 7 et 365 jours par an.

Avec le Forum des images et la Bibliothèque de cinéma François-Truffaut, le Ciné Cité forme un pôle cinématographique dans une voie souterraine en plein centre-ville qu'on appelle la Rue du Cinéma. Ici les cinéphiles peuvent assister aux projections de films de tous les genres, ainsi que des grands classiques du cinéma et des événements orientés spécifiquement vers le monde du 7e art.

Le Ciné Cité Les Halles détient le record européen de fréquentation avec plus de 3 millions d'entrées par an (depuis 2008) et offre à ses abonnés pour un prix intéressant de moins de €20 par mois la « carte UGC illimité » (ou pour €35 par mois « la carte UGC illimité 2 » pour deux adultes) qui permet l'entrée libre et illimitée aux salles du multiplexe. L'*Union Générale Cinématographique* (maintenant tout simplement UGC) a été créée en 1971 à la suite d'une fusion de plusieurs compagnies régionales de cinéma. Elle a 45 sites et 488 écrans situés dans trois pays (la France, La Belgique et l'Espagne). Les ventes de billets sont annuellement au-dessus de 65 millions, fait qui met cette compagnie au deuxième rang en Europe juste derrière Odéon UCI.

1	se trouve	**5**	dirigé vers
2	le choix	**6**	sans limites
3	annuellement	**7**	plus de
4	amateurs de cinéma	**8**	en deuxième position

4b Écrivez vos réponses aux questions suivantes en français:

1 Où est le Ciné Cité Les Halles?
2 Quand peut-on y voir des films?
3 C'est quoi la Rue du Cinéma?
4 Quelle sorte d'événements est-ce qu'on organise au Ciné Cité?
5 Combien coûte un abonnement mensuel au Ciné Cité pour un couple?

4c Traduisez le dernier paragraphe du texte en anglais.

5a À l'écrit. Trouvez et regardez la bande annonce d'un film français sur Internet. Préparez vos réponses à ces questions. Écrivez environ 200 mots.

- Ce film est de quel genre? Il est sorti quand? Qui sont les acteurs principaux?
- Qui est le réalisateur / la réalisatrice du film? Que savez-vous de sa vie (âge, date et lieu de naissance, filmographie)?
- D'après la bande annonce, de quoi s'agit-il dans ce film?
- Aimeriez-vous aller voir ce film au cinéma? Pourquoi? Pourquoi pas?

5b À l'oral. Présentez vos réponses à l'activitié 5a à la classe.

▉ Vocabulaire

un / une abonné(e) *subscriber*
un arrondissement *district*
détenir un record *to hold a record*
la fusion *merger*
-phare *key, flagship*
la voie souterraine *underground street*

▉ Expressions clés

Au cinéma ce que je préfère, c'est … parce que je m'intéresse au / à la / aux …

Je trouve (les films de science-fiction) assez … car …

À mon avis le cinéma français est …

Les meilleurs acteurs français sont … car ils …

Je dirais que les films français sont populaires dans le monde entier grâce à / parce que …

La fréquentation des cinémas en France augmente tous les ans parce qu'à mon avis …

1a Lisez le texte et indiquez si, selon le premier paragraphe, les phrases suivantes sont vraies (V) ou fausses (F) ou si l'information est non donnée (ND).

Marion Cotillard

Marion Cotillard est née le 30 septembre 1975 à Paris. À la fin des années 1990, elle est révélée au grand public dans le rôle de Lilly Bertineau dans la saga *Taxi* de Luc Besson. En 2004, elle reçoit la première des grandes récompenses qui vont désormais déterminer sa carrière: le César de la meilleure actrice dans un second rôle, pour seulement huit minutes de présence à l'écran dans le film *Un long dimanche de fiançailles* de Jean-Pierre Jeunet où elle interprète le petit rôle de Tina Lombardi, une prostituée qui cherche à venger la mort de son amant dans l'enfer des tranchées de la Première Guerre mondiale.

En 2008, c'est son interprétation de la chanteuse Édith Piaf dans le film biographique *La Môme* qui lui attire de nombreuses récompenses mondiales, dont un César, un Golden Globe, un BAFTA et un Oscar. Elle devient notamment la première Française à être désignée « meilleure actrice » par l'Académie hollywoodienne des Oscars pour un film tourné en langue française. Elle devient aussi la seule personne, avec Adrien Brody pour *Le Pianiste*, à recevoir un Oscar à Los Angeles et un César à Paris pour la même interprétation. Suivant ce succès, Marion Cotillard a travaillé avec des réalisateurs célèbres tels que Tim Burton, Woody Allen, Jacques Audiard et Xavier Dolan. En même temps, l'actrice acquiert un statut de rentabilité illustré par des salaires énormes et en février 2011, elle devient l'actrice la mieux payée de France mais aussi l'actrice non-américaine la mieux payée d'Hollywood.

Vocabulaire

acquérir *to gain, to acquire*
interpréter un rôle *to play a role*
la récompense *reward*
la rentabilité *profitability*
le statut *status*
la tranchée *trench*
venger *to avenge*

1 Marion Cotillard était inconnue dans le monde du cinéma avant la fin des années 1990.
2 Elle a reçu un salaire modeste pour son rôle dans la saga *Taxi*.
3 Le rôle de Tina Lombardi était un rôle majeur.
4 Le film *Un long dimanche de fiançailles* a été réalisé par Jacques Audiard.
5 Les événements de ce film se passent pendant une période de conflit.

1b Résumez le deuxième paragraphe du texte. Vous devez mentionner:

- les prix gagnés par Marion Cotillard pour son travail cinématographique à partir de 2008
- ce qu'elle a fait à la suite de son succès dans *La Môme*
- ce qu'elle est devenue en 2011.

2 〰 Écoutez deux cinéphiles qui parlent du rôle de l'acteur. Répondez aux questions suivantes. Essayez d'utiliser vos propres mots.

1 Pour la première personne quelles sont les **six** qualités nécessaires d'un bon acteur?
2 Et pour la deuxième personne?

3 〰 **Écoutez ces deux autres cinéphiles qui parlent des qualités d'un bon film et répondez aux questions suivantes en français.**

1 Pour la première personne quelles sont les <u>cinq</u> qualités nécessaires d'un bon film? Essayez d'utiliser vos propres mots.

2 Et pour la deuxième personne?

4 **À l'oral. Discutez avec un(e) partenaire.**

- Que pensez-vous de l'interprétation de Marion Cotillard dans le film *La Môme*? (Si vous n'avez pas vu ce film essayez d'en regarder quelques scènes afin de répondre à cette question.)
- Pour vous quelles sont les qualités d'une bonne actrice ou d'un bon acteur?
- Quelles sont les qualités d'un bon film?
- Avez-vous un acteur favori ou une actrice préférée? Qui? Pourquoi?
- Quel est votre film favori? Pourquoi?

5a 〰 **Écoutez ce critique qui parle d'une nouvelle adaptation cinématographique du livre *Le Petit Prince*. Écoutez encore la première partie et complétez les blancs avec les mots dans la liste. Attention! Vous n'avez pas besoin de tous les mots.**

1 Ce film représente la forte _____ de la part du réalisateur.

2 Il y a _____ d'animation en 3D et de stop motion.

3 Cette méthode est utilisée pour faire _____ entre la vie réelle et la vie imaginaire.

4 Le film avait _____ de 60 millions d'euros.

5 Des français renommés du monde cinématographique ont prêté _____ aux personnages principaux.

6 En dépit de tout ça, la réussite du film n'est pas _____ .

> un mélange   le talent   les acteurs   leur voix   ambition   modeste
> un contraste   un budget   certaine

5b 〰 **Écoutez encore la deuxième partie et résumez ce que dit le critique. Vous devez mentionner:**

- à qui ce film est principalement adressé
- les défauts du film à l'avis de ce critique
- ce qu'il aurait préféré.

⬛ Compétences

Summarising from listening

When you are listening in order to summarise what you have heard, you must listen for **key facts**.

You will often be directed towards listening for specific information to include in your summary, so there will be a clear focus for your listening.

Strategies

- Listen carefully to the whole text to get a general idea of the content.

- Listen again to the section which you have been asked to summarise.

- Try to identify the **key** words in what you hear and write them down.

- Listen again and pay attention to the words near to the ones you have identified to see if they change or modify the meaning of what is said.

- Write your answer making sure you include the number and type of information you have been asked for.

- Try to use your own words.

- Listen again to check your answer.

- Read your answer again to ensure that it makes sense. (If it doesn't make sense it can't be right!)

⬛ Expressions clés

Récemment j'ai vu… c'est un(e)…
C'est l'histoire…
Les personnages sont…
J'ai trouvé le scénario…
À mon avis le film est…
L'interprétation était…
La bande sonore m'a fait penser à…

1 Faites des recherches et complétez l'activité suivante.

1 Donnez les détails biographiques des frères Lumière (date et lieu de naissance, date de décès).
2 Indiquez le programme de films qu'ils ont montré au public.
3 Calculez la durée du programme.
4 Faites une liste des grandes villes où ils ont montré leur programme.
5 Donnez la raison pour laquelle ils n'ont pas continué dans le monde du cinéma.

Affiche réalisée pour *L'Arroseur arrosé*, projeté par les frères Lumière vers 1895

Le cinéma français: Les premières années (1895–1900)

Le succès des projections des frères Lumière dans le sous-sol du Grand Café à Paris n'était qu'un début mais les premières années du 7ème Art n'ont pas été sans problèmes. Dès leur arrivée aux États-Unis en 1896 les deux frères ont failli se faire arrêter. En effet, quelques mois auparavant, l'inventeur américain Thomas Edison avait organisé des projections publiques de son propre appareil qui ressemblait au Cinématographe. Avec son « Vitascope » il voulait en fait monopoliser le cinéma américain. Par conséquent, les appareils français ont été confisqués par la police et Auguste et Louis ont dû fuir le pays.

En plus, chez eux en France, les Lumière ont également dû faire face à la concurrence. Georges Méliès, prestidigitateur renommé et propriétaire d'un théâtre de spectacles de magie, avait développé un appareil qui lui donnait la possibilité de créer des courts-métrages de ses illusions. Comme tous les films de cette époque, ses projections duraient chacune moins d'une minute. Cependant, les techniques qu'il utilisait sont en réalité devenues les premiers effets spéciaux dans le domaine du cinéma.

En même temps, toujours sur le territoire français, Léon Gaumont et Charles Pathé ont fait leurs premiers pas dans le monde de ce nouvel art en créant leurs propres compagnies de production et de distribution de films tournés avec des appareils similaires à l'invention des Lumière.

L'importance majeure de ces hommes dans le cinéma en tant que divertissement populaire est aujourd'hui reconnue dans le monde entier.

Thomas Edison

Un des premiers appareils de projection, produit par Léon Gaumont

Georges Méliès

Charles Pathé

Vocabulaire

auparavant *beforehand*
la concurrence *competition*
faillir faire quelque chose *to almost do something*
fuir *to flee*

2a Lisez le texte et trouvez les équivalents.

1	il avait envie	**5**	en France
2	s'échapper	**6**	primordiale
3	magicien	**7**	établie
4	de ce temps-là	**8**	maintenant

2b Complétez les phrases en essayant d'utiliser vos propres mots.

1 Thomas Edison voulait monopoliser l'exploitation du cinéma…
2 La police américaine a…
3 En France les frères Lumière avait trois…
4 Georges Méliès tournait…
5 Ses projections duraient…
6 Les appareils utilisés par les compagnies de Gaumont et Pathé…

3a Traduisez en anglais.

1 Si on regardait un film romantique?
2 Si nous avons le temps nous pourrons visiter le musée François Truffaut.
3 Ma copine serait ravie si elle rencontrait sa vedette de cinéma favorite.
4 Si c'était à moi de décider tous mes acteurs préférés recevraient un César.
5 Nous n'irons plus au cinéma si on continue à augmenter les prix d'entrée.

3b Traduisez en français.

1 More people would go to the cinema if it were less expensive.
2 If it rains this afternoon we will stay at home to watch a film.
3 The quality of the images in films will also improve if technology improves.
4 If I had enough money I would buy all of my favourite films on DVD.
5 How about going to see a fantasy film?

4a ⌁ Écoutez les six personnes qui parlent des avancements technologiques du cinéma. Ils parlent de quelle technologie? Notez vos réponses de 1 à 6.

4b ⌁ Écoutez encore une fois et indiquez si chaque opinion 1–6 est positive (P), négative (N), ou positive et négative (P+N).

4c Identifiez les avantages et les inconvénients dont on parle. Essayez d'utiliser vos propres mots.

⊞ Grammaire

Si sentences (also see page 75)

When you use *si* (if) in sentences there is a specific sequence of tenses to use.

In those cases where something **will happen** if something else **happens**, the main verb is in the future tense and the present tense is used after *si*.

*Ce soir j'**irai** au cinéma si mon père me **donne** mon argent de poche.*
I **will go** to the cinema tonight if my dad **gives** me my pocket money.

In those cases where something **would happen** if something else **happened** / **were to happen**, the main verb is in the conditional and the imperfect tense is used after *si*.

*Ce soir j'**irais** au cinéma si mon père me **donnait** mon argent de poche.*
I **would go** to the cinema tonight if my dad gave me my pocket money.

In hypothetical cases where something **would have happened** if something else **had happened**, the main verb is in the conditional perfect and you use the pluperfect tense after *si*.

*Ce soir je **serais allé(e)** au cinéma si mon père m'**avait donné** mon argent de poche.*
I **would have gone** to the cinema tonight if my dad **had given** me my pocket money.

Also see page 117.

NOTE: You also use the imperfect tense after *si* if you are making a suggestion.

Si on **allait** au cinéma ce soir?
How about going to the cinema tonight?

See pages 149–151.

5 À l'oral. Discutez avec un(e) partenaire.

- Quels sont les avantages des DVD et des disques Blu-ray? Et des films en streaming?
- Préférez-vous les images en haute définition ou les films en 3D?
- Que pensez-vous du cinéma numérique?
- Avez-vous une télévision à large écran plat ou incurvé chez vous? Quel est l'avantage d'un tel écran?

Vocabulaire

donner son impulsion *to give impetus*
un écart *gap*
une étiquette *label*
insolite *unusual, strange*
le moule *mould*
qualitatif (-ve) *description*

1 Trouvez l'intrus dans chacune de ces listes et justifiez votre choix.

1 projecteur, caméra, spectateur, écran, film
2 acteur, comédienne, réalisateur, cinéphile, pellicule
3 bande sonore, décor, applaudissement, costumes, script
4 projection numérique, images en haute définition, cinéma 3D, metteur-en-scène, cinéma IMAX
5 Oscar, Molière, César, Palme d'Or, BAFTA

2a Lisez le texte qui parle du mouvement cinématographique le plus connu en France, et complétez les phrases.

La Nouvelle Vague

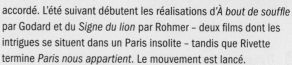
Hiroshima mon amour

L'expression « Nouvelle Vague » s'applique à la période de l'histoire du cinéma français couvrant les années 1959–60. Au départ simple étiquette journalistique appliquée aux jeunes de 1958, le qualificatif Nouvelle Vague rassemble bientôt toute une génération de cinéastes qui commencent leur premier long métrage à la fin des années 1950. Quelques-uns, qui ont déjà signé des courts métrages, vont donner son impulsion au mouvement. Parmi eux on trouve, notamment, François Truffaut, Jean-Luc Godard, Claude Chabrol, Éric Rohmer et Jacques Rivette.

Phénomène cinématographique assez paradoxal, la Nouvelle Vague est constituée d'auteurs, d'événements, d'œuvres, d'idées et de conceptions de la mise en scène extrêmement divers.

La Nouvelle Vague apparaît comme un véritable événement – peut-être même une petite révolution – dans la mesure où elle permet à de nouveaux auteurs de tenter de renouveler le cinéma français. On pourrait dire que le seul trait commun aux auteurs Nouvelle Vague était leur volonté de se démarquer du cinéma dit « de qualité » – passé par le moule des studios – au profit d'œuvres plus personnelles, avec des méthodes hors normes: un très petit budget, une équipe réduite, des acteurs inconnus, des décors naturels et le manque d'autorisation officielle de tournage du Centre national de la cinématographie.

Le Festival de Cannes 1959 est celui de la Nouvelle Vague, représentée par *Les Quatre Cents Coups*, de François Truffaut, à qui le prix de la mise en scène est accordé. L'été suivant débutent les réalisations d'*À bout de souffle* par Godard et du *Signe du lion* par Rohmer – deux films dont les intrigues se situent dans un Paris insolite – tandis que Rivette termine *Paris nous appartient*. Le mouvement est lancé.

Il est difficile de dater la fin du phénomène de la Nouvelle Vague. On assiste dès 1962 à une première crise avec une série d'échecs commerciaux. Certains films ne sont même plus distribués commercialement. Parallèlement, les nouveaux auteurs accentuent l'écart existant entre leur originalité créatrice et la réceptivité du public de cinéma, qui reste malgré tout un public de masse. Les producteurs eux-mêmes soutiennent des films plus conformes aux critères du grand public. Mais, en tout cas, même si le succès de la Nouvelle Vague n'a duré que deux ou trois saisons, des films comme *À bout de souffle* ou *Les Quatre Cents Coups* sont désormais devenus des films de référence pour les jeunes cinéastes dans le monde.

Jules et Jim

1 À l'origine, la « Nouvelle Vague » était une expression qui décrivait …
  a la mode des années 1950.
  b les jeunes des années 1950.
  c le cinéma des années 1950.
2 Les réalisateurs de la Nouvelle Vague voulaient … le cinéma français.
  a protéger   **b** encourager   **c** renouveler
3 Leurs méthodes étaient … par rapport aux normes cinématographiques.
  a convenables   **b** révolutionnaires   **c** similaires
4 Dès 1962 on a commencé à voir … de la Nouvelle Vague.
  a la réussite   **b** le déclin   **c** la popularité

2b Répondez aux questions en français, en utilisant vos propres mots.

1 Qui étaient les réalisateurs emblématiques de la Nouvelle Vague?
2 Pourquoi est-ce qu'on en parle comme d'un phénomène paradoxal?
3 Quel était le trait commun des auteurs de la Nouvelle Vague?
4 Qu'est-ce qui s'est passé au festival de Cannes en 1959?
5 Comment les producteurs du cinéma ont-ils réagi aux échecs commerciaux des films de la Nouvelle Vague?
6 Quelle est l'importance de la Nouvelle Vague?

2c Traduisez en français.

In the 1950s many young directors wanted to revolutionise French cinema and free it from the mould of the studios. They were interested in more personal stories filmed with smaller teams and unknown actors in more natural and realistic surroundings. The work of these directors is now known as 'La Nouvelle Vague' – a short-lived phenomenon dominated by film-makers like François Truffaut and Jean-Luc Godard who made their first feature length films during the winter and spring of 1958–9.

3a ⁓ Écoutez les trois jeunes qui parlent des comédies de Francis Veber. Répondez aux questions en utilisant vos propres mots.

1 Pourquoi est-ce que la première personne n'aime pas les comédies?
2 D'après la deuxième personne, qu'est-ce qui fait une bonne comédie?
3 Quelle est l'opinion de la troisième personne?

3b À l'oral. Discutez avec un(e) partenaire.

• Que pensez-vous des comédies? Pourquoi? Donnez des exemples.

3c À l'oral. Préparez un débat à deux. L'un(e) de vous proposera les qualités d'un genre de films tandis que l'autre proposera les qualités d'un genre différent.

4 Traduisez en anglais.

1 Sans l'invention du Cinématographe l'histoire du cinéma aurait été complètement différente.
2 Je serais allée voir le film mais je n'avais pas le temps.
3 Quand ma mère avait fini son travail elle nous a retrouvés en ville.
4 Je n'aurais jamais pensé à ça.
5 Mon père adore les films biographiques. Il aurait bien aimé le film *Mesrine*.

▶ Compétences

Persuasive speaking

When you are putting forward your ideas orally in French you need to be persuasive and convincing.

You can achieve this by:

• being confident in what you say
• taking ownership of the points you make (see page 97)
• supporting the points you make with an example
• justifying your point of view (if possible with more than one reason)
• offering an explanation of what you initially say
• reinforcing your point of view with further examples.

Whenever you are planning answers for questions on a particular topic, think about what additional questions might be put to you and how your views might be challenged. Be prepared!

⊞ Grammaire

Pluperfect

The pluperfect is a compound tense which is used to talk about what **had happened**. It is made up of two parts: the imperfect of *avoir* or *être* + a past participle. As in the perfect tense, with *être* verbs, the past participle must agree with the subject.

Il a dit qu'il avait regardé plusieurs films de la Nouvelle Vague.
He said that he had watched several Nouvelle Vague films.

See page 150.

Conditional perfect

The conditional perfect tells you what **would have happened**. It is formed from the conditional of *avoir* or *être* + a past participle.

Sans les avancements technologiques le cinéma IMAX n'aurait jamais été inventé.
Without the advances in technology IMAX cinema would never have been invented.

See page 151.

Le succès des séries télé nuit-il au cinéma?

Aller au cinéma ou regarder une série? De plus en plus de spectateurs se posent la question avant de sortir dépenser 10 euros pour profiter du spectacle des salles de ciné, surtout depuis que la télévision propose des séries haut de gamme, empruntant au cinéma son budget, son sens du spectacle et de plus en plus ses acteurs, réalisateurs et scénaristes.

Cependant pour l'instant, le clivage entre télévision et cinéma en France est encore très présent. Le cinéma, c'est le prestige; la télévision est considérée comme moins intéressante. En France on « protège le cinéma ».

Le cinéma n'est donc pas menacé, mais il se transforme. Les studios ont abandonné les films de niche qui ciblaient des populations stéréotypées (les westerns pour les hommes, les romances pour les femmes) au profit de très grosses productions dans une logique de blockbusters très grand public. La compétition avec les séries télévisées les incite à miser sur des franchises qu'ils exploitent le plus longtemps possible en comptant sur des valeurs sûres, comme les *Batman* et les autres films de super-héros, dont ils multiplient les suites.

Les cinémas se sont transformés eux aussi. Ils sont devenus de très grands complexes, avec des dizaines de salles et dans lesquels on trouve une offre commerciale énorme, du popcorn, des hot-dogs, et même des pistes de bowling. Ils accueillent un public précis: des adolescents qui n'hésitent pas à dépenser leur argent dans ces à-côtés, en attendant le début de leur film. Le cinéma profite aussi de sa forme spécifique pour attirer des spectateurs grâce à une « offre augmentée », à laquelle les gens n'ont pas accès chez eux: la 3D, le son THX, les sièges qui bougent. Au Québec, il y a même des salles de cinéma où l'on peut dîner ou prendre un verre, en regardant un film.

Si ces complexes multisalles laissent de moins en moins de place à un cinéma intelligent où les films d'auteur font de très courtes carrières en salles il y a un genre qui survit encore au raz-de-marée télévisuel, c'est la comédie. C'est le genre le plus rentable. Il ne coûte pas particulièrement cher et il rapporte beaucoup. À la télévision, la tradition comique prend systématiquement la forme de sitcoms. Quelle que soit leur qualité, ce format purement télévisuel, avec des épisodes d'une vingtaine de minutes et des rires en boîte, ne peut pas faire concurrence aux longs-métrages visionnés dans une salle de cinéma.

Vocabulaire

le clivage *division*
un à-côté *incidental, extra*
haut de gamme *high quality, at the top of the scale*
miser sur *to back*
le raz-de-marée *tidal wave*

1a Lisez le texte et remplissez les blancs avec les mots de la liste.

1 La qualité de la programmation à la télévision a beaucoup _____ .
2 Heureusement en France on _____ à protéger le cinéma.
3 On tourne de moins en moins de genres de films _____ .
4 On peut exploiter les _____ en multipliant les suites des films originaux.
5 Les complexes multisalles offrent toute une gamme de choses _____ .

inférieures   augmenté   stéréotypés   diminuer
continue   moyens   franchises   noté   supplémentaires

1b Traduisez en anglais le dernier paragraphe du texte.

1c Corrigez les phrases suivantes selon l'article.

1 Les films empruntent quelquefois le sens de spectacles des séries télévisuelles.
2 Les studios continuent à tourner des films de niches.
3 La télévision ne fait pas concurrence au cinéma.
4 Le grand public des salles de cinéma se compose d'adultes.
5 Dans tous les cinémas au Canada on peut dîner en regardant un film.

2 Traduisez en français.

1 French cinema will always be popular assuming that the quality of its films continues to improve.
2 The film industry produces trailers for films which are exciting and intriguing so that that they can capture the interest of the public.
3 The ending of a film always remains a secret until it is released.
4 Provided that I have enough money we can go to see a 3D film this evening.
5 I always watch a film until it finishes even if it is boring.

3 〰 Écoutez cette publicité pour le Pass Gaumont-Pathé. Faites le résumé de la publicité. Écrivez environ 70 mots et essayez d'utiliser vos propres mots. Vous pouvez mentionner:

- ce que vous offre Le Pass Gaumont-Pathé
- les offres supplémentaires dont vous pouvez bénéficier
- comment s'inscrire en ligne
- comment s'inscrire en personne.

Le pass
Gaumont-Pathé

les cinémas
GAUMONT PATHE!
LE PASS SOLO

Laura Devigne
63065961201

8 426634 578629

4 À l'oral. Discutez avec un(e) partenaire:

- À votre avis, quels sont les avantages d'un abonnement au cinéma?
- Si vous étiez le directeur d'un système d'abonnement quels privilèges supplémentaires offririez-vous?
- Pour vous l'histoire du cinéma et les films du passé sont-ils importants? Pourquoi? Pourquoi pas?

5 À l'écrit. Faites des recherches pour préparer une présentation sur le cinéma français et son influence dans le monde. Vous devez mentionner:

- les films importants et influents
- les mouvements cinématographiques
- les acteurs / réalisateurs principaux
- les studios de production
- les genres importants.

Les Quatre Cents Coups, premier
film de François Truffaut

⊞ Grammaire

Connectives and conjunctions followed by the subjunctive

Some connectives and conjunctions require the subjunctive. Here is a short list of some of these:

à supposer que	supposing that
afin que	in order that
de façon que	in such a way that
en admettant que	assuming that
jusqu'à ce que	until
pour que	so that
pourvu que	provided that

See page 151.

▦ Vocabulaire

l'actualité *the news*
une équipe d'accueil *welcome team*
forfaitaire *inclusive*
mener à *to lead to*
mensuel(le) *monthly*
muni de *armed with*
le prélèvement automatique *direct debit*
le programme de fidélité *loyalty scheme*
la retransmission *screening*
le tarif préférentiel *preferential rate*

▦ Expressions clés

Le cinéma en France constitue un des plus grands moyens d'évasion pour le grand public.
Le cinéma français joue un grand rôle sur le marché international.
Les cartes d'abonnement au cinéma permettent de…
Le patrimoine du cinéma français doit être préservé.

6.3 B: Le cinéma: une passion nationale

1a Lisez le texte et complétez chaque phrase en choisissant dans la liste en bas.

Le Festival international du film d'animation d'Annecy

Le festival de cinéma est la première rencontre entre une œuvre, ses créateurs et son public, si celui-ci se déroule avant la sortie nationale du film. Parfois, ce sera la seule, si la rencontre échoue. C'est donc un moment clef dans la vie d'un film. Pour le réalisateur et le producteur, la réaction du public à la présentation du film peut être la source d'une profonde remise en question ou d'une consécration nationale, et quelquefois internationale. La projection d'un film à un festival est généralement ouverte au public mais il arrive parfois qu'elle soit réservée aux critiques, journalistes ou professionnels.

Le rôle des festivals de cinéma est double. Ils permettent à la fois de trouver du talent nouveau et de le faire connaître et de promouvoir les films sélectionnés. L'exemple du Festival de Cannes est frappant : les films en compétition et hors compétition seront distribués en France et seront vus par des producteurs, distributeurs et critiques venus du monde entier. De même, lors des quinze jours du festival se déroule un « Marché du film », qui permet aux artistes manquant de moyens de trouver un distributeur. Un festival de cinéma permet donc de présenter une œuvre au monde entier.

La plupart des festivals suivent une régularité annuelle ou biennale qui, à part des considérations d'organisation pratique, permet de conserver un caractère exceptionnel à l'événement.

Parmi les nombreux festivals de cinéma qui sont organisés chaque année en France les plus connus sont: le Festival international du film d'animation d'Annecy, créé en 1960, qui se déroule au début du mois de juin dans la ville d'Annecy, en Haute-Savoie avec son écran géant en plein air installé sur le Pâquier pour des projections publiques; le Festival international de cinéma de Marseille qui est l'un des principaux festivals internationaux compétitifs (documentaire et fiction) en France et qui accueille environ 23 000 spectateurs chaque année pendant six jours début juillet, et bien sûr le festival de Cannes fondé en 1946 qui se déroule chaque année durant douze jours en mai et qui est devenu, au fil des années, le festival de cinéma le plus médiatisé au monde notamment lors de la cérémonie d'ouverture et la montée des vingt-quatre « marches de la gloire » couvertes d'un tapis rouge.

1 Si un film n'est pas une réussite sa projection à Cannes peut-être sa seule _____ avec le public.
2 La présentation d'un film à Cannes peut mener à une _____ internationale.
3 Quelques projections au festival restent _____ .
4 Les festivals sont importants car ils permettent la découverte du nouveau _____ .
5 Les artistes manquant de moyens peuvent y trouver _____ .

> privées   de l'aide   public   rencontre
> échec   réussite   talent   ouvertes

Vocabulaire

biennale *occurring every two years*
une consécration *crowning point*
au fil des années *over the years*
manquer de moyens *to lack the means*
médiatisé *widely reported in the media*
le Pâquier *an extensive landscaped area in Annecy*

1b **Choisissez la bonne réponse pour compléter les phrases.**

1 On n'organise pas les festivals plus souvent qu'une fois par an ou tous les deux ans pour …
   a préserver un caractère exceptionnel.
   b attirer plus de spectateurs.
   c trouver du talent nouveau.

2 Le Festival d'Annecy est un festival de …
   a documentaires.
   b dessins animés.
   c films à suspense.

3 Pendant ce festival on … dans le Pâquier.
   a organise un concert
   b accorde des prix
   c projette des films

4 Le Festival de cinéma de Marseille dure …
   a une quinzaine de jours.
   b une semaine.
   c six jours.

5 La cérémonie d'ouverture et la montée des vingt-quatre « marches de la gloire » est le moment … du festival.
   a culminant
   b le plus célèbre
   c le plus télévisé

1c **Traduisez en français.**

A film festival can represent one of the key moments for a film. A screening of a film at Cannes, for example, is an opportunity to promote a film worldwide since the festival is so widely reported in the media each year. For twelve days in May hundreds of directors, producers and artists gather together to celebrate cinema, hoping to win a prestigious Palme d'Or.

2 ⎯⋀⎯ **Écoutez ce reportage. Faites le résumé en 70 mots environ. Vous pouvez mentionner:**

- ce qu'on apprend d'Agnès Varda
- ce qu'on apprend de la Palme d'or depuis 1975.

3 **À l'oral. Discutez avec un(e) partenaire.**

- Que savez-vous des festivals de cinéma en France?
- Quels sont les avantages des festivals de cinéma?
- À votre avis, est-ce qu'il est important pour un cinéaste de gagner un prix pour son travail?

4 **Travail de recherche. Choisissez un festival de cinéma d'un pays francophone. Présentez le festival. Indiquez:**

- le genre de films présentés
- où et quand le festival se déroule
- les prix accordés
- le genre de spectateurs qui assistent à ce festival
- quelque chose d'extraordinaire qui s'est passé au dernier festival.

▶ Compétences

Writing with a purpose

The following strategies should help you to produce better written responses.

- Plan what you are going to write:
  - Identify the key points that you intend to make (1 2 3 4 5 …).
  - Plan the development of each point.
  - Note examples that you will use to illustrate the points.

- Make sure that what you write is always relevant to the theme, topic and title of the task.

- You could use the method of: **EX**press a point, **EX**plain it, and provide an **EX**ample to illustrate it (**EXEXEX**).

- Include a wide range of topic-specific vocabulary.

- Try to use a range of adverbs and adverbial phrases to provide interest and variety of expression.

- Try to use a variety of connectives and conjunctions.

- Above all make sure that the vocabulary you use is purposeful and non-contrived.

■ Expressions clés

Les festivals de cinéma en France permettent de promouvoir les films au niveau national et international.
Il ne faut pas oublier…
Il est essentiel de noter…
Il y en a qui disent … et d'autres qui pensent…
Il se peut bien que…
Il serait intéressant de…
Quoiqu'on pense…

Démontrez ce que vous avez appris!

1 **Reliez les expressions 1–10 aux explications a–j.**

1 écran
2 numérique
3 lauréat
4 IMAX
5 abonnement
6 cinéaste
7 long métrage
8 cinéphile
9 esthétique
10 comédien

a personne qui a remporté un prix dans un concours
b l'usage habituel d'un service en échange d'un paiement forfaitaire
c personne dont la profession est de jouer des rôles au cinéma
d amateur de cinéma
e surface blanche destinée à recevoir des images cinématographiques par projection.
f format de pellicule qui a la capacité d'exposer des images d'une plus grande taille et d'une meilleure résolution que les pellicules conventionnelles
g un film qui a au moins 59 minutes de projection
h la représentation d'images au moyen de signaux à valeurs discrètes par opposition à analogique
i auteur ou réalisateur de films
j qui est agréable à voir, artistique, harmonieux

2 **Reliez le début et la fin des phrases.**

1 Selon un sondage récent au Canada…
2 La qualité de l'image filmique…
3 Les spectateurs de cinéma les plus assidus…
4 Pour la majorité des cinéphiles…
5 Le cinéma sénégalais…
6 Le festival de Cannes…
7 Les acteurs les plus talentueux…
8 Dans le monde francophone…
9 Le cinéma…
10 Les jeunes entre 13 et 16 ans ont tendance à…

a …gagnent souvent les récompenses
b …sont les hommes entre 21 et 45 ans.
c …aller au cinéma est leur plus grand plaisir
d …le cinéma reste toujours le passetemps le plus populaire parmi les adultes.
e …fréquenter les salles de cinéma moins souvent que les adultes

f …les films préférés des adolescents montréalais sont les films fantastiques.
g …est malheureusement en déclin.
h …est l'événement le plus télévisé en France
i …est améliorée par la projection numérique.
j …est souvent désigné le septième art.

3 **Traduisez en français.**

1 How about visiting the Cinémathèque while we are in Paris?
2 My friend told me that he had been to Futuroscope during the holidays.
3 After arriving at the cinema I immediately signed up for a monthly subscription.
4 We would have gone to see a 3D film – but they always give my dad a headache.
5 If the jury is in favour the director of this film will win a Palme d'Or.
6 The figures for visits to the cinema amongst young adults continue to increase each year.
7 Advances in technology have succeeded in improving the quality of films.
8 The release of many feature length productions is preceded by an exciting trailer so that the film can capture the interest of a large number of people.

4 〰️ **Écoutez cinq personnes qui parlent du « cinéma à domicile » et complétez les phrases en essayant d'utiliser vos propres mots.**

1 Grâce aux nouvelles technologies il est facile…
2 L'Internet offre…
3 Pour une famille il est beaucoup moins cher de…
4 Pour voir les films récemment sortis il faut quand même…
5 À la maison vous manquez…

5 **À l'oral. Jeu de rôle. Vous voulez persuader votre partenaire qu'aller au cinéma est la meilleure façon de voir un film. Votre partenaire préfère le cinéma à domicile. Préparez vos arguments. Mentionnez:**

- la qualité de l'image et du son.
- l'ambiance.
- le confort.
- les autres avantages qui vous semblent importants.

Testez-vous!

Cannes

Entre 1987 et 2008, vingt éditions du Festival de Cannes ont passé sans qu'un filmfrançais n'emporte la Palme d'Or. Dheepan, de Jacques Audiard, couronné en 2015, par le jury que présidaient Joel et Ethan Coen, est la troisième Palme française en sept ans, après Entre les murs de Laurent Cantet en 2008 et La Vie d'Adèle d'Abdellatif Kechiche en 2013. On remarquera qu'à chaque fois, c'est une présidence américaine (Sean Penn, Steven Spielberg, les Coen) qui attribue le trophée à un cinéaste du cru. Et l'on n'a pas comptabilisé Amour, du réalisateur autrichien Michael Haneke qui a gagné la Palme d'Or en 2012, produit et réalisé en France, interprété par des acteurs français dans leur langue.

Sur les cinq longs-métrages en compétition, trois films français (Dheepan, La Loi du marché et Mon roi) ont été récompensés. On peut voir dans cette faveur nouvelle des jurys un signe de l'indéniable vitalité du cinéma français, d'autant que les films d'Audiard, Maïwenn et Stéphane Brizé, relèvent de genres très différents, du thriller à l'analyse sociale en passant par la comédie de mœurs.

Les prix décernés dimanche 24 mai au Palais des festivals de Cannes valident également le parti pris du délégué général Thierry Frémaux, qui a considérablement renforcé la présence française dans la sélection officielle. Puisque il n'y avait qu'un ressortissant français – Sophie Marceau – au jury, on ne peut pas soupçonner le chauvinisme d'avoir été à l'œuvre.

1a 📖 **Lisez le texte. Notez les quatre phrases vraies.**

1 Le réalisateur d'*Amour* est de nationalité française.
2 Seulement deux films français ont gagné un trophée en 2015.
3 Il n'y avait qu'une seule personne de nationalité française au jury en 2015.
4 Le film *Amour* a gagné le César du meilleur film en 2012.
5 Le concours de la Palme d'Or 2015 s'est effectué au mois de mai.
6 Sean Penn était membre du jury en 2015.
7 La présidence qui a attribué la Palme d'or 2015 était américaine.
8 Depuis 2008 trois films français ont gagné la Palme d'Or.

[4 marks]

1b 📖 **Écrivez vos réponses aux questions en français en essayant d'utiliser vos propres mots. Il n'est pas toujours nécessaire de faire des phrases complètes.**

1 Combien d'années ont passé entre le film gagnant de Laurent Cantet et celui de Jacques Audiard? [1 mark]
2 Qu'est-ce qui caractérise le film *Amour*? [2 marks]
3 En 2015 trois films ont gagné un prix à Cannes. Qu'est-ce que cela démontre? [1 mark]
4 Ces trois films sont de quel genre? [3 marks]
5 Pourquoi ne peut-on pas soupçonner le jury d'être chauvin? [1 mark]

[8 marks]

2a 〰 **L'institut Odoxa a interrogé en ligne un échantillon de 999 individus représentatifs de la population française, âgées de 18 ans et plus. Écoutez le reportage. Complétez les blancs en choisissant les bons mots de la case.**

1 Le sondage a été publié _____ .
2 Une forte majorité de personnes pense que le Festival de Cannes est _____ .
3 56% des Français gardent _____ du festival.
4 Sept personnes sur dix reconnaissent que le Festival aide à augmenter _____ de la France.
5 77% des personnes estiment que le Festival est _____ .
6 64% d'entre elles pensent que l'argent public est _____ .

[6 marks]

en semaine   le weekend   superficiel de bonne qualité   élitiste   spectaculaire une bonne opinion   gâché   l'influence une mauvaise opinion

📖 Conseil

Answering comprehension questions

- Read the questions carefully before you read the text or listen to the passage. The questions will usually appear in the order of the text or listening passage so identify key words and phrases you'll be looking or listening for.

- Make sure you answer in your own words and don't copy excessively from the original.

- Once you have written down your answers, check your French for accuracy.

2b 〜〜 Réécoutez le reportage. Écrivez en français un paragraphe de 70 mots maximum où vous résumerez ce que vous avez compris selon les points suivants. Écrivez des phrases complètes.

- La composition du groupe d'individus interrogés dans le sondage [2]
- L'opinion croissante du public envers le festival [4]
- L'avantage du festival pour la France [1]

Attention! Il y a 5 points supplémentaires pour la qualité de votre langue. Essayez donc d'utiliser vos propres mots autant que possible.

[12 marks]

3 💬 Regardez les statistiques à droite. Pour chaque phrase, écrivez V (vrai), F (faux) ou ND (information non-donnée).

1 Le nombre de femmes qui vont voir les films français au cinéma augmente depuis 2005.
2 Les hommes vont toujours plus souvent voir des films américains au cinéma.
3 En 2014 ce sont les jeunes qui représentent la catégorie la plus large de la fréquentation des films français.
4 Les séniors sont moins souvent allés voir des films français au cinéma que les enfants entre 2010 et 2012.
5 Ceux qui vont rarement au cinéma représentent une catégorie négligeable du public des films américains.
6 En 2005 les spectateurs les plus assidus favorisaient les films américains.
7 Le nombre d'adultes qui vont voir des films américains au cinéma a diminué entre 2005 et 2012.
8 2014 a vu le plus grand nombre d'adultes qui allaient voir des films français au cinéma.

[8 marks]

Public des films français (%)					
	2005	**2008**	**2010**	**2012**	**2014**
sexe					
hommes	49.4	48.3	48.8	46.2	41.0
femmes	50.6	51.7	51.2	53.8	59.0
âge					
enfants (3-14 ans)	8.0	9.2	5.1	9.6	10.5
jeunes (15-24 ans)	22.3	20.9	20.9	21.7	15.6
adultes (25-49 ans)	37.4	34.5	37.5	36.1	31.4
seniors (50 ans et plus)	32.3	35.3	36.5	32.7	42.5
habitudes de fréquentation					
assidus	34.5	22.7	31.2	29.9	33.6
réguliers	48.8	46.1	47.9	48.2	45.2
occasionnels	16.7	31.2	20.9	22.0	21.1

Public des films américains (%)					
	2005	**2008**	**2010**	**2012**	**2014**
sexe					
hommes	50.8	50.2	49.0	52.0	52.6
femmes	49.2	49.8	51.0	48.0	47.4
âge					
enfants (3-14 ans)	11.6	13.1	15.7	14.4	15.3
jeunes (15-24 ans)	32.4	31.2	31.2	36.2	28.0
adultes (25-49 ans)	39.9	39.1	39.1	37.1	38.1
seniors (50 ans et plus)	16.1	16.6	14.0	12.3	18.7
habitudes de fréquentation					
assidus	29.2	23.5	24.1	24.2	30.0
réguliers	50.7	49.4	48.6	49.8	48.0
occasionnels	20.1	27.1	27.3	26.0	22.1

4 🗩 **Traduisez en anglais.**

Le Centre National du Cinéma et de l'Image Animée (CNC) collecte une taxe sur les recettes en salle (11% du prix du billet) ainsi qu'une taxe sur les ventes de DVD (2% du prix de vente). Il redistribue ensuite cet argent aux producteurs. L'argent est utilisé pour promouvoir les jeunes réalisateurs par le biais de l'« avance sur recettes ». Les aides du CNC représentent 15% du budget d'un film en moyenne qui se répartit dans les rémunérations (pour les acteurs, les scénaristes, les réalisateurs et les techniciens), dans les frais de tournage (ci-inclus les décors et costumes) et dans les frais techniques.

[10 marks]

5 🗩 **À l'oral. Discutez avec un(e) partenaire.**

- Quels avancements technologiques a-t-on vu dans le monde du cinéma?
- Que pensez-vous des films en 3D? Que pensez-vous du cinéma IMAX?
- À part la technologie, quelles sont les qualités d'un bon film pour vous?

6a 🗔 **Lisez le texte « La soireé des Césars ». Pour chaque phrase, écrivez V (vrai), F (faux) ou ND (information non-donnée).**

1 Le réalisateur de *Timbuktu* est de nationalité mauritanienne.
2 La cérémonie a commencé à 19h45.
3 On avait aussi nominé *La Famille Bélier* pour un César.
4 *Timbuktu* a gagné tous ses trophées avant minuit.
5 On présentait une rétrospective des 40 cérémonies des Césars.
6 La rétrospective concluait par une chanson solo.
7 Il y a 5 films dans la saga Antoine Doinel de François Truffaut.
8 Adèle Haenel et Pierre Niney sont des acteurs bien établis dans le monde du cinéma.

[8 marks]

La soirée des Césars

19h45: la quarantième cérémonie des Césars est sur le point de commencer. Le suspense reste entier et une question demeure: qui va gagner? Un film populaire, *La Famille Bélier*, ou une production prestigieuse sélectionnée au Festival de Cannes, *Timbuktu*, du réalisateur mauritanien Abderrahmane Sissako?

23 heures: attribution du *César de la meilleure musique originale*: le film *Timbuktu* reçoit son troisième César. S'en suit la diffusion d'une rétrospective de 40 cérémonies passées. Cette dernière s'achève par une version de *L'Amour en fuite*, chanson composée à l'occasion du dernier film de la série Antoine Doinel, de François Truffaut.

Minuit: *César de la meilleure réalisation*: encore un trophée remis à Abderrahmane Sissako, le sixième pour *Timbuktu*. Le réalisateur commence par remercier la Mauritanie qui « dans un moment critique a accepté de protéger une équipe de Français et de Mauritaniens » et – quelque chose de rare – s'adresse aux spectateurs du film. Enfin, il remercie le Festival de Cannes, pour avoir « jeté une première lumière » sur son travail.

0h30: C'est le moment où l'acteur Dany Boon va présenter le *César du meilleur film*. Sans surprise, c'est *Timbuktu* qui, une fois de plus, l'emporte. Le film est le grand vainqueur de la soirée avec ses sept trophées. Cette quarantième édition a été très internationale (une actrice américaine, un coscénariste allemand et un réalisateur mauritanien) et très jeune. En effet, Adèle Haenel et Pierre Niney, meilleurs comédiens, sont tous les deux nés en 1989.

6b ✏️ **Écrivez en français un paragraphe de 70 mots maximum où vous résumerez ce que vous avez compris selon les points suivants. Écrivez des phrases complètes.**

- ce qu'Abderrahmane Sissako a fait en gagnant son César [3]
- qui a remis le César du meilleur film [1]
- pourquoi *Timbuktu* était le grand triomphateur de la soirée. [3]

Attention! Il y a 5 points supplémentaires pour la qualité de votre langue. Essayez donc d'utiliser vos propres mots autant que possible.

[12 marks]

6.1 Pourquoi le septième art?

l'	abonné (m)	subscriber
	ambigu	ambiguous
	approprier	to take over
	atteindre	to attain, to reach
la	bande annonce	trailer, preview
	captivant	captivating
	caractérisé par	characterised by
la	carrière	career
le	casting	choice of actors, casting
le	cinéphile	cinema lover
	connu(e)	well-known
	convaincant	convincing
	crédible	believable
	demeurer	to remain
	démodé	old fashioned, out of date
	désormais	henceforth
le	divertissement populaire	popular entertainment
les	effets (mpl) spéciaux	special effects
	engagé	committed
	esthétique	artistically pleasing
	évoquer	to call to mind, to evoke
le	gain financier	financial gain, profit
	imprévisible	unpredictable
	inconnu	unknown
l'	interprétation (f)	acting, interpretation
	intrigant	intriguing
le / la	meilleur(e) acteur(-trice) dans un second rôle	best supporting actor
	mémorable	unforgettable, memorable
la	mesure	extent
la	mise en scène	direction, staging
	n'importe où	wherever
	n'importe quand	whenever
	n'importe quoi	whatever
	orienté vers	aimed at
le	plan (film)	(film) shot
la	présence à l'écran	on-screen presence
le	principe dominant	main principal
le	projecteur numérique	digital projector
	par rapport à	connected to
le / la	réalisateur(-trice)	director
le	rôle majeur	major role
le	scénario	storyline
la	subtilité	subtlety
	tel que	such as
le	trucage numérique	digital effects, digital manipulation
la	vente de billets	ticket sales
	vide	empty, meaningless

6.2 Evolution du cinéma: les grandes lignes

	attendu	expected
l'	applaudissement (m)	applause
l'	avancement (m) technologique	technological advance
le	cinéaste	filmmaker
le / la	comédien(-ienne)	actor
	concevoir	to conceive
le	court-métrage	short film
	décevant	disappointing
	déclencher	to set in motion
la	durée	length, running time
l'	écran (m) plat	flat screen
	en permanence	permanently
l'	exposition (f)	exhibition
le	long-métrage	feature length film
	mériter	to merit, to be worth
le	mode de règlement	means of payment
le	monopole	monopoly
le	montage	editing
	en noir et blanc	in black and white
	nuire à	to be harmful to
la	projection	projection, screening, showing
	projeter	to project, to screen, to show
	proposer	to offer, to propose, to suggest
la	renaissance	rebirth
	restreint	limited
le	tournage	filming, shooting
	à travers le monde	throughout the world
la	version du réalisateur	director's cut
	vieux jeu	old-fashioned, out of date

6.3 Le cinéma: une passion nationale

	accueillir	to welcome
l'	actualité (f)	the news
	assister à	to take part in
l'	avant-première (f)	preview
	avoir pour but	to aim to, to intend
	au cœur de	in the heart of
	dépasser	to exceed
le	dérivé	by-product (merchandising)
	durable	lasting

	échouer	*to fail*
	exposer	*to exhibit*
	de plusieurs façons (fpl)	*in several ways*
	frappant(e)	*striking*
la	garantie	*guarantee*
	garantir	*to guarantee*
	gonfler les rangs	*to swell the ranks*
	intégré	*integrated*
l'	intérêt (m) commun	*common interest*
le / la	lauréat(e)	*prize-winner*
	lors de	*during, at the time of*
	manquer de moyens	*to lack the means*
	de même	*likewise*
le	moment clef	*key moment*
la	moyenne annuelle	*yearly average*
	de multiples manières	*in many ways/forms*
l'	offre (f) privilège	*exclusive offer*
	pédagogique	*educational*
	se poser la question	*to ask oneself the question*
	posséder	*to possess, to own*
	prendre en charge	*to take charge of*
	remettre en question	*to question*
la	rencontre	*meeting*
	se rendre à	*to go to*
	restaurer	*to restore*
	réunir	*to bring together*
la	salle de projection	*projection room*
la	série télévisée	*television series*
la	soirée thématique	*themed evening*
	sous 15 jours	*within a fortnight*
le	tapis rouge	*red carpet*
	touche-à-tout	*Jack-of-all-trades, dilettante*
le	trophée	*trophy*
la	valeur	*value*

▇ Expressions clés

Discussing figures and statistics

Ces chiffres représentent…
D'un point de vue statistique, …
Examinons les résultats de…
Les données indiquent que…
Regardons de plus près…
Si on analyse les chiffres…

Une minorité/majorité de personnes pensent que…
La plupart des Français disent que…

l'augmentation
augmenter
croître
être en croissance
être en hausse
être en progression

la baisse
baisser
la chute
le déclin
la diminution
diminuer

Cela a diminué/augmenté en nombre depuis…

la moyenne nationale
le score moyen

le sondage
l'enquête

Le cinéma est un spectacle et regarder un film est un plaisir, voire un loisir. Pourquoi donc analyser un film? Pourquoi l'étudier? Analyser un film c'est devenir un spectateur actif, c'est connaître les règles pour y prendre plus de plaisir. Étudier un film c'est réfléchir sur ce qui est montré afin de mieux comprendre la mise-en-scène de la réalité qui est représentée.

L'étude d'un film peut s'effectuer par plusieurs approches et suivre plusieurs pistes de réflexion. On peut s'intéresser à la narration et au récit ainsi qu'à l'analyse des différentes focalisations, de la combinaison du son et de l'image. On peut se concentrer sur le développement des personnages et les contrastes entre eux. On peut identifier et analyser comment les techniques cinématographiques sont utilisées pour renforcer un thème, pour souligner une attitude, pour passer un message ou pour faire réagir les spectateurs. On peut même questionner les intentions du réalisateur en cherchant à mieux comprendre à travers les images filmiques ce qu'il veut transmettre à son public.

Étudier un film, finalement, c'est s'engager avec son histoire et y répondre. C'est-à-dire, à faire un commentaire sur ce qu'on voit, et justifier nos réponses.

■ Expressions clés

Au début du film…

Dans la scène finale…

Le/la protagoniste principal(e) est…

L'action se passe à / dans…

L'intrigue se déroule autour de…

La scène la plus importante est celle qui / où…

Ce film est particulièrement passionnant à cause de / parce que…

---

1 Lisez le texte « Le cinéma est un spectacle… » et répondez aux questions en français en essayant d'utiliser vos propres mots.

1 Quel est l'avantage de l'analyse d'un film?
2 Qu'est-ce qu'on peut gagner en étudiant un film?
3 Donnez trois exemples des pistes de réflexion qu'on peut adopter dans l'étude d'un film.
4 Que font les techniques cinématographiques utilisées dans un film?
5 En fin de compte, que veut dire « étudier un film »?

2 Notez l'équivalent anglais des éléments à analyser dans l'étude d'un film.

1 le scénario
2 le développement des personnages
3 la motivation des protagonistes
4 le dialogue
5 la bande sonore
6 la palette de couleurs
7 les costumes
8 les techniques cinématographiques
9 le contexte social
10 le thème principal

3 À l'oral. Travaillez avec un(e) partenaire. Choisissez un film que vous avez vu et, sans le nommer, présentez-le à votre partenaire en utilisant les expressions clés. C'est à lui / elle de deviner le titre du film.

Les techniques cinématographiques

TECHNIQUE	EFFET
Champ-contrechamp	Souligne le dialogue en montrant alternativement les protagonistes qui parlent ou leurs réactions.
Plongée	Rend le sujet de l'image plus petit, inférieur, victime du destin.
Contre-plongée	Rend le sujet de l'image plus grand, lui donne un sens de puissance et de contrôle.
Plan fixe	Arrêt sur l'image pour la rendre plus mémorable, crée l'effet d'un moment instantané et capturé.
Plan général	Localise une séquence.
Gros plan	Souligne l'importance d'un objet, donne accès à une réaction.
Filtre	Modifie la lumière ou la couleur du décor.
Montage alterné	Exprime l'idée de simultanéité.
Nuit américaine	Simulation par filtre des scènes qui se déroulent la nuit.
Travelling	Souligne le mouvement ou bien la chasse.
Ralenti	Raccourcit le temps, peut aussi simuler l'effet de la consommation de drogues.
Plan subjectif	Présente une scène à travers 'les yeux' d'un protagoniste.
Musique	Souligne les actions, propose un thème, s'identifie avec la présence / absence d'un protagoniste. Crée une ambiance.

4 À l'écrit. Répondez aux questions en français en essayant d'utiliser vos propres mots.

1 Quel est le rôle joué par la musique dans un film?
2 Quel plan suggère le mouvement dans un film?
3 Pourquoi est-il nécessaire d'utiliser une nuit américaine en tournant un film?
4 Quel plan renforce la réaction d'un des protagonistes?
5 Quel est l'effet d'un plan général?
6 Quelle technique utilise-t-on pour nous mettre à la place d'un protagoniste?
7 Quel plan est l'opposé d'une plongée?
8 Pourquoi est-ce qu'un champ-contrechamp souligne le plus effectivement les scènes de dialogue?

5 Voici une liste d'adjectifs qu'on peut utiliser pour parler d'un protagoniste dans un film. Mettez les mots dans les cases appropriées.

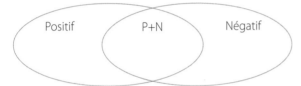

| Positif | P+N | Négatif |

généreux(-euse)	imprudent	égoïste
chaleureux(-euse)	déterminé	ouvert
grincheux(-euse)	optimiste	timide
courageux(-euse)	peu fiable	distant
travailleur(-euse)	fier (fière)	lâche
paresseux(-euse)	gentil(-le)	indécis
conservateur(-trice)	lunatique	ingrat
malheureux(-euse)	intolérant	triste
reconnaissant	méchant	sévère
agressif(-ive)	cruel(-le)	fiable
sérieux(-euse)	prudent	sincère
joyeux(-euse)	inamical	paisible
malhonnête	tolérant	marrant
heureux(-euse)	aimable	fort
pessimiste	sensible	faible

6 Regardez la bande annonce du film *Le Fabuleux Destin d'Amélie Poulain*. Faites une description des deux personnages principaux: Amélie Poulain et Nino Quincampoix. Écrivez environ 50 mots sur chaque personnage. À considérer:

- Comment sont-ils physiquement?
- Quels vêtements portent-ils?
- Qu'est-ce qu'on apprend sur leurs caractères?
- Comment s'appellent les acteurs qui jouent ces rôles?

7 Reliez les personnes et les définitions.

1 un protagoniste
2 un personnage secondaire
3 un personnage archétypique
4 un personnage stéréotypé
5 un personnage statique
6 un personnage dynamique

a Un personnage qui change de façon significative au cours du film. Ces changements s'effectuent généralement en termes de perspicacité et de compréhension, d'engagement personnel et enfin de valeurs.
b Un personnage qui est fondé sur un type commun particulier. Ce type tire souvent sa source dans la mythologie, les légendes et le folklore.
c Un des personnages principaux. C'est à travers ses yeux, ou ses expériences, que le spectateur suit l'histoire. Souvent, il s'agit d'un narrateur. Son point de vue est l'angle de vue du récit.
d Un personnage qui ne connaît pas de changement notable tout au long de l'histoire. Sa personnalité reste essentiellement la même et son but est principalement de servir d'élément d'intrigue ou thématique.
e Un personnage qui est généralement plat et qui joue un rôle mineur ne nécessitant pas d'être trop complexe. C'est un personnage de soutien qui n'est pas dynamique.
f Un personnage qui représente une vertu ou un défaut présenté d'une façon idéalisée.

8 À l'écrit. Choisissez un de ces genres de film:

- une comédie contemporaine
- un drame psychologique ou policier.

Regardez la bande annonce d'un film typique de ce genre. Faites une présentation écrite sur ce film. (Vous devez écrire environ 250 mots.) Vous pouvez mentionner:

- la musique qui accompagne la bande annonce et son effet sur le spectateur
- les couleurs principales des scènes sélectionnées et leur impact sur le spectateur
- la sélection des images (Qu'est-ce qui est montré?)
- l'ambiance créée par cette bande annonce.

Iriez-vous voir ce film au cinéma? Pourquoi? Pourquoi pas?

Dossier Cinéma B: *La Haine*

1a Lisez et complétez le texte avec les mots de la liste.

Le 31 mai 1995, *La Haine* sortait en ¹_____ . Vingt ans plus tard en ²_____ américaine, tee-shirt, et baskets et avec une barbe de quelques ³_____ il est difficile de reconnaître Mathieu Kassovitz le jeune homme ⁴_____ . Toujours agacé et parfois agaçant, Kassovitz ⁵_____ avoir vraiment eu la rage en 1995 … de parler, de démontrer et de ⁶_____ .

Après la ⁷_____ de Makomé dans un ⁸_____ du 18e arrondissement à Paris, Kassovitz pensait qu'il y aurait cinq ou six films sur ce sujet. Il n'y a rien eu, et ⁹_____ ne s'en est étonné. C'est le meurtre de Makomé, qui a tout déclenché. Kassovitz s'est demandé comment un mec pouvait se lever, le matin, et mourir, le soir, de cette ¹⁰_____ .

> convaincre   personne   d'autrefois   admet   façon   salles   mort   jours   casquette   commissariat

1b Traduisez le texte en anglais.

2 Voici une liste des mots clefs pour parler du scénario de *La Haine*. Trouvez les équivalents français / anglais.

> une bavure   une émeute   la chute
> un revolver   la banlieue   un flic
> un cocktail Molotov   le toit   un juif
> un skin   une manifestation   les espaces vides
> un maghrébin   la revanche
> la fracture sociale   les bâtiments à l'abandon
> un africain noir   la cité   l'atterrissage
> un immeuble

> revenge   rooftop   apartment block
> riot   housing estate   fall   empty spaces
> demonstration   Jew   cop   petrol bomb
> abandoned buildings   mistake   suburb
> landing   skin-head   gun   black African
> social inequality   North African

« C'est l'histoire d'une société qui tombe et qui au fur et à mesure de sa chute se répète sans cesse pour se rassurer: 'Jusqu'ici tout va bien. Jusqu'ici tout va bien. Jusqu'ici tout va bien.' L'important, ce n'est pas la chute. C'est l'atterrissage. »

3 À l'écrit. Faites le résumé du scénario de *La Haine*. Écrivez un maximum de 50 mots.

4 À l'écrit. Faites les portraits de Saïd, Vinz et Hubert. Écrivez environ 50 mots pour chaque portrait. Considérez les questions suivantes.

- Comment sont-ils physiquement?
- Quels sont leurs caractères?
- Quelles sont les similarités entre les trois protagonistes?
- Quelles sont leurs différences?

5a À l'oral. Faites la présentation à la classe d'un des trois protagonistes du film. Utilisez votre réponse à l'activité 4 pour vous aider. Décidez pour lequel vous avez le plus de sympathie et justifiez votre réponse.

Expressions clés

… est de nature…
… semble être (toujours)…
Il réagit sans penser.
On suppose que…
… est tellement…
Parfois il…
Pour la plupart du temps il…
Il a une disposition…

Il se montre (in) capable de…
Ses réactions sont…
Il veut avant tout…
Il veut en dépit de tout…
Il se comporte comme (si)… On voit qu'il est…
D'après ses actions…
On peut le considérer…
Il y a des moments où…
En fin de compte il…

5b Considérez encore les trois protagonistes principaux. Avec un(e) partenaire décidez quel genre de personnage s'applique à Saïd, Vinz et Hubert.

- un personnage archétypique
- un personnage stéréotypé
- un personnage statique
- un personnage dynamique.

Justifiez vos réponses en vous référent à:

- leurs caractéristiques
- leurs actions
- leur (manque de) développement tout au long du film.

À votre avis pourquoi les trois protagonistes n'ont-ils pas de nom de famille?

6a À l'écrit. Identifiez une scène dans le film qui représente bien le caractère de chaque protagoniste. Écrivez un paragraphe d'environ 50 mots pour chacun où vous expliquez votre choix de scène.

6b À l'écrit. Considérez les rôles joués par les personnages secondaires du film. Écrivez un paragraphe d'environ 50 mots sur chaque personnage dans la liste pour expliquer ce personnage et son rôle.

- la mère d'Hubert
- le frère de Saïd
- la grand-mère de Vinz
- 'Darty'
- 'Astérix'
- 'Notre Dame'
- Samir
- Abdel

7a À l'écrit. Voici une liste de quelques thèmes de *La Haine*. Pour chaque thème identifiez une scène du film qui le montre d'une manière impressionnante. Justifiez votre choix en environ 50 mots.

> le racisme   le pessimisme   le conflit   la haine
> la jeunesse troublée   l'agressivité   la revanche
> l'amitié   le désespoir   une société fracturée

7b Regardez la bande annonce du film. Quels thèmes y sont présents? Faites un commentaire de 100–150 mots sur la bande annonce.

8 À l'écrit. Regardez la liste de quelques techniques utilisées par Mathieu Kassovitz dans *La Haine*. Quel est l'effet de ces techniques? Expliquez comment les techniques sont utilisées dans le film. Écrivez 25–30 mots pour chacune.

- l'emploi d'acteurs anonymes / peu connus
- le mélange de reportages télévisés réels avec des scènes fictives
- le tournage en noir et blanc
- le dialogue quasi spontané / improvisé
- l'emploi des plans subjectifs
- les longs plans séquences
- un bruitage amplifié
- l'emploi de musique contemporaine / parachronique (anachronique)
- l'emploi des miroirs
- les gros plans de visage
- l'emploi du tic-tac horloger
- le cadrage symétrique de l'intrigue.

> ### ■ Expressions clés
>
> Cette technique est utilisée pour…
> La technique renforce…
> La technique met l'accent sur…
> La technique souligne…
> Cette technique aide à…
> Cette technique suggère…
> De cette manière on peut…
> En utilisant… le réalisateur…

9 À l'écrit. Regardez ces images et choisissez-en une pour écrire un commentaire d'environ 150 mots expliquant la technique utilisée, son effet et sa signification.

1

2

3

131

1a Lisez le texte et répondez aux questions en français en utilisant vos propres mots:

1 À part les aspects de la langue française, qu'est-ce que la littérature nous apporte?
2 Quel est le défaut principal de la « culture de la télévision »?
3 Pourquoi la littérature est-elle considérée comme un outil d'auto-examen?
4 Dans quel sens la littérature est-elle un miroir?
5 Pourquoi est-ce que l'étude de la littérature nous aide à développer de l'empathie?

1b Traduisez le deuxième paragraphe du texte en anglais.

2 Notez l'équivalent en anglais des éléments à analyser et à considérer dans l'étude d'un livre ou d'une pièce de théâtre.

1 le / la protagoniste principal(e)
2 l'intrigue
3 le développement des personnages
4 la motivation des protagonistes
5 le dialogue
6 le ton
7 les motifs
8 les symboles
9 le langage
10 les techniques littéraires
11 le contexte social
12 le thème principal
13 les personnages secondaires
14 la structure

3 À l'écrit. Choisissez un livre que vous avez lu récemment et faites-en une critique. Écrivez environ 250 mots. Vous devez mentionner:

- le nom de l'auteur
- les personnages principaux
- les grandes lignes de l'intrigue
- une scène signifiante qui démontre le thème principal
- votre opinion personnelle du livre et votre recommandation.

Pourquoi étudier un texte littéraire?

L'étude d'un texte littéraire français ou francophone peut présenter au lecteur une série d'aspects, non seulement de la langue française, mais aussi de la culture et des idées françaises. L'étude de la littérature offre une alternative à l'omniprésence de la « culture de la télévision » et son manque de profondeur.

La littérature nous aide à nous voir comme nous voyons les autres. C'est un outil d'auto-examen. On peut voir sa propre personnalité ou ses habitudes dans ceux des personnages du texte. La littérature peut servir de miroir, en nous révélant à nous-mêmes. La littérature force les lecteurs à contester leurs conceptions simplistes à travers l'exploration de la complexité éthique. Elle nous permet également de développer de l'empathie pour ceux qui ne sont pas comme nous et nous permet de découvrir les cultures et les croyances des autres par expérience directe, c'est-à-dire de l'intérieur.

Comme enfant, notre cercle de préoccupation s'arrête avec nous-mêmes. En grandissant et en vieillissant, nous élargissons ce cercle. Notre étude de la littérature continue d'étendre le royaume de préoccupation au-delà de ce que nous vivons physiquement en tant qu'individus.

L'étude d'un livre ou d'une pièce de théâtre nous montre aussi que nous ne sommes pas seuls. D'autres sont déjà passés là où nous sommes, d'autres ont senti ce que nous nous sentons et ont cru ce que nous croyons.

Enfin lorsque l'on étudie la littérature, on peut voir comment le langage peut être utilisé à des fins spécifiques et esthétiques. La lecture d'un texte littéraire nous aide à reconnaître les aspects littéraires de la langue et à apprécier leur puissance émotionnelle. L'étude littéraire nous offre un angle de fraîcheur et de créativité pour approcher presque tout ce que nous faisons dans la vie.

4 Liez les éléments à leurs définitions.

Les éléments littéraires	
ÉLÉMENT	**DÉFINITION**
1 intrigue	**a** représentation d'une idée ou d'une histoire par une autre
2 motif	**b** le langage parlé entre les personnages
3 thème principal	**c** le milieu dans lequel l'œuvre a été écrite
4 contexte social	**d** description représentative d'une chose
5 point de vue omniscient	**e** atmosphère générale qui se dégage
6 point de vue subjectif	**f** description chronologique des actions et événements
7 description narrative	**g** élément caractéristique souvent répété
8 description symbolique	**h** focalisation selon un personnage
9 suite linéaire	**i** sujet sur lequel porte l'œuvre
10 dialogue	**j** focalisation d'une narration où on sait tout
11 allégorie	**k** description où les événements s'enchaînent selon une stricte logique temporelle
12 ton	**l** l'histoire qui se déroule

5 À l'oral. Travaillez avec un(e) partenaire. Choisissez un livre que vous avez lu et présentez-le à votre partenaire en utilisant les expressions clés. C'est à lui / elle de deviner le titre du livre.

> ### ■ Expressions clés
>
> Au début du livre / de l'histoire…
> Dans le dernier chapitre / À la fin du livre…
> Le / la protagoniste principal(e) est…
> L'action se passe à / dans…
> L'intrigue se déroule autour de…
> Le chapitre le plus important est celui qui / où…
> Ce livre est particulièrement passionnant à cause de / parce que…

6 Voici une liste d'adjectifs pour parler d'un protagoniste ou d'un personnage secondaire. Mettez les mots dans les cases appropriées.

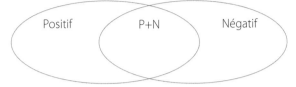

| Positif | P+N | Négatif |

heureux(-euse)
généreux(-euse)
chaleureux(-euse)
grincheux(-euse)
conservateur(-trice)
malheureux(-euse)
inamical
travailleur(-euse)
paresseux(-euse)
courageux(-euse)
sérieux(-euse)
prudent
reconnaissant(e)
marrant
agressif(-ive)

triste
ouvert
distant
sensible
tolérant
lâche
sincère
cruel(-le)
déterminé
sévère
optimiste
fiable
paisible
faible
aimable

égoïste
timide
joyeux(-euse)
imprudent
intolérant
indécis
ingrat
gentil(-le)
fier (fière)
méchant
pessimiste
peu fiable
malhonnête
fort
lunatique

7 Reliez les personnes et les définitions.

1 un protagoniste
2 un personnage secondaire
3 un personnage archétypique
4 un personnage stéréotypé
5 un personnage statique
6 un personnage dynamique

a Un personnage qui change de façon significative au cours d'un livre ou d'une pièce de théâtre. Ces changements s'effectuent généralement en termes de perspicacité et de compréhension, d'engagement personnel et enfin de valeurs.

b Un personnage qui est fondé sur un type commun particulier. Ce type tire souvent sa source dans la mythologie, les légendes et le folklore.

c Un des personnages principaux. C'est à travers de ses yeux, ou de ses expériences, que le spectateur suit l'histoire. Souvent, il s'agit d'un narrateur.

d Un personnage qui ne connaît pas de changement notable tout au long de l'histoire. Sa personnalité reste essentiellement la même.

e Un personnage qui est généralement plat et qui joue un rôle mineur ne nécessitant pas d'être trop complexe. C'est un personnage de soutien.

f Un personnage qui représente une vertu ou un défaut présenté d'une façon idéalisé.

Dossier Littérature B: *L'étranger*

Un roman de l'absurde

Albert Camus a développé sa philosophie de l'absurde pendant les années de guerre à Paris. Un élément majeur de cette philosophie était l'affirmation que la vie n'a pas de sens rationnel ou rédempteur. L'expérience de la Seconde Guerre mondiale avait conduit de nombreux intellectuels à des conclusions similaires. Face aux horreurs du régime nazi d'Hitler et au massacre sans précédent de la guerre, ils ne pouvaient plus accepter que l'existence humaine ait un but ou un sens perceptible. L'existence semblait tout simplement, pour reprendre l'expression de Camus, « absurde ».

L'étranger est à la fois une histoire brillamment conçue et une illustration de cette vision du monde absurde de l'écrivain. Publié en 1942, *L'étranger* raconte l'histoire d'un jeune homme qui s'appelle Meursault. Il ne pleure pas à l'enterrement de sa mère, ne croit pas en Dieu, et tue un homme qu'il connaît à peine sur la plage. Pour son crime, on le condamne à la mort.

La philosophie de l'absurde implique que l'ordre moral n'a aucun fondement rationnel ou naturel. Pourtant, Camus n'a pas abordé son monde avec une indifférence morale, et il croyait que le manque d'un but dans la vie ne devait pas nécessairement conduire au désespoir. Au contraire, Camus était un humaniste persistant, renommé pour sa foi en la dignité de l'homme affronté par ce que l'auteur considérait un univers froid et indifférent.

---

1 Répondez aux questions en français en essayant d'utiliser vos propres mots.

1 Quel est l'élément majeur de la philosophie de l'absurde?
2 Pourquoi tant d'intellectuels sont-ils arrivés à la même conclusion que Camus?
3 Comment décrit-on Meursault?
4 En quoi Camus avait-il foi?
5 Que pensait-il de l'univers?

2 Traduisez en anglais le dernier paragraphe du texte.

3 Voici une liste des mots clefs pour parler de *L'étranger*. Trouvez les équivalents français / anglais:

l'enterrement	les funérailles	l'asile	le deuil
le chagrin	la maîtresse	le témoin	l'avocat
le cabanon	le voisin de palier		le procès
le juge d'instruction	l'accusé		la bagarre
la chaleur	le couteau	les coups de feu	le tribunal
le meurtre	le comportement		le procureur
les plaidoiries	la colère	l'aumônier	la cellule

gunshots	anger	lawyer	brawl
behaviour	funeral	cell	murder
court	home	grief	neighbour
knife	burial	chaplain	mistress
witness	trial	beach hut	prosecutor
the accused	bereavement	magistrate	heat
	legal arguments		

Vocabulaire

brillamment conçu *brilliantly conceived*
conduire *to lead*
la foi *faith*
à peine *scarcely*
persistant *enduring*
rédempteur (-euse) *redeeming*

4 À l'écrit. Relisez le deuxième paragraphe du texte de l'activité numéro 1. Faites votre propre résumé de *L'étranger*. Vous devez écrire un maximum de 70 mots.

Expressions clés

… est de nature…
… semble être (toujours)…
Il réagit sans penser.
On suppose que…
… est tellement…
Parfois il…
Pour la plupart du temps il…
Il a une disposition…
Il se montre (in)capable de…

Ses réactions sont…
Il veut avant tout…
Il veut en dépit de tout…
Il se comporte comme (si)…
On voit qu'il est…
D'après ses actions…
On peut le considérer…
Il y a des moments où…
En fin de compte il…

5 À l'écrit. Identifiez une scène dans le roman qui représente bien le caractère de Meursault. Écrivez environ 150 mots où vous expliquez votre choix de scène.

6 À l'écrit. Considérez les rôles joués par les personnages secondaires du roman. Écrivez un paragraphe d'environ 50 mots sur chaque personnage dans cette liste pour expliquer ce personnage et son rôle.

- maman
- le directeur de l'asile à Marengo
- Raymond Sint
- Marie Cardona
- Céleste
- Salamano
- l'arabe
- le juge d'instruction
- l'avocat de Meursault
- l'aumônier

7 À l'écrit. *L'étranger* nous est présenté à la première personne – du point de vue de Meursault. Tous les événements et tous les personnages nous sont transmis à travers ses yeux. De ce point de vue subjectif qu'est-ce qu'on apprend des rapports entre Meursault et les autres? Quelle est son attitude envers les autres? Choisissez un personnage de la liste ci-dessous et présentez votre réponse à la classe. Écrivez environ 100 mots.

maman | Raymond | Marie | l'aumônier | Salamano

8 À l'écrit. Voici une liste de quelques thèmes de *L'étranger*. Pour chaque thème identifiez une scène du roman qui le représente d'une manière impressionnante. Justifiez votre choix en environ 50 mots.

l'irrationalité de l'univers
l'importance du monde physique
le manque de sens de la vie humaine
la justice et la moralité

9 À l'écrit. Décidez quelle scène du roman est pour vous la plus importante. Faites une analyse écrite de cette scène. Écrivez environ 200 mots. Vous pouvez mentionner:

- les actions importantes
- les thèmes principaux présentés
- l'importance de la scène à votre avis
- d'autres éléments que vous trouvez intéressants.

10 Traduisez en anglais ce texte qui parle de la vie d'Albert Camus.

Albert Camus est né en 1913 en Algérie. Il n'a jamais connu son père qui est mort pendant la Grande Guerre, dans la Marne. La mère de Camus, d'origine espagnole, était à demi-sourde et quasi analphabète. Pour élever ses deux enfants elle s'est installée dans un quartier pauvre d'Alger et faisait des ménages. Le peu d'argent qu'elle gagnait, elle le remettait à sa propre mère, qui était le pilier de la famille et qui éduquait les enfants à coups de cravache. Marqué par ce milieu défavorisé, Camus portait toute son affection sur sa mère, mais le dialogue avec elle était pour ainsi dire inexistant, tant elle était peu loquace et épuisée par son travail. On peut supposer que toute l'œuvre littéraire future de Camus serait une tentative de combler ce vide, cette absence, cet amour jamais exprimé par des mots.

Vocabulaire

à coups de cravache *with a whip*

11 Après avoir lu le roman, considérez Meursault. Lisez ces deux citations et faites le portrait de Meursault en vous référant à ces citations. Écrivez au moins 200 mots.

Considérez les questions ci-dessous.

A « *Aujourd'hui, maman est morte. Ou peut-être hier, je ne sais pas. J'ai reçu un télégramme de l'asile: 'Mère décédée. Enterrement demain. Sentiments distingués.' Cela ne veut rien dire. C'était peut- être hier.* »

B « *Devant cette nuit chargée de signes et d'étoiles, je m'ouvrais pour la première fois à la tendre indifférence du monde. De l'éprouver si pareil à moi, si fraternel enfin, j'ai senti que j'avais été heureux, et que je l'étais encore. Pour que tout soit consommé, pour que je me sente moins seul, il me restait à souhaiter qu'il y ait beaucoup de spectateurs le jour de mon exécution et qu'ils m'accueillent avec des cris de haine.* »

- Qu'est-ce qu'on apprend de son caractère?
- Commentez ses actions.
- Comment a-t-il changé / s'est-il développé?
- Est-ce que vous avez de la sympathie pour Meursault? Pourquoi? Pourquoi pas?

12 À l'oral. Considérez le titre du roman. Pour vous, que veut dire l'expression « l'étranger »? Préparez une présentation de 200–250 mots pour répondre à l'oral à cette question.

Overview

Two questions will be set for each work so that you have a choice. For each question there will also be four bullet points which provide guidance on how you might tackle the question that has been set. These bullet points will give a clear indication of the material that might be used to provide an effective response. The bullet points provide an idea of the structure of an answer as well as an outline of the scope of the answer but you don't have to follow them.

Before you start

Choose carefully the question for the work that you have studied. Consider both questions. Look at the bullet points provided as guidance for each of the questions. Which question do you feel most confident about answering? Which question do you feel you could answer fully with supporting evidence?

Once you have decided on the question that you are going to answer you need to 'unlock' it. What are the key words in the question? What aspects of the film or text will be the focus for your response? Is the question a 'two-part' question? If so you will need to address both parts of the question in your answer.

REMEMBER: You are being asked to answer a **specific** question. You are not being asked to write all that you know about the work that you have studied. You will have approximately 55 minutes to answer the question (including time to check what you have written). It is important that you practise writing 'timed essays' as part of your revision strategy.

You are expected to write approximately 250 words. Depending on the size of your handwriting, you should expect to write between half and just over one side of A4 paper.

The plan

If you plan your essay carefully you are more likely to avoid deviation from the question you have chosen to answer. The important part of the essay is the main body. The introduction and conclusion should be brief.

The bare bones of your plan might look like this:

Introduction

- Identify the film / work studied
- Say what you intend to do in this essay

Main body of the essay

- Key point 1
  - short description and explanation of point 1
  - brief note of example(s) you will use
- Key point 2
  - Short description and explanation of point 2
  - brief note of example(s) you will use
- etc…

Conclusion

- Demonstrate in summary that the question has been answered

Language and structure

Think carefully about the language and structures that you will use when writing the essay in order to convey your ideas as effectively and as accurately as possible.

Make sure that you include:

- topic specific vocabulary
- accurate vocabulary
- purposeful and non-contrived vocabulary
- a range of adverbs and adverbial phrases
- a variety in the range and use of connectives.

You might want to use this simple mnemonic to structure your essay **ExExExEx**:

Express
Explain
Example
Extend and develop

Examples

Make sure that your examples support the point that you are making. Choose the **best** examples to reinforce your viewpoint. Explain your example and justify your choice. **Never simply describe something or start telling the story**.

If you are using quotations from the dialogue of a film or from the text of a literary work, remember that the quotation supports the point you are making. It does not make the point for you – so explain it.

Ensuring relevance

The best way to ensure relevance is to **stick to your plan**.

Ask yourself: Do the points address the question? Reject any deviation. Maintain a focus throughout the essay on the specific question that has been set.

Checking

It is important that you leave yourself 5 minutes once you have finished your essay to check through what you have written. Check the following carefully:

- verbs (tenses, endings, auxiliaries, verb sequences, infinitives)
- adjectival agreements (masculine, feminine, plural)
- spelling (especially of character names and key vocabulary items)
- gender.

Questions

> **A: *L'étranger***
>
> Analysez les rapports de Meursault avec les autres personnages.
>
> Vous pouvez utiliser les points suivants:
>
> - ses rapports avec sa mère
> - ses rapports avec Marie
> - son amitié avec Raymond
> - son attitude envers l'aumônier.

Planning the task:

1. What are the key words in the task that is set?
2. What will your essay need to do?
3. How do the bullet points help?
   - What are the key words in the bullet points?
   - How might these help you to shape your answer?
4. What other elements might you consider?

Read the following student sample introduction:

> *Dans ce dissertation je vais décrire les rapports entre le personnage principal du roman et les personnages secondaires. Ce sont les rapports qu'il a avec les autres qui sont l'un des aspects clefs pour bien comprendre son charactère et sa nature.*

1. Proofread the introduction and correct the grammar and spelling mistakes.
2. Is this introduction a clear statement of what the writer intends to do?
3. Does this introduction tell us all that we need to know?
4. How might this introduction be improved?

B: *La Haine*

« Le titre du film *La Haine* est bien choisi car il reflète exactement le thème principal du film. » Dans quelle mesure êtes-vous d'accord avec ce jugement?

Vous pouvez utiliser les points suivants:

- une explication du thème principal du film

- le lien entre ce thème et le titre du film

- une scène qui exemplifie le thème principal

- le tempérament des personnages principaux du film et leur lien avec le titre.

Planning the task:

1 What are the two parts of the question?
2 What will your essay need to do?
3 How do the bullet points help?
4 What else might you consider?

Read the following extract from a student essay written in response to the question on *La Haine*.

Pour moi la finale scène est une des scènes les plus importantes. Ici le pouvoir destructeur des sentiments inspirés par la haine et la peur provoquée par la haine explosent. C'est la point culminant d'une bombe à retardement qui a fait signaler sa présence tout au long du film dans les actes des individus. À cet égard c'est le moment qui justifier le titre du film.

1 Proofread the extract and correct the grammatical mistakes.
2 How does this response tie in to the question that was set?
3 What, if anything, is missing?
4 What would you do to improve this?

Writing practice

1 Choose a question that has been set for the book or the film that you are studying.
2 Plan your answer to the task / question.
3 List the key **topic-specific** vocabulary you will need to write your answer.
4 Write a response of approximately 50–60 words to **one** of the bullet points.
5 Write a conclusion (25–30 words).

Further writing practice

1 **À l'écrit. Choisissez une scène impressionnante ou importante d'un film. Faites une analyse écrite de cette scène. Écrivez environ 200 mots. Vous pouvez mentionner:**

- la qualité des acteurs
- les thèmes principaux représentés
- l'importance de la scène à votre avis
- les techniques utilisées
    - le son, le bruitage, la musique
    - les plans
    - les images et le cadrage
- d'autres éléments que vous trouvez intéressants.

2 **À l'écrit. Faites des recherches sur Internet sur les textes ci-dessous. Choisissez un des textes (mais ne choisissez pas le texte que vous allez étudier en classe). Écrivez environ 250 mots. Notez:**

- l'auteur, l'écrivain ou le dramaturge
- les personnages importants
- les grandes lignes de l'intrigue
- où et quand se déroule l'histoire.

Le Tartuffe   *Molière*
Candide   *Voltaire*
Boule de Suif et autres   *Guy de Maupassant*
  contes de la guerre
L'étranger   *Albert Camus*
Bonjour Tristesse   *Françoise Sagan*
Élise ou la vraie vie   *Claire Etcherelli*
Un sac de billes   *Joseph Joffo*
Kiffe kiffe demain   *Faïza Guène*
Un secret   *Philippe Grimbert*
No et moi   *Delphine de Vigan*

Grammaire

1.1 Gender of nouns

Knowing the gender of a French noun is largely a question of careful learning, but there are guidelines to help you. The following general rules apply, but be careful as there are exceptions.

Masculine nouns

Nouns ending in the letter groups listed below are masculine – but note the exceptions.

ending	example	exceptions
-acle	un obstacle	
-age	le courage	la cage, une image, la page, la plage
-al	le total	
-ail	le portail	
-amme	le programme	la gamme
-eau	un oiseau	
-ème	le problème	
-er	le fer	la mer
-et	le billet	
-isme	le tabagisme	
-ment	le commencement	la jument
-oir	le miroir	

Feminine nouns

Nouns ending in the letter groups listed below are feminine – but note the exceptions.

ending	example	exceptions
-ance	la tendance	
-anse	la danse	
-ée	la journée	le lycée, le musée
-ence	la prudence	le silence
-ense	la défense	
-esse	la jeunesse	
-ie	la vie	le malheur
-ière	la matière	le génie
-ise	la valise	le cimetière
-sion	une expression	
-tié	une amitié	
-té	la santé	
-tion	la natation	le côté, le pâté, le traité, le comité
-ure	la nature	le bastion

Masculine nouns with modified feminine form

The feminine equivalent of many masculine nouns is formed by adding -e:

un commerçant – une commerçante
un Américain – une Américaine

Other patterns for masculine and feminine nouns are listed below.

masc. ending	fem. ending	masculine noun	feminine noun
-eur	-euse	le chanteur	la chanteuse
-eur	-rice	un instituteur	une institutrice
-eau	-elle	le jumeau	la jumelle
-er	-ère	le boulanger	la boulangère
-ien	-ienne	un Italien	une Italienne
-on	-onne	le Breton	la Bretonne
-f	-ve	le veuf	la veuve
-x	-se	un époux	une épouse

Single gender nouns

Some nouns retain the same gender, irrespective of the person described.

Always masculine:

un amateur, un auteur, un bébé, un écrivain, un ingénieur, un médecin, un peintre, un professeur (but un/une prof), un témoin

Always feminine:

une connaissance, une personne, une recrue, une sentinelle, une star, une vedette, une victime

1.2 Plural forms of nouns

The plural of a noun is normally formed by adding -s:

un livre – des livres

Other patterns for singular / plural forms are listed below.

sing. ending	pl. ending	example (sing. / pl.)
-al	-aux or -als	animal / animaux bal / bals, festival / festivals
-ail	-aux or -ails	travail / travaux détail / détails
-au, -eau, -eu	add -x	bateau / bateaux, jeu / jeux
-ou	-ous or -oux	trou / trous bijou / bijoux, genou / genoux
-s, -x, -z	no change	fils / fils, voix / voix, gaz / gaz

Learn these special cases:

le ciel – les cieux

un œil – les yeux

le grand-parent – les grands-parents

madame – mesdames

mademoiselle – mesdemoiselles

monsieur – messieurs

1.3 Definite articles: *le*, *la*, *l'*, *les* – 'the'

The definite article is usually used in the same way as 'the' in English. However, in French it is often required where 'the' is omitted. Learn these in particular:

1 Before abstract nouns or nouns used to generalise:

L'argent donne la liberté.
Money gives freedom.

2 Before names of continents, countries, regions and languages:

La France est le pays d'Europe le plus visité.
France is the most visited country in Europe.

Le français n'est pas trop difficile.
French is not too difficult.

But the definite article is **not** required after *en* and *de*, with feminine place names only:

Cette année, nous allons en Normandie.
Elle revient de Norvège.

It is also **not** required with languages placed immediately after the verb *parler*:

Ici, on parle japonais.

3 Before arts, sciences, school subjects, sports, illnesses:

La physique nous permet de mieux comprendre l'univers.
Le sida nous fait bien peur.

4 Before parts of the body:

Pliez les genoux.
Il s'est cassé la jambe.

5 Before meals and drinks:

Le petit déjeuner est servi à partir de sept heures.

6 Before fractions:

Les trois quarts de l'électorat sont indifférents.

7 Before titles:

Le président Hollande.

1.4 Indefinite articles: *un*, *une*, *des* – 'a', 'an', 'some', 'any'

Note that *un / une* is **not** needed in the following situations:

1 When stating a person's occupation:

Mon père est médecin.
My father is **a** doctor.

2 After *quel, comme, en, en tant que, sans, ni*:

Quel frimeur!
What a show-off!

Je vous parle en tant que professeur.
I'm speaking to you as a teacher.

Tu n'as ni crayon ni stylo?
Haven't you got either a pencil or a pen?

3 In a list:

Etudiants, ouvriers, cadres: tous étaient là.
Students, workers, managers: they were all there.

1.5 Partitive articles: *du*, *de la*, *de l'*, *des* – 'some', 'any'

The partitive article means 'some' or 'any' and describes an unspecified quantity.

*Je voudrais **du** beurre, s'il vous plaît.*
I'd like **some** butter, please.

	singular	plural
masculine	du / de l'	des
feminine	de la / de l'	des

All the forms change to *de* in the following situations:

1 After a negative verb (this also applies to the indefinite article *un* and *une*):

*Je joue **du** violon, je ne joue pas **de** piano.*
I play the violin, I don't play the piano.

(But note there is no change after *ne… que*:

*Il ne mange que **du** poisson.* He only eats fish.)

2 In expressions of quantity such as *assez de*, *trop de*:

*Ça cause trop **de** pollution.*
It causes too much pollution.

3 With plural nouns preceded by an adjective:

*On fait **des** efforts/On fait **de gros** efforts pour...*
We're making great efforts to...

4 In expressions such as:

bordé de, couvert de, entouré de, plein de, rempli de

2.1 Adjective agreement and position

Adjectives must agree in gender and number with their noun. Usually a masculine singular form needs to add -e for the feminine form, -s for the plural and -es for feminine plural.

masc. sing.	fem. sing.	masc. pl.	fem. pl.
vert	vert**e**	vert**s**	vert**es**

Adjectives that already end in -e do not need an extra -e in the feminine form: *jeune / jeune*. Those that end in -s or -x do not change in the masculine plural form: *dangereux / dangereux*.

Other patterns for masculine / feminine endings:

masc. sing.	fem. sing.	example
-er	-ère	mensonger / mensongère
-eur	-euse	trompeur / trompeuse
-f	-ve	informatif / informative
-x	-se	dangereux / dangereuse
-l	-lle	nul / nulle
-on	-onne	bon / bonne
-eil	-eille	pareil / pareille
-el	-elle	officiel / officielle
-en	-enne	moyen / moyenne
-et	-ète	inquiet / inquiète
-c	-che or que	blanc / blanche, public / publique

Invariable adjectives

Some adjectives never change; in dictionaries these are marked **inv.** for invariable. They include compounds such as *bleu foncé*, *bleu marine*, and colours where a noun is used as an adjective, such as *marron* ('brown' – lit., chestnut').

Position of adjectives

Most adjectives <u>follow</u> the noun they describe: *une jupe bleue*, *une chemise blanche*.

However several common adjectives come <u>before</u> the noun they describe: *le mauvais temps*, *le premier avril*. These include:

beau	bon	gentil	joli	mauvais	méchant
vilain	grand	gros	haut	petit	vaste
jeune	nouveau	vieux	premier	deuxième	

2.2 Comparatives and superlatives

By adding *plus... que* (more... than), *moins... que* (less... than) or *aussi… que* (as… as) around adjectives, you can compare one thing to another. Each adjective still has to agree with its noun.

*Le taux de chômage est **plus élevé qu**'en Italie.*
The unemployment rate is higher than in Italy.

*La vie est **moins difficile qu**'en Pologne.*
Life is less difficult than in Poland.

To form superlatives (the most/biggest/best, etc.), use *le / la / les plus / moins* + adjective:

*C'est le problème **le plus difficile**.*
It's the most difficult problem.

*Les jeunes sont **les plus concernés**.*
Young people are the most affected.

Some useful irregular forms:

bon – meilleur(e)(s) – le / la / les meilleur(e)(s)
good – better – the best

mauvais – pire – le / la / les pire(s)
bad – worse – the worst

2.3 Adverbs and adverbial phrases

Formation

Most adverbs are formed from the feminine form of an adjective plus *–ment*:

franc / franche frank – *franchement* frankly

Adjectives ending in a vowel use the masculine form to form the adverb:

absolu – absolument

Adjectives ending in -ent or -ant use the following pattern:

évident – évidemment, constant – constamment

A number of adverbs end in *-ément*:

profond – profondément, énorme – énormément

Note two irregular forms:

bon – bien
good – well

mauvais – mal
bad – badly

Usage

Adverbs qualify verbs and once they are formed never change (unlike adjectives). Very often an adverb describes how or when an action happens.

Il chante constamment.
He sings constantly.

Adverbs usually follow verbs. In a compound tense, they come between the auxiliary and the past participle:

*J'ai **poliment** demandé la permission.*
I asked permission politely.

But many adverbs of time and place follow the past participle:

*Je l'ai vu **hier**.*
I saw him yesterday.

Some adverbs are words you already know but may not think of as adverbs.

- Intensifiers and quantifiers, i.e. to show how strongly an adjective applies:
  très, un peu, trop, si, seulement, beaucoup, assez, plus, moins, tellement, presque, la plupart, plusieurs, tant
- Adverbs of time:
  après, avant, toujours, hier, aujourd'hui, demain, d'abord, enfin, parfois, souvent, tard, tôt
- Adverbs of place:
  ici, là, ailleurs, loin, dessus, dessous, dedans, devant, derrière, partout

Comparatives and superlatives of adverbs

These are formed in the same way as for adjectives:

***moins** souvent **que**...*

***plus** vite **que**...*

***aussi** facilement **que**...*

Note two irregular forms:

bien – mieux – le mieux
well – better – the best

mal – pire / pis – le pis / le pire
badly – worse – the worst

NB. *(le) pis* is rarely used except in the expressions *tant pis* and *ça va de mal en pis.*

*Il parle **bien** allemand mais il parle **mieux** français.*
He speaks German well but French better.

3 Pronouns

3.1 Subject pronouns

singular		plural	
je	*I*	nous	*we*
tu	*you*	vous	*you (plural or polite)*
il	*he, it*	ils	*they (m. or m. & f.)*
elle	*she, it*	elles	*they (f.)*
on	*one, we*		

These are the familiar pronouns which are learned with verb forms.

Use *tu* when talking to a child, a person your own age or an adult you know very well such as a member of your family.

Use *vous* when talking to more than one person, a person you don't know or an adult you know but are not on familiar terms with.

Use *on* when talking about people in general and also, in informal speech, for 'we' (instead of *nous*).

When referring to a mixed group of people, remember to use the masculine plural *ils.*

3.2 Object pronouns

An object pronoun replaces a noun that is not the subject 'doing' the verb but is affected by that verb, i.e. is the object. Unlike in English, the pronoun goes before the verb.

A <u>direct</u> object pronoun replaces a noun linked 'directly' to the verb.

*Tu aimes **les haricots**? Je **les** adore!*
Do you like beans? I love them!

*S'il y a **un problème**, il faut **le** résoudre.*
If there is a problem, we must solve it.

An <u>indirect</u> object pronoun replaces a noun that is linked to the verb by a preposition, usually *à.*

*Je téléphone **à ma mère**. Je **lui** téléphone tous les jours.*
I phone **her** every day.

*Je demande **à mes copains** de sortir. Je **leur** demande de jouer au tennis.*
I ask them to play tennis.

- Verbs that are used with a direct object include:
  attendre to wait for, *chercher* to look for

- Verbs that are used with an indirect object include (*qn = quelqu'un, qch = quelque chose*): *demander à qn de faire* to ask someone to do
  dire à qn to tell / say to someone
  parler à qn to speak / talk to someone
  promettre à qn de faire to promise someone to do
  téléphoner à qn to telephone someone

- Verbs that can be used with a direct and an indirect object include:
  donner qch à qn to give something to someone
  envoyer qch à qn to send something to someone

direct object pronouns		indirect object pronouns	
me (m')	me	me (m')	*(to) me*
te (t')	*you*	te (t')	*(to) you*
le (l')	*him, it*	lui	*(to) him / it*
la (l')	*her, it*	lui	*(to) her / it*
nous	*us*	nous	*(to) us*
vous	*you*	vous	*(to) you*
les	*them*	leur	*(to) them*

Note that for the first and second persons, (me, you, us, you pl.), the direct and indirect object pronouns are identical: *me*, *te*, *nous*, *vous*.

For the third person (him, her, it, them), the object pronouns are different: *le*, *la*, *les* for direct and *lui*, *leur* for indirect.

Object pronouns also precede verbs in other tenses:
*Je **lui** ai téléphoné hier.*
I phoned him / her yesterday.
*Je **vous** dirai tout.*
I will tell you everything.
*Elles **nous** invitaient toujours.*
They always invited us.

With a negative, the negative expression goes around the pronoun as well as the verb:
*Je **ne lui** ai **pas** téléphoné.*
I didn't phone him / her.

If two object pronouns occur together, this is the sequence: *me*, *te*, *nous*, *vous* go before *le*, *la*, *les* which go before *lui*, *leur*.

*Vous **me l'**avez dit.*
You told me. (You told it to me.)

*Je **les lui** ai offerts.*
I gave her them. (I gave them to her.)

See 3.6 for order when used with *y* and *en*.

3.3 Disjunctive (or emphatic) pronouns

singular		plural	
moi	*me*	nous	*us*
toi	*you (sing.)*	vous	*you (plural)*
lui	*him*	eux	*them (m. or m. & f.)*
elle	*her*	elles	*them (f.)*
soi	*one, oneself (used with* on*)*		

Disjunctive pronouns, which always refer to people not things, are used:

1 For emphasis:
***Moi**, je ne suis pas d'accord.*
I don't agree.

*C'est **lui** qui devrait céder, pas **elle**.*
It's him who should give way, not her.

2 Before *-même(s)*, meaning '-self' or '-selves':
*Il l'a construit **lui-même**.*
He built it himself.

3 After prepositions such as *chez*, *pour*, *sans*, *avec*:
*Tu vas rentrer directement chez **toi**?*
Are you going straight back home?

*Chacun pour **soi**!*
Each one for himself!

*Ils sont partis avec / sans **nous**.*
They left with / without us.

4 After certain verbs followed by *à* or *de*:
verb + *à*, e.g. *faire attention à*, *penser à*, *s'adresser à*, *s'intéresser à*

*Elle pense toujours **à lui**.*
She's always thinking about him.

*Il faut faire attention **à eux**.*
You have to pay attention to them.

verb + *de*, e.g. *dépendre de*, *penser de*, *profiter de*, *s'approcher de*

*Qu'est-ce qu'elle pense **de moi**?*
What does she think of me?

*Elle s'est approchée **de lui**.*
She approached him.

3.4 Relative pronouns

Relative pronouns are words like 'who', 'which' and 'that', used to connect two parts of a sentence.

qui	*who, which, that*
que	*who, whom, which, that*
ce qui	*what, something that*
ce que	*what, something that*
quoi	*what*
où	*where, when*
dont	*of which, whose*
lequel, laquelle,	*which (sing.)*
lesquels, lesquelles	*which (pl.)*

1 *Qui* is the most common of these. It represents someone or something that is the subject of the verb that follows:
*Elle s'entend bien avec sa mère, **qui** l'écoute attentivement.*
She gets on well with her mother, who listens to her carefully.

2 *Que* represents someone or something that is the object of the verb that follows:
*C'est quelqu'un **que** je vois assez souvent.*
He / She is someone (whom / that) I see quite often.

3 *Qui* is used for 'who' or 'whom' after a preposition:
*La tante **avec qui** il habite...*
The aunt with whom he lives / that he lives with...

The relative pronoun can be left out in English – the aunt he lives with – but not in French.

4 *Ce qui* is used for the subject of a verb:
Ce qui *est essentiel, c'est…*
What is essential is…
and *ce que* is used for the object of a verb:
Ce que *je préfère, c'est…*
What I prefer is…

5 *Quoi* is used for 'what' after a preposition such as *de*:
Je ne sais pas de **quoi** *tu parles.*
I don't know what you're talking about.

6 *Où* means 'where' or, after a noun referring to time, 'when':
La ville **où** *j'habite est…*
The town where I live is…

Le jour **où** *il est né, on a dit que…*
On the day (when) he was born, they said…

7 *Dont* means 'whose' or 'of which'. It replaces *de + qui*, or *de + lequel* and can refer to people or things.

Un étudiant **dont** *je connais la tante…*
A student whose aunt I know…

Voilà le magasin **dont** *j'ai parlé.*
There's the shop (that) I spoke about.

Dont is used to connect a noun to verbs followed by *de*, such as *avoir besoin de* (to need):

Voici le livre **dont** *il a besoin.*
Here's the book he needs. (the book of which he has need)

Dont is also used with numbers and expressions of quantity:

Trois étudiants **dont** *deux Africains…*
Three students, of whom two are Africans…

8 *Lequel* agrees in gender and number with the noun it refers to. It also changes to combine with the prepositions *à* and *de*.

	à + (= to which)	**de + (= of which)**
lequel	auquel	duquel
laquelle	à laquelle	de laquelle
lesquels	auxquels	desquels
lesquelles	auxquelles	desquelles

Le journal **auquel** *je suis abonné coûte cher.*
The journal to which I subscribe is expensive.

La classe **dans laquelle** *elle est étudiante…*
The class that she is a student in / in which she is a student…

3.5 Pronouns *y* and *en*

The pronoun *y* has two main uses:

1 Meaning 'there' or 'to there', replacing a place already mentioned:
On **y** *va?*
Shall we go (there)?

2 Replacing a noun (not a person) or a verb introduced by *à*, such as *penser à quelque chose*:
*As-tu pensé aux conséquences? Non, je n'**y** ai pas pensé.*
Have you thought about the consequences? No, I have not thought about them.

The pronoun **en** has two main uses:

1 Meaning 'from there' or 'out of there':
Il a mis la main dans sa poche et il **en** *a sorti un billet de 100 euros.*
He put his hand in his pocket and got out a 100-euro note.

2 Replacing a noun (not a person) or a verb introduced by *de*, such as *empêcher quelqu'un de faire*:
*Marie, que penses-tu de ton cadeau? J'**en** suis ravie.*
Marie, what do you think of your present? I'm delighted with it.

*Pourquoi n'a-t-il pas protesté? Parce que les autorités l'**en** ont empêché.*
Why didn't he protest? Because the authorities prevented him (from protesting).

In this case, *en* often has the sense of 'some', 'any', 'of it', 'about it', 'of them':

*Tu n'as pas de l'argent à me prêter? Si, j'**en** ai.*
Haven't you got any money to lend me? Yes, I have some.

3.6 Order of pronouns

The sequence of pronouns before a verb is as follows:

1	2	3	4	5
me te se nous vous	le la les	lui leur	y	en

Il **m'en** *a parlé. Il ne comprend pas la blague: il faut* **la lui** *expliquer.*
He has talked **to me about it**. He does not understand the joke: you have to explain **it to him**.

---

4   Demonstrative adjectives and pronouns

Demonstrative adjectives are the equivalent of 'this', 'that', 'those', 'these' used before a noun.

Je voudrais **ces** *chaussures.* I'd like **these** / **those** shoes.

	singular	**plural**
masculine	ce (cet *before vowel or silent* h)	ces
feminine	cette	ces

To be more precise you can add *-ci* or *-là* after the noun:

Je voudrais ce manteau-ci.
I'd like this coat here.

Je voudrais ces bottes-là.
I'd like those boots there.

Demonstrative pronouns are similar to the adjectives above but replace the noun, so are the equivalent of 'this one', 'that one', 'these ones', 'those ones'.

	singular	plural
masculine	celui	ceux
feminine	celle	celles

They are often followed by *qui, que* or *de*, as in the examples below.

*Il a choisi une voiture – **celle qui** est la plus chère.*
He chose a car – the one that is the most expensive.

*Regardez les modèles, prenez **ceux que** vous préférez.*
Look at the models, take the ones you prefer.

*Ma voiture est rouge mais **celle de** Marc est grise.*
My car is red but Marc's is grey.

They can be used with a preposition:

*Le quartier où je suis né est en banlieue, mais **celui où** j'habite maintenant est dans le centre.*
The area where I was born is in the suburbs, but the one where I live now is in the centre.

You can add *-ci* or *-là* to emphasise that you're referring to 'this one here' or 'those ones there'.

*Je préfère **celles-ci**.*
I prefer <u>these</u> ones (here).

*Quelle voiture? **Celle-ci** ou **celle-là**?*
Which car? This one or that one?

5 Indefinite adjectives and pronouns

These are words like *autre, chaque / chacun, même, plusieurs, quelque / quelqu'un, tout*.

J'ai choisi l'autre film.
I chose the other film.

J'ai vu les autres.
I've seen the others.

Chaque semaine, je joue au badminton.
Each week, I play badminton.

Chacun choisit un sport.
Each person chooses a sport.

- *Quelque* has a plural form: *quelques semaines, quelques jours*. It is used without an *-s* before numbers, to mean 'about':
  Les quelque 300 mille estivants...
  The 300,000 or so holidaymakers...

- Note the use of *de* + adjective in phrases like *quelque chose d'intéressant, quelqu'un de bien, rien de nouveau*.

6 Possessive adjectives and pronouns

A possessive adjective must agree with its noun.

***Mon père** m'énerve. **Ma mère** est trop stricte.*
My father annoys me. My mother is too strict.

	masculine	feminine	masc. & fem. plural
my	mon	ma	mes
your	ton	ta	tes
his, her, its, one's	son	sa	ses
our	notre	notre	nos
your	votre	votre	vos
their	leur	leur	leurs

Possessive pronouns incorporate a definite article (a word for 'the').

	masc. sing.	fem. sing.	masc. pl.	fem. pl.
mine	le mien	la mienne	les miens	les miennes
yours	le tien	la tienne	les tiens	les tiennes
his, hers, one's	le sien	la sienne	les siens	les siennes
ours	le nôtre	la nôtre	les nôtres	les nôtres
yours	le vôtre	la vôtre	les vôtres	les vôtres
theirs	le leur	la leur	les leurs	les leurs

*C'est votre sac, madame? Oui, c'est **le mien**.*
Is this your bag, madam? Yes, it's mine.

Another way to express possession, with *être*, is to use *à* + name, *à* + disjunctive pronoun, or *à* + *qui*:

*C'est **à Patrick**?*
Is this Patrick's?

*C'est **à toi**? Non, c'est **à elles**.*
Is this yours? No, it's theirs (fem.).

*C'est **à qui**, ce sac?*
Whose is this bag?

7   Verbs

7.1 The present tense

There is only one form of the present tense in French but it has various meanings in English:

Il regarde un film.
He is watching a film.

Il achète des DVD en ligne?
Does he buy DVDs on line?

Non, il les télécharge.
No, he downloads them.

Also (see 7.26):

Il cherche depuis une heure.
He's been searching for an hour.

Regular verbs

Many verbs fall into three main groups or 'conjugations' according to whether their infinitive ends in -er, -ir or -re. You find the present tense stem by removing the two-letter ending, and then add the regular endings shown in bold in the table below.

	-er: jouer	-ir: finir	-re: attendre
je / j'	jou**e**	fin**is**	attend**s**
tu	jou**es**	fin**is**	attend**s**
il / elle / on	jou**e**	fin**it**	attend
nous	jou**ons**	fin**issons**	attend**ons**
vous	jou**ez**	fin**issez**	attend**ez**
ils / elles	jou**ent**	fin**issent**	attend**ent**

Irregular verbs

Some key verbs are irregular in the present tense; you need to learn these patterns by heart.

avoir *(to have)*	j'ai, tu as, il a, nous avons, vous avez, ils ont
être *(to be)*	je suis, tu es, il est, nous sommes, vous êtes, ils sont
aller *(to go)*	je vais, tu vas, il va, nous allons, vous allez, ils vont
venir *(to come)*	je viens, tu viens, il vient, nous venons, vous venez, ils viennent
tenir *(to hold)*	je tiens, tu tiens, il tient, nous tenons, vous tenez, ils tiennent
faire *(to do/make)*	je fais, tu fais, il fait, nous faisons, vous faites, ils font
prendre *(to take)*	je prends, tu prends, il prend, nous prenons, vous prenez, ils prennent
dormir *(to sleep)*	je dors, tu dors, il dort, nous dormons, vous dormez, ils dorment
dire *(to say)*	je dis, tu dis, il dit, nous disons, vous dites, ils disent
écrire *(to write)*	j'écris, tu écris, il écrit, nous écrivons, vous écrivez, ils écrivent

espérer* *(to hope)*	j'espère, tu espères, il espère, nous espérons, vous espérez, ils espèrent
lire *(to read)*	je lis, tu lis, il lit, nous lisons, vous lisez, ils lisent
mettre *(to put)*	je mets, tu mets, il met, nous mettons, vous mettez, ils mettent
recevoir *(to receive)*	je reçois, tu reçois, il reçoit, nous recevons, vous recevez, ils reçoivent
voir *(to see)*	je vois, tu vois, il voit, nous voyons, vous voyez, ils voient
connaître *(to know)*	je connais, tu connais, il connaît, nous connaissons, vous connaissez, ils connaissent
jeter *(to throw)*	je jette, tu jettes, il jette nous jetons, vous jetez, ils jettent

*préférer works like espérer: note the changing accents!

Modal verbs

Model verbs are used to qualify actions, for example in terms of their desirability, necessity or probability.

	pouvoir *(can/to be able to)*	devoir *(must/to have to)*	vouloir *(to want to)*	savoir *(to know how to)*
je	peux	dois	veux	sais
tu	peux	dois	veux	sais
il / elle /on	peut	doit	veut	sait
nous	pouvons	devons	voulons	savons
vous	pouvez	devez	voulez	savez
ils / elles	peuvent	doivent	veulent	savent

When modal verbs are followed by another verb, the latter is in the infinitive:

On doit accepter…
We have to accept…
Tu peux regarder…
You can watch…
Ils savent nager.
They know how to swim.

7.2 The perfect tense

Use the perfect tense to express completed actions in the past, e.g. 'I played' or 'I have played'.

To form the perfect tense you need two parts: an auxiliary (a present tense form of *avoir* or *être*) and a past participle. Past participles are explained in 7.3.

Verbs which take *avoir*

Most verbs use the present tense of *avoir* (*j'ai, tu as, il a, nous avons, vous avez, ils ont*) to form the perfect tense.

*La délinquance **a diminué**.*
Crime has diminished.

*Ils **ont résolu** le problème.*
They solved the problem.

Verbs which take *être*

Some common verbs use the present tense of *être* to form the perfect tense (*je suis, tu es, il est, nous sommes, vous êtes, ils sont*).

*Je **suis allé** en ville.*
I went to town.

*Il **est né** en 1890.*
He was born in 1890.

You need to memorise which verbs take *être*; they are connected with movement or a change of state, and it can help to learn them in pairs as in the table below.

aller	*to go*	venir	*to come*
arriver	*to arrive*	partir	*to leave*
entrer	*to enter, to go in*	sortir	*to go out*
monter	*to go up*	descendre	*to go down*
naître	*to be born*	mourir	*to die*
retourner	*to return*	rentrer	*to go home*
rester	*to stay*	tomber	*to fall*
devenir	*to become*	revenir	*to come back*

All **reflexive verbs** form the perfect tense with *être*.

*Je **me suis** peu **intéressé** aux études.* I wasn't very interested in studying.

*Ils **se sont intégrés** facilement.* They fitted in easily.

With all these *être* verbs, the past participle must agree with the subject of the verb, adding a final *-e* for a feminine subject, *-s* for plural, *-es* for feminine plural.

*Les inégalités **sont devenues** plus évidentes.*
The inequalities have become more obvious.

je suis parti / partie	nous sommes partis / parties
tu es parti / partie	
il est parti	vous êtes parti / partie / partis / parties
elle est partie	
on est parti / partie / partis / parties	ils sont partis
	elles sont parties

7.3 The past participle

The past participle is a key element of compound tenses such as the perfect tense (see 7.2), the pluperfect (7.8), the future perfect (7.9) and the perfect infinitive (7.24).

For regular verbs it is formed as follows:

-er -é	-ir -i	-re -u
trouver – trouvé	finir – fini	vendre – vendu

Some past participles are irregular and need to be learned:

English	infinitive	past participle
to have	avoir	**eu**
to drink	boire	**bu**
to know	connaître	**connu**
to run	courir	**couru**
to have to	devoir	**dû**
to say	dire	**dit**
to write	écrire	**écrit**
to be	être	**été**
to do	faire	**fait**
to read	lire	**lu**
to put	mettre	**mis**
to die	mourir	**mort**
to be born	naître	**né**
to open	ouvrir	**ouvert**
to be able	pouvoir	**pu**
to take	prendre	**pris**
to receive	recevoir	**reçu**
to know how to	savoir	**su**
to come	venir	**venu**
to live	vivre	**vécu**
to see	voir	**vu**
to want	vouloir	**voulu**

Agreement of past participles

Past participles have an additional final *-e*, *-s* or *-es* to agree with the subject when *être* is the auxiliary used to form the perfect tense.

When *avoir* is the auxiliary, normally the past participle does not change... <u>unless</u> there is a direct object which comes before the verb. When this happens in the sentence, the past participle has to agree with the object (called a 'preceding direct object').

In the sentence below, *la Convention* is the direct object, represented by the pronoun *l'* which comes before the perfect tense of *signer*:

*On a élaboré la Convention de Genève et aujourd'hui près de 150 Etats **l'ont signée**.*
The Geneva Convention was drawn up and today nearly 150 states have signed it.

The past participle *signé* needs to be feminine, *signée*. (Note that *élaboré* does not need the feminine ending! It has a direct object, but not a <u>preceding</u> direct object.)

Another example:

*Où sont mes chaussures? Je **les ai mises** dans ta chambre.*
Where are my shoes? I put them in your bedroom.

Les is a direct object pronoun standing for *les chaussures* which are feminine plural, so the past participle has to agree. (Note that in this case the ending affects pronunciation: *mis* has a silent *s*, but *mise / mises* ends with a *z* sound.)

7.4 The imperfect tense

The imperfect tense is used for:

- a general description in the past, to translate 'she felt sad' or 'it was good'.

- a continuous or interrupted action in the past, to say 'I was watching TV (when…)'

- a repeated or habitual action in the past, e.g. 'I used to play netball' or 'I would play netball'.

See below (1–5) for further uses.

To form the imperfect tense, take the stem, which is the *nous* form of the present tense without the -*ons*, and add the endings shown in the table below.

avoir: nous avons: **av-**

faire: nous faisons: **fais-**

finir: nous finissons: **finiss-**

attendre: nous attendons: **attend-**

Exception: *être:* **ét-**

	endings	example: faire
je	-ais	je faisais
tu	-ais	tu faisais
il / elle / on	-ait	il / elle / on faisait
nous	-ions	nous faisions
vous	-iez	vous faisiez
ils / elles	-aient	ils / elles faisaient

Further uses of the imperfect tense

1 The imperfect of *être en train de* + infinitive:

*J'**étais** en train de me lever quand on a sonné à la porte.*
I was just (in the middle of) getting up when the bell rang.

2 With *depuis*, meaning 'had been doing' (see 7.26):

*Ils **attendaient** depuis une heure quand le train est arrivé.*
They had been waiting for an hour when the train arrived.

3 The imperfect of *venir de* + infinitive to say 'had just done' (see 7.26):

*Nous **venions** d'arriver lorsqu'il a cessé de pleuvoir.*
We had just arrived when it stopped raining.

4 After *si* when the main verb is in the conditional:

*Si j'**avais** assez d'argent, je passerais mes vacances au Sénégal.*
If I had enough money, I would spend my holidays in Senegal.

5 After *si* when making a suggestion:

*Si on **sortait** ce soir?*
What if we went out this evening?

7.5 The immediate future

Use the immediate future to talk about the near future: to say something 'is going to' happen.

*Je **vais télécharger** cette chanson.*
I'm going to download this song.

It is made up of two parts: the present tense of *aller* (*je vais, tu vas, il va, nous allons, vous allez, ils vont*) and an infinitive.

7.6 The future tense

Use the future tense to make predictions and statements about the future: to say something 'will' happen, including in *si* sentences after the present tense.

*Ce projet **entraînera** des problèmes.*
This project will bring problems.

*On **finira** par comprendre.*
We will end up understanding.

*Les Américains **feront** beaucoup.*
The Americans will do a lot.

*On **devra** continuer la production.*
We will have to continue production.

*Si je vais a Paris je **visiterai** le Museé d'Orsay.*
If I go to Paris, I will visit the Museé d'Orsay.

Most verbs have a regular future tense. The future endings are the same for all three regular groups, and are added to the stem which is the same as the infinitive (for -*re* verbs remove the final -*e* first).

	endings	regarder	choisir	répondre
je	-ai	regarderai	choisirai	répondrai
tu	-as	regarderas	choisiras	répondras
il/elle/on	-a	regardera	choisira	répondra
nous	-ons	regarderons	choisirons	répondrons
vous	-ez	regarderez	choisirez	répondrez
ils/elles	-ont	regarderont	choisiront	répondront

Irregular verbs

Some key verbs have an irregular future stem, so you need to learn these, but the endings are still regular.

aller	ir-	j'irai
avoir	aur-	j'aurai
devoir	devr-	je devrai
envoyer	enverr-	j'enverrai
être	ser-	je serai
faire	fer-	je ferai
pouvoir	pourr-	je pourrai
savoir	saur-	je saurai
venir	viendr-	je viendrai
voir	verr-	je verrai
vouloir	voudr-	je voudrai
falloir	faudr-	(il) faudra

7.7 The conditional

Use the conditional (strictly speaking, a 'mood' not a 'tense') to convey 'would', 'could' or 'should', i.e. to talk about what would happen or how something would be.

*Quel message **laisseriez**-vous?*
What message **would** you **leave**?

*Ce **serait** triste si tout le monde se ressemblait.*
It **would be** sad if we were all the same.

The conditional is also used (e.g. in journalism) to allege an unproven statement:
*Les Roms **seraient** entre deux et trois mille.*
There are said to be between two and three thousand Gypsies.

To form it, start with the future tense stem (see 7.6), and add the conditional endings, which are identical to the imperfect endings (see 7.4).

	endings	regarder	choisir	répondre
je	-ais	regarderais	choisirais	répondrais
tu	-ais	regarderais	choisirais	répondrais
il / elle / on	-ait	regarderait	choisirait	répondrait
nous	-ions	regarderions	choisirions	répondrions
vous	-iez	regarderiez	choisiriez	répondriez
ils / elles	-aient	regarderaient	choisiraient	répondraient

Because the conditional uses the same stem as the future tense, the irregular stems are exactly the same as for the future – see list in 7.6.

Modal verbs

The conditional forms of modal verbs are particularly useful and worth learning.

Devoir in the conditional + infinitive =
should / ought to
*On **devrait** trier les déchets.*
We should sort our refuse.

Pouvoir in the conditional + infinitive =
could / might
*Vous **pourriez** faire un don.*
You could make a donation.

Vouloir in the conditional + infinitive =
would like to
***Voudriez**-vous nous aider?*
Would you like to help us?

Il faut becomes *il faudrait* in the conditional =
it would be necessary to, would have to
*Il **faudrait** réduire nos besoins.*
We would have to reduce our needs.

Il vaut becomes *il vaudrait* =
it would be worth, it would be better to
*Il **vaudrait** mieux résoudre ce problème.*
It would be better to solve this problem.

7.8 The pluperfect tense

As in English, the pluperfect is a compound tense used to talk about what 'had happened'.

*Il a dit qu'il **avait commencé** à jouer au handball à l'école.*
He said that he **had started** to play handball at school.

*Elle a expliqué qu'elle **était arrivée** trop tard.*
She explained that she **had arrived** too late.

The pluperfect is made up of two parts: the <u>imperfect</u> of *avoir* or *être* and a past participle. Past participles are explained in 7.3. As with the perfect tense, with *être* verbs, the past participle must agree with the subject.

avoir verbs e.g. faire	être verbs e.g. aller
j'avais fait	j'étais allé(e)
tu avais fait	tu étais allé(e)
il / elle / on avait fait	il / elle / on était allé(e)(s)
nous avions fait	nous étions allé(e)s
vous aviez fait	vous étiez allé(e)(s)
ils / elles avaient fait	ils / elles étaient allé(e)s

7.9 The future perfect tense

The future perfect expresses what 'will have happened' before another event or by a certain time in the future. It is formed from the <u>future</u> of *avoir* or *être* and a past participle.

*Dans une semaine, j'**aurai déposé** mes papiers.*
In a week, I **will have handed in** my papers.

*Demain, à cette heure, mon frère **sera arrivé**.*
By this time tomorrow, my brother **will have arrived**.

It is used after expressions such as *quand, dès que, après que, une fois que, aussitôt que, lorsque* when the verb in the main clause is in the future. (NB. This is different from English: see the first example below, where the English is not 'he will have arrived'.)

*Il m'appellera dès qu'il **sera arrivé**.*
He will phone me as soon as he **has arrived**.

It can express a supposition or a threat:

*Il **aura** encore **oublié**.*
He'll have forgotten again.

*Tu l'**auras cherché**!*
You will have earned it! / It'll be your fault!

avoir verbs e.g. perdre	être verbs e.g. partir
j'aurai perdu	je serai parti(e)
tu auras perdu	tu seras parti(e)
il / elle / on aura perdu	il / elle / on sera parti(e)(s)
nous aurons perdu	nous serons parti(e)s
vous aurez perdu	vous serez parti(e)(s)
ils / elles auront perdu	ils / elles seront parti(e)s

7.10 The conditional perfect

The conditional perfect expresses what 'would have happened'. It is formed from the <u>conditional</u> of *avoir* or *être* and a past participle.

*Il **aurait travaillé** un peu plus, si...*
He would have worked a bit more, if...

*Mathieu n'**aurait** pas **partagé** sa fortune, parce que...*
Mathieu wouldn't have shared his fortune, because...

*Il ne **serait** pas **devenu** footballeur professionnel.*
He wouldn't have become a professional footballer.

With *être*, remember to make the past participle agree with the subject, as in the perfect tense:

*A ce moment-là **elle** serait parti**e**.*
She would have left by then.

Note the useful conditional perfect forms of *devoir* and *pouvoir*, which express that something 'should have happened' and 'could have happened':

*Elle **aurait dû** partir plus tôt.*
She should have left earlier.

*Les immigrés **auraient pu** faire leur demande avant.*
The immigrants could have made their request before.

When there is an 'if' clause as well as a main clause in the conditional perfect, the 'if' clause is in the <u>pluperfect</u> tense, as in English:

*Il ne **serait** pas **devenu** footballeur s'il n'<u>avait</u> pas <u>eu</u> la chance d'être sportif.*
He wouldn't have become a footballer, if he <u>had</u>n't <u>had</u> the luck to be a sportsman.

avoir verbs e.g. *perdre*	*être* verbs e.g. *partir*
j'aurais perdu	je serais parti(e)
tu aurais perdu	tu serais parti(e)
il / elle / on aurait perdu	il / elle / on serait parti(e)(s)
nous aurions perdu	nous serions parti(e)s
vous auriez perdu	vous seriez parti(e)(s)
ils / elles auraient perdu	ils / elles seraient parti(e)s

7.11 The past historic

The past historic (*le passé simple*) is the literary equivalent of the perfect tense. It is used only in formal writing (e.g. historical writing, novels and newspaper articles). You will hardly ever need to use it yourself, but it is important to be able to recognise and understand it.

*Le conflit algérien **provoqua** une crise morale.*
The Algerian conflict provoked a moral crisis.

*Il **reçut** une lettre.*
He received a letter.

*La réputation de la France **souffrit**.*
France's reputation suffered.

All *-er* verbs (including *aller*) follow the pattern shown for *regarder* in the table. Regular *-ir* and *-re* verbs have the endings shown for *répondre*. Many irregular verbs have the endings shown for *recevoir*.

	regarder	répondre	recevoir
je	regardai	répondis	reçus
tu	regardas	répondis	reçus
il / elle / on	regarda	répondit	reçut
nous	regardâmes	répondîmes	reçûmes
vous	regardâtes	répondîtes	reçûtes
ils / elles	regardèrent	répondirent	reçurent

Note these irregular verbs:

avoir	j'eus, il eut, ils eurent
être	je fus, il fut, ils furent
faire	je fis, il fit, ils firent
voir	je vis, il vit, ils virent
venir	je vins, il vint, ils vinrent

7.12 The subjunctive mood

The subjunctive and indicative parts of the verb are known as <u>moods</u> of the verb, not tenses; they convey the speaker's attitude to the action described.

The subjunctive is nearly always used in a subordinate clause, i.e. the second part of a sentence, introduced by *que*. It is used when statements are not to be taken as pure fact, but more as a matter of judgement or attitude.

1 It is used after conjunctions including these:

avant que before

après que after

bien que although

quoique although

afin que so that

pour que so that

de façon que in such a way that

sans que without

*... **avant qu'il** ne **soit** trop tard.*
... before it is too late. (Formal French adds *ne*.)

*Il faut transformer les véhicules **pour qu'ils soient** moins gourmands en énergie.*
We have to transform vehicles so that they consume less energy.

2 It is used after impersonal verbs including these:

il faut que

il est nécessaire/impératif/essentiel que

*Il est important **que nous changions** nos véhicules...*
It's important that we change our vehicles...

3 It is used after expressions of wish, doubt, fear, uncertainty, regret:

je veux que

je voudrais que

je ne pense pas que

pensez-vous que… ?

on craint que

il est possible que

il se peut que

je regrette que

je suis désolé(e) que

j'ai honte que

Je ne pense pas que cela soit possible.
I don't think that is possible.

NB. It is not used after expressions of probability (where there is little doubt), so the following require a verb in the indicative ('normal' not subjunctive): *il est probable que, il est certain que, il me paraît que, il me semble que.*

4 It is used after words with a sense of the superlative, followed by *qui* or *que*:

le seul, l'unique, le premier, le dernier, le meilleur

C'est la seule espèce qui puisse résister.
It's the only species that can resist.

7.13 The present subjunctive

For most regular verbs, the present subjunctive is formed from the stem – the *ils / elles* form of the present tense minus the final *-ent* – plus the endings *-e, -es, -e, -ions, -iez, -ent.*

Example: *finir*
present tense: *ils finissent*
stem *finiss-*
present subjunctive: *je finisse, tu finisses, il finisse, nous finissions, vous finissiez, ils finissent*

Note that the *nous* and *vous* forms are the same as the imperfect tense.

Irregular forms worth learning:

aller	aille, ailles, aille, allions, alliez, aillent
avoir	aie, aies, ait, ayons, ayez, aient
être	sois, sois, soit, soyons, soyez, soient
faire	fasse, fasses, fasse, fassions, fassiez, fassent
falloir	il faille
pouvoir	puisse, puisses, puisse, puissions, puissiez, puissent
savoir	sache, saches, sache, sachions, sachiez, sachent
vouloir	veuille, veuilles, veuille, voulions, vouliez, veuillent

7.14 The perfect subjunctive

In sentences that need the subjunctive, it may be necessary to use the perfect subjunctive, not the present subjunctive. This is when it expresses something that happened in the past, before the verb in the main clause. The perfect subjunctive is formed from *avoir* or *être* in the subjunctive and a past participle.

*Bien qu'elle **ait perdu** 15 kilos,...*
Although she has lost 15 kg,...

*Je suis désolé que mon fils **ait agressé** ce garçon.*
I'm sorry that my son attacked this boy.

*Cette production est la meilleure que je **aie** jamais **vue**.*
This production is the best I've ever seen.

*Il se peut qu'**elle soit** déjà **partie**.*
It's possible that she has already left.

*Je regrette que cet incident **se soit passé**.*
I'm sorry this incident has taken place.

avoir verbs e.g. **voir**	**être** verbs e.g. **aller**
j'aie vu	je sois allé(e)
tu aies vu	tu sois allé(e)
il / elle / on ait vu	il / elle / on soit allé(e)(s)
nous ayons vu	nous soyons allé(e)s
vous ayez vu	vous soyez allé(e)(s)
ils / elles aient vu	ils / elles soient allé(e)s

7.15 The imperfect subjunctive

This is used in literature and formal writing; you need to be able to recognise and understand it. It is formed by adding the endings shown in the table below to the stem; the stem is the *il / elle* part of the past historic (see 7.11), without any final *-t*. Note the added circumflex in the 3rd person.

	endings	**-er** verbs e.g. **parler (il parla)**	**-ir** verbs e.g. **finir (il finit)**
je	-sse	je parlasse	je finisse
tu	-sses	tu parlasses	tu finisses
il / elle / on	-^t	il / elle / on parlât	il / elle / on finît
nous	-ssions	nous parlassions	nous finissions
vous	-ssiez	vous parlassiez	vous finissiez
ils / elles	-ssent	ils / elles parlassent	ils / elles finissent

7.16 The passive voice

The passive voice describes an event without necessarily mentioning who is responsible for it: I <u>was attacked</u>; that car <u>has been sold</u>; the building <u>had been closed</u>. (To specify who or what the action has been done by, add *par...* as in some of the examples below.)

Verbs in the passive contrast with verbs in the <u>active</u> voice, where the subject carries out the action in the verb: I <u>attacked</u> the task; they <u>have sold</u> that car; someone <u>had closed</u> the building.

Use an appropriate form of *être* plus a past participle (see 7.3) which must agree with the subject. *Être* can be in any tense; see the underlined words in the examples.

- present: *Les océans **sont pollués** par les accidents de pétroliers.*
  The oceans are polluted by oil tanker accidents.

- perfect: *La récolte **a été détruite**.*
  The harvest has been / was destroyed.

- imperfect: *Il **était** toujours **surpris** par les chiffres.*
  He was always surprised by the figures.

- pluperfect: *Des candidats **avaient été exclus**.*
  Candidates had been excluded.

- future: *Des coopérations **seront organisées**.*
  Joint operations will be organised.

Avoiding the passive

The passive is used less often in French than in English. It's usually better to avoid it in French, and use instead an expression with *on* or a reflexive verb.

***On** m'a agressé(e).* I was attacked.

***On** avait exclu des candidats.*
Candidates had been excluded.

*Les produits **se vendent** sur Internet.*
The products are sold on the internet.

Note that, in particular, the passive cannot be used to translate English phrases such as 'I was asked...' and 'they were given...' In French these would need to be reworded to use *on*:

On m'a demandé... On leur a offert...

7.17 The imperative

The imperative is used to give instructions and commands. They are positive ('do…') or negative ('don't…'). They can be informal (*tu* form) or formal (*vous* form), or a suggestion – 'Let's…' (*nous* form).

All you have to do is remove the subject pronoun from the <u>present</u> tense. With -*er* verbs, for the *tu* form, remove the final -*s*.

present tense	imperative
-er verbs tu regardes nous regardons vous regardez	Regarde la télé. *Watch TV.* Regardons le film. *Let's watch the film.* Regardez les spots. *Watch the ads.*
-ir verbs tu choisis nous choisissons vous choisissez	Choisis un produit. *Choose a product.* Choisissons un cadeau. *Let's choose a gift.* Choisissez une émission. *Choose a programme.*
-re verbs tu prends nous prenons vous prenez	Prends une photo. *Take a photo.* Prenons une glace. *Let's have an ice cream.* Prenez de l'argent. *Take some money.*

A few verbs have irregular imperatives and need to be learned separately.

avoir	aie, ayons, ayez
être	sois, soyons, soyez
savoir	sache, sachons, sachez
vouloir	veuille, veuillons, veuillez

The *tu* imperative form of *aller* is *va*, except in the expression *vas-y!* (go on!) where the *s* is pronounced like a *z*.

Reflexive imperatives always require the extra reflexive pronoun, placed after the verb:

dépêche-toi, dépêchons-nous, dépêchez-vous

7.18 Present participles

The present participle can by used by itself, at the beginning of a sentence, to express the idea of 'because' or 'since':

***Croyant** qu'il s'était trompé de chemin, il a fait demi-tour.*
Thinking that he'd taken the wrong route, he turned round.

It can also be used after the preposition ***en*** to mean 'while' or 'by':

*... **en faisant** éclater les frontières culturelles*
... while breaking down cultural barriers

***En se connectant**, on peut accéder à tout.*
By going online, you can access everything.

It is formed from the *nous* form of the present tense, changing the -*ons* to -*ant*.

faire: nous faisons: en faisant

connecter: nous connectons: en connectant

For reflexive verbs, use a reflexive pronoun appropriate to the context:
en me connectant, je peux...

7.19 Direct and indirect speech

Direct speech is used for the actual words being said; they often appear within speech marks.

Il a dit: « Il y a des problèmes de logement. »
He said: 'There are housing problems.'

Indirect speech is when someone's words are reported by the speaker or someone else.

Il a dit qu'il y avait des problèmes de logement.
He said there were housing problems.

Verb tenses have to change when you use **indirect speech** – see examples in the grid below.

direct speech	indirect speech
Je suis paresseux. *present*	Il a dit qu'il était paresseux. *imperfect*
Je ferai plus attention la prochaine fois. *future*	Il a dit qu'il ferait plus attention la prochaine fois. *conditional*
J'ai commencé à jouer à l'école. *perfect*	Il a dit qu'il avait commencé à l'école. *pluperfect*
Demain, j'aurai préparé mes affaires. *future perfect*	Il a dit que le lendemain, il aurait préparé ses affaires. *conditional perfect*

Pronouns and possessive adjectives may also need to change, from first to third person: *je* becomes *il* or *elle*, *mes affaires* becomes *ses affaires*, and so on.

In text containing **direct speech**, the verb and subject are inverted after the words spoken, so *il a dit* becomes *a-t-il dit* or *a dit + nom*. (See page 121.)

« J'ai appris à jouer à l'âge de onze ans », a dit le prof.
'I learned to play at the age of eleven,' said the teacher.

« J'en suis devenue accro », a-t-elle dit.
'I became hooked,' she said.

7.20 Reflexive verbs

Reflexive verbs are conjugated in the same way as other verbs, but have a reflexive pronoun between subject and verb: *me, te, se, nous, vous, se*.

*Je **m'intéresse** à la communication.*
I'm interested in communication.

s'intéresser *to be interested*	
je m'intéresse	nous nous intéressons
tu t'intéresses	vous vous intéressez
il / elle / on s'intéresse	ils / elles s'intéressent

In the perfect tense, reflexive verbs take *être* and the past participle agrees with the subject:

*On s'est bien entendu**s** / entendu**es**.*
We (masc. / fem.) got on well.

The infinitive usually begins with **se** or **s'**, but when it is used in a sentence the pronoun changes to agree with the subject of the main verb:

*Je voudrais **me doucher**.* I'd like to have a shower.

In a positive command, the reflexive pronoun is attached to the end of the imperative:

*Asseyez-**vous**!* Sit down!

But in a negative command, the reflexive pronoun stays in its usual place in front of the verb:

*Ne **vous** asseyez pas!* Don't sit down!

7.21 Impersonal verbs

As well as *il y a* (there is / are) and *il reste* (there's... left), there are other impersonal verbs used only in the *il* form, the third person singular.

il est trois heures, il pleut, il fait mauvais – and other time and weather phrases

il faut... it is necessary to...

il vaut mieux... it's worth...

il est + adjectif (clair / important / essentiel, etc.) + de / que

They can be used in other tenses:

***Il y aura** plus de prisons engorgées.*

***Il était évident que** le taux de criminalité avait chuté.*

7.22 Infinitive constructions

You often need to use the infinitive form of a verb, particularly when it follows another verb or a preposition. The lists below give some instances.

Verbs followed by the infinitive with no preposition between

aimer	to like to
croire	to believe
devoir	to have to
espérer	to hope
faire	to make, to do
falloir	to be necessary
laisser	to let
oser	to dare
penser	to think
pouvoir	to be able
préférer	to prefer
savoir	to know how to
vouloir	to want to

*J'**espère finir** bientôt.*
I hope to finish soon.

*Il **faut comprendre** que...*
You have to understand that...

*On **peut faire** de la publicité en ligne.*
You can advertise on line.

Verbs followed by *à* + infinitive

aider à	to help to
apprendre à	to learn to
arriver à	to manage to
chercher à	to try to
commencer à	to begin to
continuer à	to continue to
encourager à	to encourage to
hésiter à	to hesitate to
penser à	to think of
réussir à	to succeed in

On **commence à prendre** conscience du déclin.
We're beginning to take note of the decline.

Verbs followed by *de* + infinitive

accepter de	to agree to
s'arrêter de	to stop
avoir envie de	to feel like
avoir le droit de	to have the right to
avoir peur de	to be afraid to
cesser de	to stop
choisir de	to choose to
continuer de	to continue to
décider de	to decide to
empêcher de	to prevent
essayer de	to try to
éviter de	to avoid
finir de	to finish
oublier de	to forget to
refuser de	to refuse to
rêver de	to dream of
risquer de	to be likely to
venir de	to have just

J'ai **décidé de cesser de fumer** l'année dernière.
I decided to stop smoking last year.

Prepositions + infinitive

au lieu de	instead of
afin de	so as to
avant de	before
par	by
pour	in order to
sans	without
sur le point de	about to

afin d'apaiser les banlieues...
in order to appease the suburbs...
sans compter le coût...
without counting the cost...

7.23 Dependent infinitives

Faire + infinitive indicates that the subject 'causes' an action to be done by someone or something else. Compare the following examples:

Je répare la douche. I'm repairing the shower (myself).

Je fais réparer la douche.
I'm getting the shower repaired, i.e. I'm getting someone round to repair the shower.

Faire may be used in any tense, for example:

Je vais faire réparer la douche.
I'm going to get the shower repaired.

J'ai fait réparer la douche.
I've had the shower repaired.

Other examples:

faire construire to have something built

faire penser: Cela me fait penser à...
That makes me think of...

faire comprendre: Cela nous a fait comprendre que... It has made us understand that...

se faire + infinitive
This indicates that the subject gets something done to or for himself / herself.

se faire embaucher: Il s'est fait embaucher dans une usine.
He got a job / got himself employed in a factory.

se faire renvoyer: Je me suis fait renvoyer.
I got myself sacked.

se faire faire: Je me suis fait faire un petit potager.
I had a little vegetable garden made for me.

7.24 Perfect infinitives

The perfect infinitive is used after *après* to convey 'after doing' or 'after having done' something. (The French structure is more like 'after to have done...') Use the infinitive of *avoir* or *être* and a past participle. The normal rules about past participle agreement apply.

*Après **avoir réfléchi**, je pars quand même.*
After thinking about it, I'm leaving all the same.

*Après **être arrivée**, elle a défait ses valises.*
After arriving, she unpacked her cases.

*Après **avoir eu** des problèmes avec les agences, je veux voyager à ma guise.*
Having had problems with travel agencies, I like to travel under my own steam.

7.25 Negatives

To say you don't do something, simply put *ne* before the verb (or in a compound tense, before the auxiliary verb) and *pas* after it.

*Je **ne** fais **pas** de sport.*
I don't do any sport.

*Je **n'**ai **pas** fait de sport hier.*
I didn't do any sport yesterday.

*Je **ne** suis **pas** allé(e) au centre sportif.*
I didn't go to the sports centre.

Other negative expressions:

ne… plus	no more / no longer	Je ne fume plus.
ne… jamais	never	Je ne joue jamais au rugby.
ne… rien	nothing	Ils ne font rien.
ne… personne	no-one, nobody	Elle n'aime personne.
ne… que	only	Il n'en reste que deux.
ne… aucun(e)	not any	Il n'en reste aucun.
ne… nulle part	nowhere	On ne va nulle part.
ne… ni… ni…	neither… nor…	Je n'aime ni le tennis ni le cricket.

In the <u>perfect tense</u>, the negative expression goes around *avoir* or *être*, except *ne… personne / aucun / que* where it goes round both parts of the verb:

*Je **n'ai jamais** joué au handball.*
I've never played handball.

*Il **n'a vu personne**.*
He did not see anyone.

*Je **n'**en **ai acheté que** cinq.*
I've bought only five of them.

If you want to make an <u>infinitive</u> negative, the negative expression comes before the infinitive:

*Il a décidé de **ne plus jouer** au tennis.*
He decided to not play tennis any more.

*Il est important de **ne rien déranger**.*
It is important not to disturb anything.

7.26 Using *depuis*, *il y a* and *venir de*

depuis

Depuis means 'since' or 'for (a time)' in the past. If the action is still going on, use it with the present tense:

*Je **vais** à la pêche depuis l'âge de huit ans.*
I've been going fishing since I was eight.

*Elle **apprend** le français depuis six mois.*
She's been learning French for six months.

If the action lasted for some time but is now over, use *depuis* with the imperfect tense:

*J'**attendais** le bus depuis dix minutes.*
I had been waiting for the bus for 10 minutes.

il y a

You can use *il y a* with the perfect tense to mean 'ago', not to be confused with *il y a* meaning 'there is' or 'there are'.

*Il a commence à travailler **il y a** trois mois.*
He started work three months ago.

venir de

Venir de in the present tense is used to convey the idea of something that <u>has just</u> happened:

*Je **viens** d'arriver.*
I've just arrived.

*Elle **vient** de me le dire.*
She's just told me.

*Nous **venons** d'apprendre la nouvelle.*
We've just heard the news.

Use the imperfect tense of *venir de* to say something <u>had just</u> happened:

*Je **venais** de finir mon dîner, quand…*
I had just finished my dinner, when…

---

8 Prepositions

8.1 *à* and *de*

Remember that when *à* or *de* come before a definite article (*le, la, l', les*), they may need to change:

	masc.	fem.	before vowel or silent h	masc. plural	fem. plural
à	au	à la	à l'	aux	aux
de	du	de la	de l'	des	des

*Je vais **au cinéma** une fois par mois.*
I go to the cinema once a month.

*J'adore aller **aux magasins** le weekend.*
I love going to the shops at the weekend.

*Le lycée se trouve en face **de l'hôtel**.*
The school is opposite the hotel.

*J'habite tout près **des magasins**.*
I live right near the shops.

8.2 Other prepositions

après	after
avant	before
avec	with
chez	at the house of
dans	in
depuis	for / since
derrière	behind
devant	in front of
en face de	opposite
en	in / by / on / to
entre	between
par	by / per
pendant	during
pour	for
près de	near
sans	without
sous	under
sur	on
vers	about / towards

Certain prepositions in French are used in the same way as their English equivalents:

*J'aime mieux partir **en** vacances **avec** mes copains.*
I prefer to go **on** holiday **with** my friends.

*Il est arrivé **à** l'aéroport **sans** passeport.*
He arrived **at** the airport **without** a passport.

However, in many cases, the choice of the correct preposition needs some thought, and a good dictionary can help here.

dans le train on the train; *sous la pluie* in the rain; *à la télévision* on the television

For holiday destinations, note the following:

- feminine countries require *en* for to / in:

  en France, en Hollande

- masculine countries take *au*:

  au Japon, au Canada

- masculine plurals take *aux*:

  aux Etats-Unis, aux Pays-Bas

- towns and islands take *à*:

  à Paris, à Madagascar

9 Conjunctions

Conjunctions (also called connectives) link parts of sentences. Some common ones are listed below.

mais	but
au contraire	on the contrary
par contre	on the other hand
pourtant, cependant, quand même	however
néanmoins, tout de même	nevertheless
car, comme, parce que, puisque	for, since, because
vu que	seeing that
d'autant plus que	all the more since
dans la mesure où	insofar as
d'ailleurs, de plus	besides, moreover
donc, alors, par conséquent	and so, therefore
en fait, en effet	in fact
bien sûr	of course
certes	certainly
d'abord	first of all
puis, ensuite	then
enfin	finally
de toute façon, en tout cas	in any case

10 Interrogatives

To ask a 'yes / no' question, you can:

- use rising intonation (*Vous aimez cette musique?*)

- start with *est-ce que* (*Est-ce que vous aimez cette musique?*)

- invert pronoun and verb (*Aimez-vous cette musique?*).

To ask for other information, you need an interrogative adverb, pronoun or adjective, as listed below.

quand	when	Quand est-ce qu'il arrive?
où	where	Où es-tu allé en vacances?
comment	how	Comment va-t-elle voyager?
combien	how many / how much	Combien de pages y a-t-il?
pourquoi	why	Pourquoi est-ce que tu fais ça?
qui	who	Qui va en ville?
que	what	Que dit-il?
quoi	what (after a preposition)	Avec quoi?
quel	which, what	Quels fruits aimez-vous?
lequel*	which one	Lequel préférez-vous?

* See page 158

Asking about people: 'who?'

Qui or *Qui est-ce qui* is used to ask about the <u>subject</u> of the verb:

Qui parle? Qui est-ce qui parle?
Who's speaking?

Qui or *Qui est-ce que* is used to ask about the <u>object</u> of the verb:

Qui as-tu appelé? Qui est-ce que tu as appelé?
Who did you call?

Asking about things: 'what?'

Qu'est-ce qui is used to ask about the <u>subject</u> of the verb:

Qu'est-ce qui est biodégradable?
What is biodegradable?

Que or *Qu'est-ce que* is used to ask about the <u>object</u> of the verb:

Que faites-vous des déchets? Qu'est-ce que vous faites des déchets?
What do you do with the rubbish?

Use *quoi* when the object of the sentence is preceded by a preposition:

*Vous le faites **avec quoi**?*
What do you do that with?

Quoi is also used in *C'est quoi?* (What is it?), an informal alternative to *Qu'est-ce que c'est?*

Asking 'which?'

Quel is an adjective and must agree with the noun it qualifies: *quel, quelle, quels, quelles*.

A quelle heure…?
At what time…?
En quelle année est-il né?
In which year was he born?
Quels sports faites-vous?
Which sports do you do?

Asking 'which one?'

Lequel must agree with the noun it represents: *lequel, laquelle, lesquels, lesquelles*.

Je cherche une auberge. Laquelle recommandez-vous?
Which one do you recommend?

When *lequel* etc. follow *à* or *de*, they contract: see grid for *lequel* as a relative pronoun, in section 3.4.

11 Word order: inversion of a subject and verb

In French, the normal word order is: subject (a noun or pronoun) followed by verb:

On va en ville.
We're going to town.

With some question forms, and following quotations in direct speech, there is inversion, i.e. the subject and the verb swap places. Between two vowels, add a t with hyphens:

« Où va-t-on? » demanda-t-il.
'Where are we going?' he asked.

« En ville » répondit-elle.
'To town,' she replied.

Some adverbs and adverbial phrases at the beginning of a clause trigger subject-verb inversion.

Toujours est-il qu'on risque de laisser des empreintes électroniques en se connectant.
Nevertheless, the fact remains that you might leave electronic fingerprints when you log on.

C'est risqué: du moins peut-on se protéger des virus.
It's risky – at least you can protect yourself against viruses.

En vain s'oppose-t-on à la technologie.
In vain people are opposed to technology.

(Alternatively, you can often keep normal word order by placing the adverb later in the sentence: *On s'oppose en vain à la technologie.*)

In longer sentences, the subject may be repeated as a pronoun (*il / elle*, etc.) and that is inverted with the verb rather than the full subject:

Rarement les automobilistes peuvent-ils excéder la vitesse sans surveillance.
Motorists are rarely able to break the speed limit without being watched by cameras.

Aussi les systèmes de navigation par satellite en voiture sont-ils dangereux.
Therefore, satellite navigation systems in cars are dangerous.

With *peut-être* (perhaps) and *sans doute* (no doubt, of course) you have to either use inversion or add *que* and use normal word order. So in the following pairs, both sentences are correct:

Peut-être augmenteront-ils la surveillance.
Peut-être qu'ils augmenteront la surveillance.
Perhaps they'll increase surveillance.

Sans doute les avances comportent-elles des problèmes aussi.
Sans doute que les avances comportent des problèmes aussi.
No doubt, advances also bring problems.

12 Verb tables

		present	perfect	imperfect	future	conditional	subjunctive
REGULAR VERBS							
-er verbs jouer *to play*	je / j' tu il / elle / on nous vous ils / elles	joue joues joue jouons jouez jouent	ai joué as joué a joué avons joué avez joué ont joué	jouais jouais jouait jouions jouiez jouaient	jouerai joueras jouera jouerons jouerez joueront	jouerais jouerais jouerait jouerions joueriez joueraient	joue joues joue jouions jouiez jouent
-ir verbs finir *to finish*	je / j' tu il / elle / on nous vous ils / elles	finis finis finit finissons finissez finissent	ai fini as fini a fini avons fini avez fini ont fini	finissais finissais finissait finissions finissiez finissaient	finirai finiras finira finirons finirez finiront	finirais finirais finirait finirions finiriez finiraient	finisse finisses finisse finissions finissiez finissent
-re verbs vendre *to sell*	je / j' tu il / elle / on nous vous ils / elles	vends vends vend vendons vendez vendent	ai vendu as vendu a vendu avons vendu avez vendu ont vendu	vendais vendais vendait vendions vendiez vendaient	vendrai vendras vendra vendrons vendrez vendront	vendrais vendrais vendrait vendrions vendriez vendraient	vende vendes vende vendions vendiez vendent

reflexive verbs
s'amuser
*to enjoy
yourself*
	je
	tu
	il / elle / on
	nous
	
	vous
	
	ils / elles
		m'amuse
		t'amuses
		s'amuse
		nous amusons
		
		vous amusez
		
		s'amusent
			me suis amusé(e)
			t'es amusé(e)
			s'est amusé(e)(s)
			nous sommes
			  amusé(e)s
			vous êtes
			  amusé(e)(s)
			se sont amusé(e)s
				m'amusais
				t'amusais
				s'amusait
				nous
				  amusions
				vous amusiez
				
				s'amusaient
					m'amuserai
					t'amuseras
					s'amusera
					nous
					  amuserons
					vous
					  amuserez
					s'amuseront
						m'amuserais
						t'amuserais
						s'amuserait
						nous
						  amuserions
						vous
						  amuseriez
						s'amuseraient
							m'amuse
							t'amuses
							s'amuse
							nous
							  amusions
							vous
							  amusiez
							s'amusent

IRREGULAR VERBS							
aller *to go*	je / j' tu il / elle / on nous vous ils / elles	vais vas va allons allez vont	suis allé(e) es allé(e) est allé(e)(s) sommes allé(e)s êtes allé(e)(s) sont allé(e)s	allais allais allait allions alliez allaient	irai iras ira irons irez iront	irais irais irait irions iriez iraient	aille ailles aille allions alliez aillent
avoir *to have*	je / j' tu il / elle / on nous vous ils / elles	ai as a avons avez ont	ai eu as eu a eu avons eu avez eu ont eu	avais avais avait avions aviez avaient	aurai auras aura aurons aurez auront	aurais aurais aurait aurions auriez auraient	aie aies ait ayons ayez aient
devoir *to have to / must*	je / j' tu il / elle / on nous vous ils / elles	dois dois doit devons devez doivent	ai dû as dû a dû avons dû avez dû ont dû	devais devais devait devions deviez devaient	devrai devras devra devrons devrez devront	devrais devrais devrait devrions devriez devraient	doive doives doive devions deviez doivent
dire *to say / to tell*	je / j' tu il / elle / on nous vous ils / elles	dis dis dit disons dites disent	ai dit as dit a dit avons dit avez dit ont dit	disais disais disait disions disiez disaient	dirai diras dira dirons direz diront	dirais dirais dirait dirions diriez diraient	dise dises dise disions disiez disent

		present	perfect	imperfect	future	conditional	subjunctive
être *to be*	je / j'	suis	ai été	étais	serai	serais	sois
	tu	es	as été	étais	seras	serais	sois
	il / elle / on	est	a été	était	sera	serait	soit
	nous	sommes	avons été	étions	serons	serions	soyons
	vous	êtes	avez été	étiez	serez	seriez	soyez
	ils / elles	sont	ont été	étaient	seront	seraient	soient
faire *to do / to* *make*	je / j'	fais	ai fait	faisais	ferai	ferais	fasse
	tu	fais	as fait	faisais	feras	ferais	fasses
	il / elle / on	fait	a fait	faisait	fera	ferait	fasse
	nous	faisons	avons fait	faisions	ferons	ferions	fassions
	vous	faites	avez fait	faisiez	ferez	feriez	fassiez
	ils / elles	font	ont fait	faisaient	feront	feraient	fassent
mettre *to put*	je / j'	mets	ai mis	mettais	mettrai	mettrais	mette
	tu	mets	as mis	mettais	mettras	mettrais	mettes
	il / elle / on	met	a mis	mettait	mettra	mettrait	mette
	nous	mettons	avons mis	mettions	mettrons	mettrions	mettions
	vous	mettez	avez mis	mettiez	mettrez	mettriez	mettiez
	ils / elles	mettent	ont mis	mettaient	mettront	mettraient	mettent
pouvoir *to be able to* */ can*	je / j'	peux	ai pu	pouvais	pourrai	pourrais	puisse
	tu	peux	as pu	pouvais	pourras	pourrais	puisses
	il / elle / on	peut	a pu	pouvait	pourra	pourrait	puisse
	nous	pouvons	avons pu	pouvions	pourrons	pourrions	puissions
	vous	pouvez	avez pu	pouviez	pourrez	pourriez	puissiez
	ils / elles	peuvent	ont pu	pouvaient	pourront	pourraient	puissent
prendre *to take*	je / j'	prends	ai pris	prenais	prendrai	prendrais	prenne
	tu	prends	as pris	prenais	prendras	prendrais	prennes
	il / elle / on	prend	a pris	prenait	prendra	prendrait	prenne
	nous	prenons	avons pris	prenions	prendrons	prendrions	prenions
	vous	prenez	avez pris	preniez	prendrez	prendriez	preniez
	ils / elles	prennent	ont pris	prenaient	prendront	prendraient	prennent
sortir *to go out*	je	sors	suis sorti(e)	sortais	sortirai	sortirais	sorte
	tu	sors	es sorti(e)	sortais	sortiras	sortirais	sortes
	il / elle / on	sort	est sorti(e)(s)	sortait	sortira	sortirait	sorte
	nous	sortons	sommes sorti(e)s	sortions	sortirons	sortirions	sortions
	vous	sortez	êtes sorti(e)(s)	sortiez	sortirez	sortiriez	sortiez
	ils / elles	sortent	sont sorti(e)s	sortaient	sortiront	sortiraient	sortent
venir *to come*	je	viens	suis venu(e)	venais	viendrai	viendrais	vienne
	tu	viens	es venu(e)	venais	viendras	viendrais	viennes
	il / elle / on	vient	est venu(e)(s)	venait	viendra	viendrait	vienne
	nous	venons	sommes venu(e)s	venions	viendrons	viendrions	venions
	vous	venez	êtes venu(e)(s)	veniez	viendrez	viendriez	veniez
	ils / elles	viennent	sont venu(e)s	venaient	viendront	viendraient	viennent
vouloir *to want*	je / j'	veux	ai voulu	voulais	voudrai	voudrais	veuille
	tu	veux	as voulu	voulais	voudras	voudrais	veuilles
	il / elle / on	veut	a voulu	voulait	voudra	voudrait	veuille
	nous	voulons	avons voulu	voulions	voudrons	voudrions	voulions
	vous	voulez	avez voulu	vouliez	voudrez	voudriez	vouliez
	ils / elles	veulent	ont voulu	voulaient	voudront	voudraient	veuillent